INSIDE POLIZEI

Stefan Schubert

INSIDE POLIZEI

Die unbekannte Seite des Polizeialltags

Bibliografische Information der Deutschen Nationalbibliothek
Die Deutsche Nationalbibliothek verzeichnet diese Publikation in der Deutschen
Nationalbibliografie; detaillierte bibliografische Daten sind im Internet über
http://d-nb.de abrufbar.

Für Fragen und Anregungen:
stefanschubert@rivaverlag.de

Originalausgabe
2. Auflage 2012
© 2012 by riva Verlag, ein Imprint der Münchner Verlagsgruppe GmbH
Nymphenburger Straße 86
D-80636 München
Tel.: 089 651285-0
Fax: 089 652096

Redaktion: Caroline Kazianka
Umschlaggestaltung und Layout: Pamela Günther
Umschlagabbildungen: Fotolia/Harald Soehngen (Polizist), Getty Images/Rene Mansi
(Hintergrund)
Satz: HJR – Manfred Zech, Landsberg
Druck: GGP Media GmbH, Pößneck
Printed in Germany

ISBN Print 978-3-86883-191-7
ISBN E-Book (PDF) 978-3-86413-140-0
ISBN Epub 978-3-86413-171-4

Weitere Informationen zum Verlag finden Sie unter

www.rivaverlag.de
Gerne übersenden wir Ihnen unser aktuelles Verlagsprogramm.

INHALT

VORWORT

Polizeiführer und Behördenleitungen verheimlichen Vorgänge und leiten, seitdem sie bestehen, Medien und die Öffentlichkeit bewusst in die Irre. Geschehnisse und Tatsachen, die nach Meinung der Verantwortlichen in den Führungsetagen dem Image der Behörde schaden, politisch nicht opportun sind oder die bestmögliche Selbstdarstellung gefährden, werden als »vertraulich«, »geheim« oder unmissverständlich als »nicht pressefrei« deklariert. Diese Akten und Berichte verschwinden dann in den endlosen Archiven der Ämter. Sollten diese selbst errichteten Bollwerke in den Maschinerien von Behörden und Ministerien aber nicht ausreichen, um unangenehme Wahrheiten zu verschleiern, findet häufig die über Jahrzehnte bewährte Salamitaktik Anwendung: nur zugeben, was nicht länger zu leugnen ist. Die vorher abgestrittenen Realitäten präsentiert der geschulte Pressesprecher dann nicht in einem Rutsch, sondern stückchenweise mit einem gewissen zeitlichen Verzug, um die Wut und das Interesse der Bevölkerung und der Kontrollorgane der Presse abklingen zu lassen.

Mit diesem Buch werden Sie Einblicke in eine fremde Welt und ihre verborgenen Mechanismen erhalten und dadurch womöglich Ihre Vorstellungen bezüglich Polizisten und deren Beruf revidieren. Wahrscheinlich sehen Sie nach dieser Lektüre den uniformierten Beamten nicht mehr ausschließlich als verlängerten Arm der Obrigkeit, sondern menschlicher mit all seinen Ängsten, Fehlern und Abgründen.

Und doch verlangt eine Polizeibehörde und gleichermaßen die Öffentlichkeit, dass der anonyme Uniformträger stets zu funktionieren hat: korrekt, emotionslos und verhältnismäßig.

Doch der Polizeialltag wird nicht von Happy-End-Geschichten dominiert und deckt sich nur begrenzt mit den Imagebroschüren und Hochglanzprospekten der polizeilichen Anwerbungsbüros. Die Wahrheit dürfte eine qualifizierte Nachwuchsgewinnung wohl deutlich erschweren.

Inside Polizei lässt Sie teilhaben an vertuschten Skandalen, persönlichen Gedanken der eingesetzten Polizisten und deren unverfälschten Dialogen miteinander, die den politisch korrekten Worthülsen der Führungsbeamten oftmals fundamental widersprechen.

Dieses Buch ist ohne offizielle Mitarbeit einer Behörde entstanden und unterlag somit keinerlei Restriktion im Hinblick auf unbequeme Fakten oder gewählte Themenschwerpunkte.

Polizisten durchbrachen für die folgenden Geschichten den traditionellen Korpsgeist, um Außenstehenden tiefe, authentische und schonungslose Einblicke in eine abgeschottete Polizeiwelt zu gewähren.

Stefan Schubert

1. SPEZIALEINSATZKOMMANDO
Warum Sascha K. getötet wurde

»Wer mit Ungeheuern kämpft, mag zusehn,
dass er nicht dabei zum Ungeheuer wird.
Und wenn du lange in einen Abgrund blickst,
blickt der Abgrund auch in dich hinein.«

Friedrich Nietzsche

Der Schlagbolzen schlug mit mechanischer Gewalt gegen das Zündhütchen im Hülsenboden und entzündete die Treibladung, die in der Patronenhülse ruhte. Die Energieabgabe des verbrennenden rauchschwachen Pulvers auf Basis von Zellulosenitrat trieb das Projektil mit über 400 Metern pro Sekunde (entspricht knapp 1500 km/h) aus dem Pistolenlauf. Da der Lauf in sich gedreht ist, beginnt das Geschoss um sich selbst zu rotieren und erhält infolgedessen eine stabile Flugbahn. Nach nur wenigen Metern erreichte das Deformationsgeschoss sein Ziel, den Brustbereich von Sascha K. Beim Zusammenprall mit seinem Körper verformte sich das Geschoss und pilzte auf. Durch die Wucht des Eindringens in den Körper riss die Mannstopp-Munition eine über 16 Millimeter große Wundhöhle in den Brustkorb. Das deformierte Geschoss zerstörte alles, was in seiner Flugbahn lag: Muskelgewebe, Sehnen, Nerven, Organe und Blutbahnen. Bereits der erste Treffer hinterließ bei Sascha K. verheerende Schäden.

Die Mannstopp-Munition ist explizit für den Gebrauch gegen weiche Ziele konzipiert worden. »Weiche Ziele« ist die waffentechnische Umschreibung für Schusswaffengebrauch gegen Menschen. Die verheerenden Wirkungen dieser Deformationsgeschosse begründen sich in der hohen, fast 100-prozentigen kinetischen Energieabgabe dieser Munitionsart, welche große und tiefe Wunden in dem Körper des Getroffenen verursacht. Sollten Knochen getroffen werden, stoppt dies nicht etwa den Schuss, sondern es tritt meist eine ausgedehnte Zersplitterung ein – die Schussfraktur. Die durch den Körper katapultierten Knochensplitter und das Aufpilzen des Geschosses bedingen schwere Gewebe- und Organverletzungen. Die daraus resultierenden inneren Blutungen und der Schmerz sind enorm, lassen aber in Ausnahmefällen für kurze Zeit eine eingeschränkte Handlungsfähigkeit zu.

Die Auswirkungen des Schusses und die stark blutende Wunde kennzeichneten Sascha bereits schwer, doch er hörte nicht auf.

Der beim Abschuss entstandene Rückstoß ließ den Verschluss der Sig Sauer P 226 nach hinten treiben, die Mitnehmerkralle nahm die leere Hülse mit, drückte sie gegen den Auswerfer und warf die Patronenhülse aus. Beim Wieder-nach-vorne-Gleiten des Verschlusses wurde eine neue Patrone aus dem 15-schüssigen Magazin mitgeführt und ins Patronenlager gesetzt. Für eine weitere Schussabgabe musste der Schütze nun lediglich den Abzug leicht loslassen und erneut betätigen. Und genau dies tat der Sicherungsschütze des Spezialeinsatzkommandos (SEK) nun. Er kontrollierte, verflachte seine Atmung und konzentrierte sich darauf, seine benötigte Arm- und Schultermuskulatur zu entlasten. Durch eine kurze Anspannung seiner Bein- und Gesäßmuskulatur vergewisserte er sich, dass er über einen sicheren, festen Stand verfügte. Er visierte sein Ziel an und entschied sich dann für einen weiteren Schuss in den Oberkörper, neben der bereits sichtbaren und blutenden Wunde. Er nahm einen flachen letzten Atemzug, behielt etwas Atem zurück, minimierte seine Bewegungen und zog gleichmäßig und gerade den Abzug zurück. Der zweite Schuss brach daraufhin mit ohrenbetäubendem Lärm los. Der ballistische Schutzhelm mit integriertem Gehörschutz bewahrte den Schützen vor einem Hörtrauma. Dieser völlig automatisierte und tausendfach trainierte Schussablauf dauerte nicht länger als eine Sekunde.

Der zweite Treffer hinterließ weitere schwerwiegende Verletzungen bei Sascha K. Doch sein Widerstandswille war immer noch nicht gebrochen. Es schien so, als ob er seine Handlung fortsetzen wollte, und genau das tat er jetzt.

Der Sicherungsschütze der Eliteeinheit blickte ungläubig, mit einem inneren Kopfschütteln, auf seinen Widersacher.

»Das gibt's doch nicht. Hat der immer noch nicht genug?«

Nun brachte er die Sache zum bitteren Ende und beschoss Sascha ein drittes, viertes und fünftes Mal. Dieser sackte jetzt endgültig zu Boden und blieb in einer abnormen Körperhaltung liegen.

Die Mannstopp-Munition hinterlässt entsetzliche Wunden im Körper. Getroffene Oberkörper gleichen Trümmerfeldern, ein Gemisch aus Gewebe- und Organstücken, Blut und Knochensplittern bedeckt den Leib. Blut dringt durch die zerfetzten Adern in die Atemwege ein und wird durch Schnappatmung auf das Gesicht ausgestoßen. Die Länge des qualvollen Todeskampfes richtet sich nach der Schwere der zugefügten Verletzungen und der betroffenen Organe. Selbst nach mehreren schweren Treffern kann es etliche Sekunden dauern oder im schlimmsten Fall sogar Minuten, bevor aufgrund von Sauerstoffmangel wegen der ausbleibenden Durchblutung das Gehirn kollabiert.

Erschossen zu werden ist kein schneller, leichter Tod, wie der sonntägliche »Tatort« den Zuschauern vortäuscht, wo eine Schussverletzung wie ein begrenzter chirurgischer Eingriff wirkt.

Dies hier war das reale Leben. Sascha K. wurde im Alter von 32 Jahren getötet, und sein Tod war brutal und blutig.

Der Sicherungsschütze des SEK gab in Zeitlupe seine Schusshaltung auf und beäugte den leblosen Körper. Er nahm vier Einschusswunden am Oberkörper wahr. Ein flaues Gefühl breitete sich daraufhin in seinem Körper aus.

»Vier!«, hallte es alarmierend durch sein Gehirn.

»Vier Löcher. Ich habe doch fünfmal geschossen! Verdammte Scheiße! Wo zum Teufel ist mein fünfter Schuss?«

Toni hatte es geschafft. Sein Lebenstraum war endlich Realität geworden, denn bereits seit zwei Jahren war er Angehöriger eines Spezialeinsatzkommandos. Er liebte seinen Beruf, und mit 29 Jahren war er auf dem Höhepunkt seiner körperlichen Leistungsfähigkeit angekommen. Durch das ständige anspruchsvolle Training und dank moderner Ausstattung waren er und seine Kameraden zu absoluten Experten herangereift. Zu ihrer täglichen Arbeit zählte das Ausschalten oder die Festnahme von bewaffneten Bankräubern, Geiselnehmern, Amokläufern, Mafiakillern und aufgerüsteten Rockern auf ihrem Weg zum nächsten Bandenkrieg.

Das Spezialeinsatzkommando war die Ultima Ratio des wehrhaften Staates. So hoffnungslos eine Geiselnahme oder ein Amoklauf mit zahlreichen Toten auch schien, die Männer mussten der jeweiligen Situation gewachsen sein und sie irgendwie beenden. Denn über ihnen gab es niemanden mehr, den die Polizeiführung hätte losschicken können, um diese ausweglose Mission zu vollenden. Sie waren die Elite.

Der elitäre Ruf der Spezialeinheiten übte auch auf Toni und viele seiner Kameraden einen unwiderstehlichen Reiz aus. Die tägliche Herausforderung, seinen Geist und Körper über die eigene Leistungsgrenze hinaus zu trainieren und diese Grenze stets ein Stück weiter zu verschieben, trieb ihn und seine Jungs zu immer neuen Bestleistungen an. Wenn kein Einsatz bevorstand und das tägliche Training nicht durch einen Alarm unterbrochen wurde, forderten ihre Vorgesetzten sukzessive immer mehr von ihnen.

Nach der Trainingstortur wurde geduscht, und dann traf sich das Team im Versammlungsraum in der doppelt gesicherten Etage, die nur Mitgliedern des SEK vorbehalten war. Eine Gruppe bestand im Idealfall aus 2/10, nämlich dem Kommandoführer, seinem Stellvertreter und zehn Mann. Doch Lehrgänge, Fortbildungen, Urlaub, Überstundenabbau und Abordnungen zu anderen Dienststellen ließen sie selten vollzählig sein. Die Männer hockten dann auf dem nach einem Umzug eines Kollegen ausrangierten Ecksofa beisammen. Dieser Moment des Zusammenseins, der Verbundenheit nach dem harten Training und der gemeisterten Herausforderung beinhaltete für Toni etwas Magisches, er liebte diesen Augenblick. Das Adrenalin des Wettkampfes wurde von den Endorphinen der gemeisterten Prüfung verdrängt.

Heute saßen hier acht Männer mit einem kleinen, seligen Lächeln im Gesicht und vor Freude funkelnden Augen. Sie wirkten nicht wie hochgerüstete Spezialisten, sondern eher wie kleine Jungs, die nach jahrelanger Suche das letzte fehlende Bild in ihr Panini-Sammelalbum zur WM 1986 einkleben konnten. Obwohl sie keine Geheimnisse voreinander hatten, sprachen sie nur sehr selten über ihre Gefühle. Das war aber auch nicht notwendig, denn sie verstanden sich ohne Worte. Toni war sich sicher, dass alle seine Kameraden etwas Ähnliches empfanden und diesen gemeinsamen Moment bewusst wie er oder auch unbewusst genossen.

In solchen harmonischen Augenblicken rückte vollkommen in den Hintergrund, dass ihr Geschäft auch der Tod war. Ein Spezialeinsatzkommando ist darauf trainiert, die jeweilige Situation mit der geringstmöglichen Gewaltanwendung zu entschärfen. Doch wenn die Männer des SEK angefordert werden, dann sind die ersten Eskalationsstufen bereits überschritten. Meistens ist eine Gewaltanwendung dann unausweichlich, und es besteht direkte Lebensgefahr für alle Beteiligten.

Toni hatte lange gebraucht und sehr ehrlich zu sich selbst sein müssen, um sich einzugestehen, dass auch diese Nähe zum Tod einen besonderen Reiz auf ihn ausübte. Er würde dies nie offen zugeben, aber diese Todesnähe zu spüren, seine Ängste zu kontrollieren, zu überwinden und der Todesgefahr zu trotzen begründete auch einen Teil seiner Faszination und Leidenschaft für den Job.

Heute hielt das Schicksal für sein Team und ihn ganz persönlich eine tödliche Herausforderung bereit, doch davon ahnte noch niemand etwas in dieser Runde. Die Alarmierung erfolgte am 3. September um 14.20 Uhr. Hektische Routine breitete sich in den behördentypischen Gängen der Dienststelle aus. Das beauftragte Kommando benötigte fünf Minuten, um die Einsatzbereitschaft herzustellen. Die persönliche Waffe trugen die Spezialisten wie immer durchgeladen und aufmunitioniert am Mann, die P 226 des Herstellers Sig Sauer. Weltweit vertrauen viele Spezialeinheiten diesem bewährten Modell: der United States Secret Service, die Navy Seals (die Osama bin Laden töteten), die israelischen Streitkräfte und die British Army inklusive ihres Special Air Service und einige mehr.

Die Männer liefen zu ihrem Spind, um ihre Schusswesten und schusssicheren und mit Funk ausgestatteten Camouflage-Helme aufzunehmen. Im Hof der Polizeidienststelle standen die Fahrzeuge schon bereit. Die Tanks waren randvoll gefüllt, der Reifendruck war optimal, der Ölwechsel lag erst wenige Wochen zurück, und die Autobatterie war auch erst zwei Monate alt. Deutsche Gründlichkeit traf hier mit dem professionellen Management einer Spezialeinheit zusammen. Sie durften sich keine Blöße geben, keinen Fehler erlauben, denn dies könnte tödliche Folgen nach sich ziehen. Toni und seine Kameraden kannten den Grund für ihren Einsatz noch nicht. Ihr Kommandoführer telefonierte im Gehen hoch konzentriert mit der Einsatzleitung, um so viele Einzelheiten wie möglich darüber zu erfahren. Im Vorbeigehen raunte er Toni zu, dass er die Männer für eine erste grobe Lageeinweisung zusammentrommeln solle. Frühzeitige Informationen waren für das Einsatzteam unerlässlich. Erstens, um sich gedanklich auf die bevorstehende Aufgabe vorzubereiten, aber hauptsächlich, um abzuschätzen, ob noch zusätzliche Spezialausrüstung benötigt wurde.

Der Einsatzort lag in der Nachbarschaft der Großstadt, einem kleinen Kaff nur 44 Kilometer entfernt von ihrer Dienststelle. Das SEK war auf Anforderung der örtlichen Polizeiführung alarmiert worden, da die dortigen Polizeibeamten nicht weiterkamen und eine Eigen- und Fremdgefährdung nicht mehr ausschließen konnten.

»So, jetzt kommt's«, der Kommandoführer kam zu den wesentlichen Punkten, »bei unserem Gegenspieler handelt es sich um einen psychisch kranken serbischen Staatsbürger, der unter amtliche Betreuung gestellt wurde. Er ist ein ganz schöner Brocken von 110 Kilogramm bei 1,83 Meter Größe. Er ist polizeilich als gewalttätig bekannt und eingestuft. Aufgrund seiner psychischen Erkrankung muss er regelmäßig Medikamente nehmen, die ihn ruhig stellen. Er wurde bereits vor einigen Jahren vom SEK festgenommen und verbrachte danach einige Zeit in einer psychiatrischen Klinik. Näheres dazu ist noch nicht bekannt. Er soll ehemaliger Angehöriger der serbischen Armee sein, aber auch das ist noch nicht bestätigt.

Sascha K. ist 32 Jahre alt. Heute Morgen sollte er durch seinen Betreuer wieder in die geschlossene psychiatrische Klinik gebracht werden, da er sich seit geraumer Zeit weigerte, seine Medikamente einzunehmen. Beim Erscheinen des amtlich bestellten Betreuers drehte er durch und bewaffnete sich mit einem Messer. Der Betreuer alarmierte daraufhin die Polizei. Die Aussagen zu dem Messer sind noch nicht eindeutig und pendeln zwischen einem großen Küchenmesser oder Klappmesser hin und her. Ob er noch über weitere Waffen in seiner Wohnung verfügt, ist nicht bekannt, kann aber nicht ausgeschlossen werden. Sascha K. hat sich in seinem Haus verschanzt. Die örtlichen Kollegen sind seit mehreren Stunden dort, haben aber noch keinen Kontakt herstellen können. Es besteht nicht einmal Sichtkontakt. Das ist im Moment alles. Toni, überprüf das Auto, damit wir sicher sind, dass wir alles für einen Messertäter dabeihaben, vor allem den Taser und die Langstöcke. Abmarsch in zwei Minuten.«

Toni nickte und lief zum Wagen.

»Bewaffneter Täter, Messer, ehemaliger serbischer Armeeangehöriger, gewalttätig, polizeibekannt, Psycho – na super«, dachte sich Toni, »genau die richtige Beschäftigung kurz vor Feierabend.«

Andererseits waren solche Gegner das tägliche Geschäft eines Spezialeinsatzkommandos, aus diesem Grund waren sie trainiert und ausgerüstet worden.

Der Kommandoführer erreichte als Letzter die beiden schweren Limousinen, nahm seinen Platz auf dem Beifahrersitz des Führungsfahrzeuges ein, dann rasten sie los. Der Fahrzeugpark der Einheit variierte ständig, um kriminellen Widersachern eine frühzeitige Entdeckung so schwer wie möglich zu machen. Weitere Einsatzmittel mussten nicht erst eingeladen werden, da beide Alarmfahrzeuge 24 Stunden am Tag mit allem ausgerüstet waren, was ein Spezialeinsatzkommando für seine Arbeit benötigte. Wenn diese Ausrüstung im Einzelfall nicht ausreichen sollte, dann würde das benötigte Spezialequipment mit einem weiteren Fahrzeug oder in dringenden Fällen per Hubschrauber zum Einsatzort gebracht werden.

Ein Großteil der Ausrüstung sollte das Eindringen in Wohnungen ermöglichen, ein äußerst gefährliches Vorgehen. Zum Equipment gehörten eine Motorsäge zum Aufsägen von Holztüren, eine zehn Kilogramm schwere Ein-Mann-Eisenramme und ihre größere Schwester, die 40-Kilogramm-Ramme, die zu zweit bedient werden musste. Sollte eine schwere Eisentür den Zutritt verwehren, sodass die Rammen wirkungslos blieben, war es an Thorsten, die Tür zu öffnen. Thorsten war der Sprengmeister im Team, und für ihn war der mitgeführte Koffer mit Sprengstoffen und Sprengschnüren unterschiedlichster Art vorgesehen. Er benötigte keine fünf Minuten, um eine Sprengung vorzubereiten. Das SEK verwendete dafür meistens Sprengrahmen, die mit den erforderlichen Sprengschnüren gefüllt wurden. Diese Rahmen wurden dann mit robustem Panzertape-Klebeband in der unmittelbaren Nähe des Schlosses fixiert und zur Explosion gebracht. Die Stärke und Wucht der Detonation wurde je nach Situation festgelegt, um eine Fremdgefährdung so gering wie möglich zu halten.

Zur ständigen Ausrüstung gehörte auch eine Pumpgun, die aber nicht wie bei amerikanischen Kollegen genutzt wurde, um durch Zerschießen der Scharniere eine verschlossene Tür zu öffnen, sondern hauptsächlich gegen angreifende Kampfhunde eingesetzt wurde. Dazu kamen noch ein Feuerlöscher, ein Verbands- und Rettungskoffer und 40 Kilogramm schwere Eisenschutzschilder, die beim Vorgehen in Treppenhäusern und Wohnungen zum Einsatz kamen. Wenn es zu einem Schusswechsel kam, boten die Schilder den vorrückenden Spezialkräften lebensrettende Deckung. Um die Eskalation einer Schießerei zu vermeiden und das Leben von Tätern und Angreifern zu schonen, führten die 23 deutschen Polizeispezialeinheiten 2006 eine neue amerikanische Wunderwaffe ein: den Taser. Dabei handelt es sich um eine Elektroschockpistole, die zwei Projektile mit Widerhaken, ähnlich einem Angelhaken, verschießt. Je weiter entfernt voneinander die Geschosse im Körper des Gegners eindringen, desto größer und lähmender ist die Wirkung der Waffe. Diese stellt nämlich zwischen den beiden Projektilen einen Stromkreislauf her, und die dazwischen befindlichen Nerven, Muskeln und Körperbereiche des Getroffenen dienen als Strompfad. Auf Knopfdruck durchströmt ein Stromschlag von 50 000 Volt den Täter, was einen höllischen Schmerz und starke Muskelkrämpfe bei ihm auslöst und ihn zu Boden gehen lässt. Diese kurze Kampfunfähigkeit reicht den Experten des SEK, um den Täter zu entwaffnen und festzunehmen. Normalerweise ...

Der Taser ist zwar eine schmerzvolle Waffe, aber meist erfolgt die Anwendung ohne bleibende Schäden. Kritiker der Elektroimpulswaffe wie die Menschenrechtsorganisation Amnesty International bemängeln, dass gerade deswegen vor allem in den USA ein zu sorgloser und schneller Einsatz dieser Waffe auch bei harmloseren Einsätzen wie zum Beispiel einer Verkehrskontrolle, bei der der Fahrer nicht sofort den Aufforderungen der Polizei nachkomme, erfolge. Dadurch, dass nach dem Gebrauch der Waffe fast keine Spuren bei dem Adressaten zurückbleiben, lasse sich eine ungerechtfertigte Behandlung auch nur schwer beweisen. Weiter seien die Taser auch ideal als Folterinstrument zu missbrauchen und hätten angeblich in Nordamerika mehrere Todesfälle verursacht. Eine große medizinische Studie über 1000 Taser-Einsätze widerspricht jedoch dem letzten Punkt und konnte keinen Kausalzusammenhang mit Todesfällen herstellen.

Es scheint sich daher eher der Werbeslogan der Herstellerfirma Taser International – »Saving lives every day« (Rettet täglich Leben) – gerade auch in Deutschland zu bewahrheiten.

Das SEK hatte auf jeden Fall nur gute Erfahrungen mit der Anwendung der Waffe gemacht. Egal, ob bei zugekoksten oder volltrunkenen Tätern, sie lieferte immer den gewünschten Effekt, bis heute ...

Sobald die dunklen Autos das Polizeigelände verließen, stülpte sich das gesamte Kommando die schwarzen Sturmhauben über den Kopf. Mit ohrenbetäubendem Lärm verscheuchte das Martinshorn gepaart mit dem Blaulicht die anderen Verkehrsteilnehmer von der Straße, sodass die schwer beladenden Autos mit den jeweils vier vermummten Männern an Bord durch den Großstadtverkehr rasen konnten. Ein gespenstischer Anblick für alle Unbeteiligten, für Toni und sein Team war das Routine. Obwohl dies nicht ganz der passende Ausdruck dafür war, denn mit 100 Stundenkilometern in einer hoch motorisierten Limousine auf eine rote Ampel zuzupreschen und dann über eine Kreuzung zu jagen löste in vielen Kollegen das Gleiche aus: Es war einfach unbeschreiblich. Natürlich würde das niemand gegenüber Außenstehenden oder Vorgesetzten erwähnen, um nicht als Draufgänger verschrien zu werden, aber es war ein geiles Gefühl. Ganz besonders nachts, wenn das Blaulicht von Fenstern und Schaufensterscheiben reflektiert wurde. Toni konnte von Blaulichtfahrten gar nicht genug bekommen, er liebte die Adrenalinschübe.

Das Navigationsgerät hatte eine Fahrtzeit von 39 Minuten errechnet, nach 25 Minuten traf das Team jedoch bereits ein. Der Einsatzort wirkte wie unzählige andere bisherige Tatorte – eine unscheinbare Seitenstraße, in der es plötzlich von Uniformierten nur so wimmelte, quer gestellte Streifenwagen und flatterndes weiß-rotes Absperrband, um die obligatorischen Schaulustigen im Zaum zu halten. Der Notarzt und eine Rettungsambulanz standen bereit, und auch ein Allradlöschfahrzeug der Feuerwehr war bereits für alle Eventualitäten angefordert worden.

Das SEK parkte abseits des Zielhauses, um den Überraschungseffekt bei einem Zugriff nicht unnötigerweise bereits im Vorfeld aus der Hand zu geben. Das Team stieg aus und setzte die Helme auf. Die Schusswesten trugen die Männer bereits, um bei einer plötzlichen Eskalation der Lage sofort einsatzbereit zu sein. Das hier war nun ihr Spielplatz, und sie rissen die Führung der Aktion sofort an sich.

Das Eintreffen eines vermummten SEK erregte immer Aufsehen, aber gerade hier in der Provinz war die Faszination dieser Einheit überdeutlich zu spüren. Nicht nur von den Schaulustigen flogen ihnen respektvolle, bewundernde Blicke zu, auch die Beamten des Streifendienstes konnten sich der Wirkung nicht entziehen. Vor allem die Kolleginnen schienen besonders anfällig für diese Gefühle zu sein. Es hat offenbar seine Berechtigung, dass SEK-Angehörige bei Polizeipartys und Behördenfesten als Womanizer berühmt und berüchtigt sind.

Natürlich schmeichelte diese Anerkennung Toni und seinen Kameraden, doch nun stand der Einsatz im Mittelpunkt ihres Denken und ihre ganze Konzentration gehörte jetzt dem durchgedrehten Serben. Dies war einer der Momente, für den sie monatelang, ja oft jahrelang über ihre Leistungsgrenze hinaus trainiert hatten. Der Ernstfall war eingetreten, und offenbar stand ein Wohnungssturm bevor. Angst verspürten die Männer nicht, sie freuten sich eher auf ihren Einsatz. Und je anspruchsvoller der Auftrag wirkte, umso größer war die Motivation, diese Herausforderung zu meistern.

Dieses gemeinsame Handeln, das taktische Vorgehen als Gruppe, das antrainierte blinde Verständnis untereinander stellte für viele SEKler ein weiteres Argument für ihre Berufswahl dar. Deswegen waren sie bei einem Spezialeinsatzkommando gelandet und versauerten nicht hinter irgendeinem Schreibtisch.

Der Auftrag »Eindringen in eine Wohnung« war eine der Königsdisziplinen jeder Spezialeinheit. Denn es erforderte höchste Konzentration, einen bewaffneten Täter auf fremdem Terrain aus seiner eigenen Wohnung zu holen. Meistens rechnete der Gegner schon mit einem polizeilichen Einschreiten und konnte daher Fallen für die vorrückenden Polizisten bauen und verstecken. In jeder Schublade, hinter jedem Kissen oder unter einem Tisch konnte eine tödliche Waffe lauern. Je größer, je gefährlicher die Herausforderung war, desto angespannter und entschlossener gingen sie in den Einsatz.

Aus sicherer Entfernung beobachteten die Männer des SEK das Haus von Sascha K. Das Ganze wirkte allerdings eher wie eine massive Gartenlaube. Ein Flachbau mit einer winzigen Veranda, die von einem windschiefen Bretterzaun umgeben war. Der Serbe war der einzige Bewohner des Unterschlupfs, der keine 20 Quadratmeter groß war. Die Wohnungstür bestand aus billigster Presspappe, die jeder Baumarkt im Angebot führte. Knapp einen Meter links von der Tür befand sich das einzige Fenster des Gebäudes, dessen Fensterbank nicht mal hüfthoch war. Dies war zwar eine ideale Höhe, um schnell in eine Wohnung einzudringen, aber Tür und Fenster lagen aus polizeitaktischer Sicht zu eng beieinander. Denn der Überraschungseffekt war größer, wenn das Fenster seitlich oder gegenüber der Tür lag. Noch besser wäre eine größere Wohnung, deren Zimmer und Türen auseinanderlagen, sodass ein langsames, kontrolliertes Eindringen möglich war. Hier blieb nur die Option eines schnellen Eindringens, der Überrumpelung.

Der Gruppenführer nahm Kontakt mit der örtlichen Einsatzleitung auf, das Gespräch brachte jedoch keine neuen Erkenntnisse. Nach wie vor war es den Beamten nicht gelungen, Sprech- oder Sichtkontakt mit Sascha K. herzustellen. Es war nicht auszuschließen, dass der psychisch kranke Mann sich selbst Verletzungen beibrachte, somit bestand eine hohe Gefährdung für den Serben selbst und für jeden, der sich in Saschas Reichweite befand. Die Einsatzleitung wusste nicht weiter und erteilte dem Spezialeinsatzkommando die Freigabe für den Zugriff. Eine Freigabe mit schwerwiegenden Folgen.

Der Gruppenführer informierte daraufhin seine sieben Männer über den Einsatzbefehl. Über ihr taktisches Vorgehen waren sie sich schnell einig. Vier Mann sollten durch die aufzubrechende Tür eindringen, während zeitgleich die drei übrigen die große Fensterscheibe einschlagen und auf diese Weise ins Wohnungsinnere gelangen würden. Die Tür aus Presspappe dürfte keine großen Schwierigkeiten bereiten, zumal die Hälfte aus einer einfachen Glasscheibe bestand, die eingeschlagen werden sollte. Der Krach der berstenden

Scheiben und das schlagartige Eindringen von sieben vermummten und martialisch aussehenden Elitekämpfern müssten ausreichen, um Sascha K. zunächst einmal einzuschüchtern und so einige Sekunden Zeit zu gewinnen, um ihre Maßnahmen zu treffen. Ein fataler Irrtum!

Die Aufgabe des ersten Mannes an der Tür war es, die Tür aufzubrechen und die Glasscheibe einzuschlagen, dann musste er blitzartig seinen Kameraden Platz machen und erst als Vierter die Wohnung stürmen. Sein weiteres Handeln würde er dann lageabhängig selbst bestimmen. Entweder würde er die Kollegen bei der Festnahme unterstützen oder mit seiner Pistole als Sicherungsschütze fungieren.

Der Mann, der als Erster in die Wohnung stürmen würde, musste darauf achten, dass sich niemand zwischen ihm und Sascha befand, denn er benötigte immer eine freie Schussbahn. Er war der Sicherungsschütze, der mit der Pistole in Schusshaltung in die Wohnung eindrang. Falls sich ein Schusswechsel entwickeln würde, musste er schießen, und er würde schießen, um zu töten.

Der ihm folgende zweite Mann war mit dem Taser bewaffnet und würde bei der ersten sich bietenden Gelegenheit die 50 000-Volt-Waffe abfeuern. Die daraus resultierende Lähmung musste dann ausgenutzt werden, um den Serben zu entwaffnen und zu überwältigen. Beim Vorgehen würde der Taser-Mann darauf achten, dass er sich niemals zwischen dem Sicherungsschützen und Sascha bewegte – sein Leben könnte davon abhängen.

Der dritte Mann sollte mit einem Langstock ausgerüstet sein. Angriffe mit dem Langstock werden in der Kampfkunst Wing Chun gelehrt, einer über 300 Jahre alten traditionellen Kampftechnik aus China, die in einem Shaolin-Kloster entwickelt wurde. Viele Spezialeinsatzkommandos werden in dieser Kampfkunst ausgebildet, und oft besuchen die Männer zusätzlich privat eine dieser Kampfakademien, um ihre Fähigkeiten weiter zu trainieren und zu verbessern. Der Langstock bietet die Möglichkeit, einen mit einem Messer bewaffneten Täter aus größerer Distanz zu bekämpfen. Mit ihm kann gleichzeitig geblockt und geschlagen werden, und er ermöglicht es, einen Messerangreifer ohne Schusswaffengebrauch, allerdings mit erhöhter eigener Gefährdung, unschädlich zu machen.

Die Einteilung am Fenster war schnell vorgenommen. Mann Nummer eins sollte die große Fensterscheibe schnell und gründlich zertrümmern. Dabei musste er besonders darauf achten, dass im unteren Rahmen keine großen Glasssplitter stecken blieben, da diese sonst ein großes Verletzungsrisiko für die nachrückenden Kräfte darstellten. Danach würde er sein weiteres Vorgehen lageabhängig anpassen.

Mann Nummer zwei sollte mit seiner Sig Sauer im Anschlag die vordringenden Kameraden absichern, obwohl er wahrscheinlich selbst bei einer eskalierenden Situation nicht zum Schuss kommen würde. Denn die durch die Tür ins Haus stürmenden Jungs würden sich in seiner unmittelbaren Schussbahn befinden. Eine riskante Position, aber dies war den Örtlichkeiten geschuldet und ließ sich nicht ändern. Ein SEKler war zudem Improvisation gewöhnt, denn oft kam es anders als ursprünglich gedacht.

Mann Nummer drei, Toni, erhielt den Befehl, als Erster durch das Fenster in die Wohnung einzudringen und den Überraschungseffekt auszunutzen, um Sascha zu überwältigen, wenn dieser von den Eindringlingen in seinem Haus überrumpelt und abgelenkt war. Dazu sollte er, unmittelbar nachdem der Taser-Schütze seine Projektile abgefeuert hatte, den ehemaligen serbischen Armeeangehörigen unschädlich machen. Toni ging den Ablauf im Kopf noch einmal durch und wusste genau, dass er einige Sekunden lang in großer Gefahr schweben würde. Denn er musste nah an seinen Gegner heran und würde sich in der direkten Schussbahn des Taser- und des Sicherungsschützen bewegen. Ein weiteres Problem war, wie er am besten in die Wohnung gelangen sollte. Zuerst einen Fuß auf die Fensterbank setzen und dann kontrolliert in das Zimmer springen, wobei er sicherlich ein, zwei Sekunden verlieren würde, oder mit einem schnellen Satz das Hindernis überwinden, um Sascha möglichst sofort anzugreifen?

Toni entschied sich für letztere Variante. Die falsche Entscheidung ...

Toni schaute auf die Uhr, 15.25 Uhr, das SEK-Kommando war noch keine 30 Minuten vor Ort. Diese schnelle Freigabe und der sofortige Zugriff waren eher unüblich, denn normalerweise vergingen Stunden, bis endlich ein »Go« erteilt wurde. Oft wurden erst Baupläne beschafft und studiert, die Örtlichkeiten genau ausgekundschaftet und alle anderen Optionen ausgeschöpft. Toni verstand die Eile des Zugriffes nicht wirklich, denn man konnte doch einfach abwarten und den Serben mürbe werden lassen, bis irgendwann seine Kräfte erloschen und er nur noch seine Ruhe haben wollte. Solange er sich allein in seinem Häuschen aufhielt, war eine Fremdgefährdung schließlich ausgeschlossen, und im schlimmsten Fall würde er sich höchstens selbst etwas antun.

Doch er hatte diese Entscheidung ja nicht zu treffen. Die Würfel waren gefallen, und der Zugriff wurde auf 15.30 Uhr festgesetzt.

Das SEK schlich sich lautlos in seine Position. Die Männer verständigten sich ohne Worte und signalisierten sich und dem den Einsatz koordinierenden Gruppenführer ihre Bereitschaft. Der Kommandoführer zählte leise, die interne Funkanlage im Helm dämpfte seine Stimme. Eins ... Die Männer an der Tür waren bereit und angespannt.

Zwei ... Der Sicherungsschütze balancierte den richtigen Sitz seiner Sig Sauer aus.

Drei ... Toni stand hinter dem Glasscheiben-Zertrümmerer bereit und wappnete sich für einen großen Sprung.

»Go!«

Die Maschinerie setzte sich unaufhaltsam in Gang. Scheiben zersplitterten mit lautem Getöse, die Tür wurde aufgebrochen, und ein anfeuerndes »Go« hallte durch das kleine Häuschen. Das Zerbrechen der Fensterscheibe dauerte länger als die Aktion an der Tür. Toni sah, dass der Sicherungsschütze und der mit dem Taser bewaffnete Kamerad bereits im Haus waren.

Und was war mit Sascha? Wie verhielt sich der Serbe?

Der ehemalige serbische Armeeangehörige schien vom Auftritt des SEK nicht besonders beeindruckt zu sein, im Gegenteil, er war hochgradig aggressiv, hob sein Messer und stellte sich den Eindringlingen in den Weg. Dann überschlugen sich die Ereignisse. Als Toni sah, dass der Taser-Schütze gleich schießen würde, setzte er zum Sprung an und hob ab. Die 50 000-Volt-Projektile bahnten sich derweil ihren Weg in Richtung von Saschas Oberkörper. Noch während er in der Luft über die Fensterbank segelte, sah Toni das Unglück nahen, aber es war zu spät, er konnte nicht mehr ausweichen.

Ein Projektil der Elektroschockpistole bohrte sich tief in Saschas Oberkörper, aber der zweite Haken hatte die Haut nicht durchstoßen, sondern blieb in seiner Kleidung hängen. Das konnte theoretisch zwar ausreichen, um den Elektroschock über eine Funkentladung zu übertragen, aber auch das funktionierte nicht. Sascha ging nur kurz in die Knie, schüttelte sich und rappelte sich sofort wieder auf. Sein Messer hielt er immer noch angriffsbereit in der Hand.

Dem SEK blieben jetzt verschiedene taktische Möglichkeiten. Mann Nummer drei konnte mit dem Langstock vorrücken und den Serben attackieren, um dem Taserschützen so wertvolle Sekunden zu verschaffen, um eine neue Kartusche zu laden. Oder sie konnten sich kurz aus dem Haus zurückziehen, um den Taser in Ruhe für einen neuen Angriff vorzubereiten. Doch Tonis Verhalten machte alle weiteren Überlegungen in Sekundenschnelle überflüssig.

Nachdem er die Fensterbank übersprungen hatte und sich schon in der Wohnung befand, konnte er sich dort das erste Mal umsehen. Sein Körper befand sich bereits im Sinken, als er ein Hindernis erspähte, das er dort nicht vermutet hatte und das niemand gesehen hatte. War der schnelle Zugriffsbefehl vielleicht doch zu überhastet und zu leichtsinnig gewesen? Jetzt war es auf jeden Fall zu spät, denn die schwere Schussweste, der Helm und die übrige Ausrüstung forderten ihren Tribut und zogen ihn unaufhaltsam nach unten. Mit einem lauten Krach landete er auf dem unerwarteten Gegenstand, Saschas Fahrrad.

Toni stürzte, und er stürzte so unglücklich, dass er die vollständige Kontrolle über seine Bewegungen und seinen Körper verlor. Völlig unkoordiniert fiel er in die Wohnung hinein und lag plötzlich schutzlos in der Reichweite von Saschas rechtem Arm, seinem Messerarm.

Eine Millisekunde lang schien die Welt stillzustehen, seine Kameraden waren starr vor Schrecken. Der Erste, der auf diese neue Situation reagierte, war Sascha. Er holte mit dem Messer aus und stach kraftvoll in Richtung von Tonis Kopf. Instinktiv reagierte dieser, drehte seinen Körper etwas, um seinen Schwerpunkt zu verlagern, und riss in letzter Sekunde beide Arme schützend vor den Kopf. Das Messer kam wie ein Fallbeil auf ihn herabgeschossen, traf seinen Unterarm, zerteilte mühelos den Einsatzoverall und schnitt sich schmerzhaft durch sein Fleisch. Erst der Unterarmknochen stoppte das Vordringen des Messers. Durch die Wucht der Messerattacke glitt das Messer am Knochen entlang, sprang auf den anderen Arm über und verursachte auch dort eine tiefe Wunde. Toni schrie auf und realisierte gleichzeitig, dass er in Lebensgefahr schwebte. Was sollte er tun? Seine Gedanken rasten. Seine Arme schmerzten so sehr, dass er sich nicht sicher war, ob es ihm gelingen würde, einen weiteren Messerstoß abzuwehren.

Sascha drehte sein rechtes Schultergelenk nach hinten, nahm seinen Oberkörper mit, um ein weiteres Mal mit größtmöglicher Kraft zuzustechen. Dann wirbelte das Schultergelenk nach vorn, und Toni sah das Messer auf seinen Kopf zuschnellen. Plötzlich durchdrang ein ohrenbetäubender Lärm das Zimmer. Der Sicherungsschütze hatte eingegriffen, er schoss und traf. Toni registrierte das Aufbäumen von Sascha. Die Bewegungsenergie der Mannstopp-Munition entlud sich im Körper des Messermannes und stoppte seinen Angriff. Doch dieser Zustand hielt nicht lange an, denn der ehemalige serbische Armeeangehörige steckte den Schuss offenbar einfach weg und fokussierte seine Aggressionen wieder auf den stark blutenden Toni.

Der Sicherungsschütze fluchte innerlich, denn er war sich bewusst, dass er sich in einer beschissenen Schussposition befand. Toni und Sascha bildeten ein verworrenes Knäuel im Bodenkampf, und es war viel zu gefährlich für seinen Kameraden, noch einen Schuss zu riskieren. Doch Saschas anhaltende Aggression wischte jegliche Bedenken und Zweifel weg. Sascha K. holte erneut aus und stach in Richtung von Tonis Kopf. Ob der Schütze nun wollte oder nicht, er musste schießen – und er schoss.

Schussexplosionen durchbrachen den Raum. Kampfgeschrei und -lärm drangen durch die Ohrenschützer des Schützen, seine Sturmhaube war leicht verschoben und engte sein Sichtfeld etwas ein. Er bemerkte die Verspannung in seiner Arm- und Schultermuskulatur und sah, dass Toni sich bei einem seiner Schüsse vor Schmerz aufbäumte. Er konnte nicht einmal mit Bestimmtheit sagen, bei welchem, aber plötzlich durchzuckte ihn ein panikartiges Gefühl, es schien, als ob ... oh nein, Toni schrie. So ein Mist, sollte ihm das wirklich passiert sein, ausgerechnet ihm?

Toni spürte die Schmerzen und das Blut, das an seinen Armen herunterfloss, er atmete laut und stoßweise, um möglichst viel Sauerstoff in seine Lungen zu pumpen. Er hörte die Schüsse, die über ihn hereinbrachen, und hoffte inständig, dass es endlich vorbei sein möge, aber es war noch nicht vorbei, nicht für ihn. Als der Schuss Toni traf, durchzuckte der Schmerz wie ein Blitz seinen Körper. Das Deformationsgeschoss schlug in seinen Einsatzstiefel »GSG 9« von Adidas ein und bohrte sich durch die Achillesferse in seinen Körper. Die Mannstopp-Munition unterschied nicht zwischen Gut und Böse, nicht zwischen Polizist und Angreifer, sie machte das, wofür sie konstruiert und produziert worden war. Sie richtete bei dem Getroffenen den größtmöglichen Schaden an. Beim Aufprall auf Tonis Ferse pilzte das Geschoss auseinander und bohrte sich durch das weiche Gewebe. Auch die Endsehne des dreiköpfigen Wadenmuskels, die stärkste Sehne im menschlichen Körper, war gegen dieses spezielle Produkt einer schweizerischen Waffenschmiede chancenlos. Das Deformationsgeschoss hinterließ eine Schneise der Verwüstung in Tonis Fuß. Es zerstörte die Sehnen, Muskeln, das Gewebe und die Blutbahnen – es verschonte nichts.

Schmerz, Panik und Adrenalin rasten durch Tonis Körper. »Scheiße, ich bin getroffen. Aber wie schwer war der Treffer? Und war es das jetzt, ist es jetzt endlich vorbei?«

Ja, es war vorbei. Saschas Attacken hörten auf, er war tot.

Die Kameraden vom SEK sicherten das Messer, zogen den Leichnam von Toni weg und alarmierten den Notarzt. Nach kurzer Zeit, die ihm endlos erschien, versorgte ihn der Arzt, und die Schmerzen wichen.

Der Einsatz war damit beendet. Das Spezialeinsatzkommando hatte seinen Job erledigt und die gefährliche Situation bereinigt, doch zu welch hohem Preis!? Der 32-jährige Sascha war tot und ein Kollege durch den Schuss eines Kameraden und eine Messerattacke schwer verletzt.

Schweigsam und bedrückt sammelten die Elitepolizisten ihre Ausrüstungs-gegenstände ein und verstauten sie im Auto. Die Blicke der Schaulustigen und der Kollegen vom Streifendienst waren jetzt nicht mehr bewundernd und anerkennend, sondern ärgerlich, vorwurfsvoll und wütend.

Das Kommando war nicht viel länger als eine Stunde vor Ort. Eine Stunde, um anzukommen, die Lage zu sondieren, den Zugriff zu beschließen und durchzuführen, Sascha zu erschießen, Toni schwer zu verletzen, die Ausrüs-tung einzupacken und wieder zu verschwinden. Eine Stunde!

Wer geglaubt hatte, dass in der nun folgenden juristischen Aufarbeitung die Fehler des Spezialeinsatzkommandos der Öffentlichkeit mitgeteilt würden und Rechenschaft abgelegt würde, wurde eines Besseren belehrt. Die Staatsan-waltschaft der Stadt übernahm die Ermittlungen, obwohl ein Beamter des dor tigen Polizeipräsidiums als Todesschütze beteiligt gewesen war und weitere sieben Beamte des Präsidiums in diesen tödlichen Vorfall verwickelt waren. Um eine Interessenkollision auszuschließen – denn Polizeibeamte sind gleich-zeitig Hilfsbeamte der entsprechenden Staatsanwaltschaft, die diese nach eigenem Ermessen einsetzen kann –, existieren hierfür ganz klare Richtlinien. Es ist vorgeschrieben, dass so ein problematisches Verfahren an eine andere Staatsanwaltschaft abgegeben werden muss, damit die Objektivität gewahrt bleibt und kein Verdacht von Behördenmauschelei aufkommt. Doch trotz die-ser eindeutigen Vorschriften blieb das Verfahren bei der Staatsanwaltschaft der

Stadt, die eine Mordkommission einsetzte. Pro forma leitete diese ein Ermittlungsverfahren gegen den Todesschützen wegen Totschlags ein, doch schon zwei Tage später diktierte der zuständige Staatsanwalt den Reportern in ihre Schreibblöcke, dass er davon ausgehe, dass das Verfahren bald eingestellt würde. Auch der Ablauf des Zugriffes wurde in mehreren Zeitungsartikeln anders dargestellt, als er auf den Fluren der Spezialeinheit erzählt wurde.

Der Korpsgeist des Spezialeinsatzkommandos schien die Männer weiterhin zu schützen, und trotz einer eindeutigen Faktenlage erhob sich keine kritische Stimme innerhalb der Staatsanwaltschaft. Oder wurden der Behörde womöglich vorsätzlich Fakten verschwiegen? Angefangen bei der kurzen Verweildauer am Einsatzort, dem überhasteten, leichtsinnigen Zugriff bis zum Sturz über das Fahrrad, der die folgende tödliche Kettenreaktion auslöste. Wurde das Versagen des Tasers thematisiert und warum keine Zeit blieb, den Taser neu zu laden und einen weiteren Zugriff zu starten? Dazu der Schusswechsel, vier Treffer bei Sascha und nicht fünf, in unbestritten höchster Lebensgefahr und dem Unglück, dass ein Polizist durch den Schuss eines Kollegen schwer verletzt wurde, schwerer als durch Sascha K. selbst? Tonis schwere Achillesfersenverletzung wurden via Pressemitteilung kurzerhand mit Saschas Messerattacke begründet.

Dass Angehörige von Spezialeinsatzkommandos aus Korpsgeist Abläufe falsch wiedergeben oder negative Ereignisse verschweigen, ist zwar für die Öffentlichkeit und die Presse nicht zu akzeptieren, aber doch für viele Fachleute nachvollziehbar. Denn solch geschlossene Einheiten sind dringend auf Korpsgeist angewiesen, er ist geradezu lebensnotwendig für ein reibungsloses Funktionieren dieser Elitekämpfer. In einem Beruf, in dem es nie sicher ist, ob man abends wieder nach Hause zurückkehrt oder schwer verletzt auf einer Intensivstation liegt, ist es beruhigend zu wissen, dass alle Vorkommnisse erst einmal in der eigenen Einheit, bei den Kameraden verbleiben. Ganz besonders gilt dies für schiefgelaufene Einsätze und persönliche Fehler.

Es reicht ja schon die moralische Last, die jemand im Einsatz vielleicht aufgeladen bekommt, wenn er eine Person schwer verwundet oder sogar tötet.

Wie hilfreich ist es da, wenn jeder weiß, dass ihn der Korpsgeist schützt, so weit es eben geht und manchmal auch darüber hinaus.

Dieses beruhigende Gefühl und Wissen ist ein Garant dafür, die hohe Motivation, Einsatzbereitschaft und Rekrutierungsquote für diese Spezialeinheiten aufrechtzuhalten.

Doch gelten solche Maßstäbe auch für Gerichtsmediziner, Mordermittler und Staatsanwälte? Trotz des staatlichen Legalitätsprinzips?

Dass Pannen auch beim polizeilichen Arbeiten geschehen, ist bedauerlich, aber menschlich. Dass beim Sturm eines Hauses ein Fahrrad übersehen wurde und dies eine tödliche Kettenreaktion auslöste, ist ein schwerer Fehler, aber doch nachvollziehbar. Es hätte der gesamten Behörde gut zu Gesicht gestanden, diese Panne ehrlich einzugestehen. Die Bevölkerung wäre zwar zu Recht wütend gewesen über den vermeidbaren Tod von Sascha K., aber sie hätte auch wahrgenommen, dass die behördliche Kontrolle funktioniert und das Versagen einer Behörde nicht durch das Versagen der nächsten höheren Aufsichtsbehörde gedeckt wird.

In zahlreichen Pressekonferenzen ging jedoch niemand auf den übereilten Einsatz des SEK ein, in den Ausführungen kam der Fahrradsturz nicht vor, und jeder sprach immer von fünf Schüssen, die der Sicherungsschütze auf Sascha K. abgegeben hatte. Ob er jedoch von fünf oder nur von vier Kugeln getroffen wurde, verschwiegen alle Beteiligten. Absicht oder Unwissenheit? Der Obduktionsbericht lag der Behörde auf jeden Fall vor, und der Gerichtsmediziner kann nur vier Geschosse aus Saschas Körper geholt haben. Ein Durchschuss, der anschließend Toni traf, ist mit höchster Wahrscheinlichkeit auszuschließen. Denn diese Deformationsgeschosse sind extra dafür konzipiert worden, keinen Durchschuss oder Querschläger zu verursachen, und sie erfüllen ihre Vorgaben mit tödlicher Präzision.

Es ist auch davon auszugehen, dass jeder Notarzt, Gerichtsmediziner und Krankenhauschirurg die Folgen und Wundmerkmale einer Messerverletzung von den Folgen einer Schussverletzung durch ein Deformationsgeschoss unterscheiden kann. Und doch führte die Behörde gerade diese schweren Verletzungen des SEK-Angehörigen als Rechtfertigung für die Todesschüsse an.

Die Lokalzeitungen stellten zwar einige Fragen und forderten Aufklärung, aber sie stellten die falschen Fragen, und dies auch nicht energisch genug. Schließlich wollte es sich wohl niemand zu sehr mit den Behörden verscherzen. Denn es würden weitere Fälle und spektakuläre Straftaten folgen, und dann war man wieder auf eine enge Kooperation und Auskunftsbereitschaft der Staatsanwaltschaft und des Polizeipräsidiums angewiesen. Diese neuen Fälle sollten ja in der eigenen Zeitung stehen und nicht exklusiv im Konkurrenzblatt der Stadt.

Niemand anders erhob seine Stimme, um die wahren und vollständigen Gründe für Saschas Tod zu erforschen. Seine Mutter war zu schwach und zu sehr mit der Bewältigung des eigenen Lebens beschäftigt, als dass sie sich mit etlichen Behörden gleichzeitig hätte anlegen können. Es hätte wahrscheinlich auch ihr Vorstellungsvermögen überstiegen, dass es bei mehreren deutschen Behörden zugleich nicht mit rechten Dingen zuging. Dass diese Stellen als Hort von Gerechtigkeit und Ehrlichkeit der Öffentlichkeit, der Presse und den direkt Beteiligten Einzelheiten verschwiegen, unvollständige Angaben machten, ja logen.

Einzig die Jugendorganisation der SPD brachte eine sehr polizei- und einsatzkritische Pressemitteilung heraus, die der lokale CDU-Mann jedoch sogleich als Klassenkampfparolen diskreditierte. Also verstummte letztlich auch diese um lückenlose Aufklärung bemühte Stimme.

Am 18. September, 15 Tage nach dem Vorfall, stellte die Staatsanwaltschaft das Ermittlungsverfahren gegen den Todesschützen ein und attestierte ihm ein professionelles Verhalten.

Das zuständige Landesinnen- und das Justizministerium kamen als oberste Aufsichtsbehörden ihrer gesetzlichen Kontrollpflicht keineswegs nach. Sie äußerten sich weder zu den Vorgängen, noch schritten sie bei dieser lokalen Behördenvertuschung ein.

Bis heute.

Der vermeidbare Tod von Sascha K. resultierte aus einer Kette von Polizeipannen. Letztendlich jedoch wurde Sascha K. wegen seines in der Wohnung abgestellten Fahrrades getötet.

———————————

Und Toni? Bei seinen Armwunden hatte Toni noch Glück gehabt, denn dabei handelte es sich hauptsächlich um muskuläre Verletzungen, die relativ rasch heilten. Anders verhielt es sich bei der Schussverletzung, die eine monatelange Behandlung nach sich zog. Er musste operiert werden, um die zerfetzten Sehnenstränge wieder zusammenzufügen und seinen völlig zerstörten Fersenbereich wenigstens halbwegs wiederherzustellen. Doch die Heilung verlief schleppend, und ein Rückschlag nach dem anderen belastete das einst so sonnige Gemüt von Toni zusätzlich.

Es vergingen über sechs Monate und zahllose Reha-Trainingsstunden, bis Toni schließlich wieder voll einsatzfähig war. Vielen seiner Kollegen kam er jedoch verändert vor, trübsinniger, ernster, ja direkt ein wenig beklommen.

An seinem ersten Arbeitstag ordnete er zunächst seine Sachen und bemerkte schnell, dass etwas fehlte: sein Einsatzstiefel. Bei Nachfrage im Geschäftszimmer wurde er aufgefordert, sich in der Asservatenkammer danach zu erkundigen. In der Asservatenkammer? Es hatte sich also niemand während seiner immerhin sechsmonatigen Abwesenheit um seine Sachen gekümmert. Tolle Kollegen!

Im Fahrstuhl war Toni allein mit sich und seinen Gedanken. Der Vorfall machte ihm immer noch schwer zu schaffen, schwerer, als er sich selbst eingestehen wollte. Ihn plagten Gewissensbisse, mal mehr, mal weniger. Wäre er nicht über dieses verdammte Fahrrad gestolpert, würde Sascha wahrscheinlich noch leben. Doch alle Selbstvorwürfe halfen nicht und brachten Sascha nicht zurück. Es war, wie es war. Schicksal? Darauf wusste er keine Antwort und verdrängte wie so oft seine Gedanken, als er die Asservatenkammer betrat. Der diensthabende Kollege übergab ihm einen durchsichtigen, verschnürten Plastiksack. Tonis Mund wurde trocken, und seine Körpertemperatur stieg spürbar an. Alles war sofort wieder da, das Zersplittern des Fensters, der Sprung und der Sturz in die Wohnung, der Messerangriff, die Lebensgefahr, die Schüsse und der eine Schuss. Eine Zeitreise in die Vergangenheit, die er endlich hinter sich lassen wollte. Als er die Tüte aufriss, kamen die Erinnerungen noch stärker nach oben.

Sein Einsatzstiefel wies ein deutlich sichtbares Einschussloch an der Achillesferse auf. Natürlich. Das Leder war zerfetzt und von Blut und Geweberesten verklebt. Sein Blut, seine Gewebereste. Und was lag dort im Inneren seines ramponierten Stiefels? Toni war fassungslos. Niemand hatte das wichtigste Beweisstück in diesem Todesermittlungsverfahren beseitigt. Den unumstößlichen Beweis dafür, dass die von allen beteiligten Behörden öffentlich kommunizierte Geschichte so nicht stimmte.

Er spürte seinen pochenden Herzschlag und seinen jagenden Puls. Im Fußbett lag neben weiteren Gewebe- und Blutresten etwas, was es laut Staatsanwaltschaft gar nicht geben durfte und wonach der Sicherungsschütze vergeblich gesucht hatte, der fünfte Schuss, das deformierte Geschoss der Mannstopp-Munition.

Wie in Trance griff Toni in seinen blutverschmierten Stiefel, steckte das Geschoss in seine Hosentasche und verließ wortlos die dunkle Asservatenkammer. Die schweren Eisentüren des Fahrstuhls schlossen sich hinter ihm, und wieder war er mit seinem Gewissen allein.

2. LOVEPARADE DUISBURG
Der Tunnel des Grauens

»Wir sind verantwortlich für das, was wir tun,
aber auch für das, was wir nicht tun.«

Voltaire

In Hamburg entsteht mit der architektonisch stilvollen HafenCity ein neues Stadtviertel mit maritimem Flair und innovativen Wohnkonzepten, dessen Areal von über zwei Quadratkilometern von zugänglichen Fluss- und Kanalläufen eingefasst wird. Den visuellen Höhepunkt dieses Viertels bildet die Elbphilharmonie, erschaffen von einem schweizerischen Architekturbüro von Weltruhm. Hier prägt nun eine beeindruckende und erfolgreiche Umwandlung ehemaliger, nicht mehr benötigter Hafenflächen das Stadtbild.

Berlin gelang es, nach dem Fall der Mauer und dem Verschwinden des Todesstreifens zurückzukehren zu altem Glanz, zu einer Metropole der Kultur, Politik, Medien und der Wissenschaften. Auf den Hinterlassenschaften eines zugrunde gegangenen Regimes, wie Stacheldraht, Kfz-Sperren und Beobachtungstürmen, erfand sich diese Stadt kreativ und zukunftsweisend neu. Die neue Mitte arrivierte zur größten innerstädtischen Baustelle Europas. Der Potsdamer Platz wurde neu und modern erschaffen gemäß dem erfolgreichen Konzept einer Skyscraper City des 21. Jahrhunderts. Das städtebauliche Ensemble in kosmopolitischer Lage bildet eine bedeutsame Touristenattraktion und bereichert die Berliner Skyline.

Solche Erfolgsgeschichten sucht man im Ruhrgebiet, einem der größten Ballungsgebiete Europas mit über fünf Millionen Einwohnern, vergeblich. Trotz Milliarden Deutscher Mark und Euro an Steuergeldern beutelten das Zechensterben und eine unaufhaltbare Deindustrialisierung die Region schwer. Die Bemühungen, einen subventionsgelenkten Strukturwandel zu erzwingen, scheiterten. Doch die Ruhrgebietsstädte starteten einen letzten Versuch, um auf Augenhöhe mit angesagten, coolen Metropolen Europas zu gelangen. Die politischen Verantwortlichen schlossen einen Vertrag mit der Betreiberfirma der markenrechtlich geschützten Loveparade, deren einstiger Geschäftsführer und alleiniger Gesellschafter der Inhaber Deutschlands größter Discount-Fitness-Kette ist. Begriffe wie »Imagegewinn« und »Standortstärkung« schwappten daraufhin durch die renovierungsbedürftigen Rathausflure vieler Rhein-Ruhr-Städte. Den Anfang setzte Essen 2007 mit 1,2 Millionen angegebenen Besuchern, es folgte 2008 Dortmund mit 1,6 Millionen Partygästen, 2009 war Bochum fest eingeplant, 2010 Duisburg und 2011 Gelsenkirchen. Doch Bochum scherte 2009 unerwartet aus der Reihe der widerspruchslosen Enthusiasten aus. Nach einem prüfenden Blick in die Unterlagen der Veranstaltungsfirma und einer Rücksprache mit Polizei und Feuerwehr kamen die Entscheidungsträger dieser Stadt zu einem unerwarteten Ergebnis. Die Bochumer Bürgermeisterin und der Polizeipräsident stemmten sich gegen die aufgebaute Erwartungshaltung einer ganzen Region, besonders der dort politisch verantwortlich handelnden Personen, und sagten das Massen-Event kurzum wegen Sicherheitsbedenken ab. Die folgenden Reaktionen übertrafen die Befürchtungen der nach bestem Wissen und Gewissen Agierenden um ein Vielfaches. Der Geschäftsführer der Kulturhauptstadt 2010 wird mit folgenden Worten bezüglich der Absage zitiert:»... sie konfrontiert uns mit allem, was wir schon glaubten überwunden zu haben: Kleinstadtdenken, Provinzialität, das ganze zähe Grau des alten Ruhrgebiets. ... Menetekel für die gesamte Kulturhauptstadt.«

Der Bochumer Polizeipräsident sah sich genötigt, seine Entscheidung öffentlich in einem Brief zu rechtfertigen:»Was denken sich eigentlich Politiker und Journalisten, die die Metropole Ruhr als Monstranz ihrer Popularität vor sich hertragen, wenn es um die Verantwortung derer geht, die als Amtsträger für die Folgen ihres Handelns persönlich haften?«

Doch die diffamierenden Vorhaltungen sollten nicht verstummen: peinlich, provinziell, nur Deppen am Werk und eine Blamage fürs Ruhrgebiet, so schallte es den Aufrechten entgegen.

All das, was in Bochum nach gründlicher Prüfung nicht realisierbar schien, war im knapp 40 Kilometer entfernten Duisburg nur ein Jahr später offiziell kein Problem mehr. Und dies trotz zahlreicher Sicherheitsbedenken von unterschiedlichster Seite und einer miserablen städtischen Finanzlage – Duisburg stand unter Kommunalaufsicht und verfügte nur über einen Nothaushalt.

Wie hoch war die erwartete Besucherzahl? Wie viele Besucher passten auf einen Quadratmeter? Wo lag die Belastungsgrenze des Veranstaltungsgeländes und der gesamten Stadt? Das Kalkulieren mit Besucherströmen begann. Wie würden sie anreisen und wie lange auf dem Party-Gelände verweilen? Mögliche Unglücksszenarien wurden durchgespielt: Unwetter, größere Schlägereien, Versorgungslücken, Panik der Massen ... War ausreichend für eine medizinische Erst- und Notversorgung gesorgt, reichten die bereitgestellten Toiletten?

Der Krisenstab und die Organisatoren waren sich über das Worst-Case-Szenario einig und antworteten entsprechend übereinstimmend auf Pressean fragen:

»Regen. Ein Unwetter.«

Jegliche Überlegungen und Vorarbeit waren nach Meinung von Verwaltung, Politik, Veranstalter und Polizei in Duisburg offenbar mit den besten Resultaten beendet worden. Denn mit welcher Begründung wurde ansonsten die Genehmigung für die »größte Party der Welt« nur wenige Stunden vor ihrem Beginn veranlasst?

Die Profilierungssucht einiger Politiker und die Geschäftsinteressen einer Fitness-Kette bezüglich ihres teuer erkauften Marketinginstruments wischten an diesem 24. Juli 2010, morgens um neun Uhr, in Duisburg alle berechtigten Sicherheitsbedenken vom Tisch. Die Tragödie nahm ihren fatalen Verlauf.

Von all dem Gezerre und Taktieren hinter verschlossenen Türen bekamen Ulrike und Patrick als Angehörige einer der 18 angeforderten Hundertschaften nicht viel mit.

Über viele Freunde verfügte die Musik mit den hämmernden Bässen in ihrer Einheit nicht. Die meisten der Kollegen konnten damit nicht viel anfangen und erwarteten einen Einsatz mit großen Menschenmassen, aber ohne besondere Vorkommnisse. Sie gingen davon aus, dass sich fast alle ihre Aufträge wie so oft auf das Absperren und Freihalten des Veranstaltungsgeländes, der An- und Abreisewege und die Lenkung der Menschenmassen beschränken würden. Ein tragischer Irrtum.

Zusätzlich stellte man sich auf einige Drogendelikte ein, vielleicht sogar einen ganzen Haufen von Straftaten im Zusammenhang mit Rauschmitteln. Dies würde aber drei Gehaltsstufen über ihnen beschlossen werden und hing davon ab, wie gründlich die Drogenkontrollen sein sollten und wie viele Polizisten dafür bereitgestellt wurden. Ulrike und Patrick rechneten wie in den letzten Jahren mit einer politisch beeinflussten Abwägung der Polizeiführung. Die Verantwortlichen wollten zwar nicht in Verdacht geraten, rechtsfreie Räume zu dulden, Happening hin oder her. Aber die Führung beabsichtigte auch nicht, Hunderttausende junge Menschen pauschal zu kriminalisieren und jedem Besucher Drogenkonsum und -handel zu unterstellen. Es war angedacht, die friedliche Masse nicht über Gebühr zu verärgern und gegen sich aufzubringen. Falls Partygäste zu blöd und zu offensichtlich mit Drogen handeln würden, müssten die Polizisten sie natürlich abfischen, die Ware beschlagnahmen und die Personen anklagen. Groß angelegte Rauschgiftkontrollen waren aber weder gewünscht noch eingeplant.

Ulrike und Patrick erfuhren in den Vorbesprechungen, dass der gesamte Einsatz mit einer Früh- und einer Spätschicht abgearbeitet werden sollte. Als Grund dieser Verfahrensweise wurden arbeitsrechtliche Schutzbestimmungen über die sonstige Einsatzdauer von Kräften und der Kostenfaktor angeführt. Da im Ruhrgebiet ortsnah beinahe unbegrenzt Einsatzhundertschaften zur Verfügung standen, plante die Polizeiführung, zur Halbzeit des Events einen Teil der Kräfte durchzutauschen, um so zusätzliche Logistik, Aufwand und Kosten für Übernachtung und Verpflegung Tausender Einsatzkräfte zu sparen. Denn unabhängig vom erhofften Imagegewinn und den verbreiteten Werbebotschaften der Initiatoren blieb die Tatsache, dass die Kosten für die Heerscharen von Polizeibeamten der Steuerzahler zahlen musste. Die Beamten rechneten also mit einem zwölf- bis dreizehnstündigen Arbeitstag, und danach sollte es wieder heimwärts gehen.

Patrick, dem 38-jährigen Polizeioberkommissar, war das mehr als recht. Denn ihn erwartete gegen Mitternacht ein heißes Date. Selbst bei einer Verlängerung der Frühschicht, Stau auf der Rückreise und inklusive einer Dusche in der Dienststelle sollte er es pünktlich nach Hause zum Mitternachtsgrillen mit seiner großen Liebe schaffen, seiner Ehefrau Britta. Sie wollten in der lauen Sommernacht Scampi grillen, einen angenehm kühlen Chardonnay genießen und so ihren nur wenige Tage zurückliegenden achten Hochzeitstag feiern. Als Höhepunkt dieser Nacht stand ungestörter, leidenschaftlicher Sex auf der Speisekarte, denn die siebenjährige Tochter Hannah schlief aus diesem Anlass bei der Oma. Acht Jahre Ehe stellten im zeitaufreibenden und von Scheidungsbetroffenen nur so wimmelnden Polizeiapparat eine wahre Seltenheit dar. Und dies galt es gebührend zu zelebrieren.

Aber erst musste noch die Loveparade über die Bühne gehen.

Der Polizeioberkommissar Patrick diente auf eigenen Wunsch in der Hundertschaft, ihm gefiel die abwechslungsreiche Arbeit. Keine Woche glich der vorherigen, und sie eilten im Hundertschaftsrahmen quer durch Deutschland von einem Brandherd zum nächsten. Das war sein Ding.

Die 29-jährige Ulrike sah ihre Arbeit in der Hundertschaft dagegen nur als Durchgangsstation an. Sie störte die hohe Arbeitsbelastung, insbesondere am Wochenende. Dazu kam noch eine steigende Gewaltbereitschaft bei vielen ihrer polizeilichen Gegenüber, der sie sich lieber nicht aussetzen wollte. Obwohl sie weder feige war noch sich wegduckte, wenn es zur Sache ging. Ulrike war eine, »die zupacken konnte, wenn es sein musste«, wie viele Kollegen in der Hundertschaft ihr bescheinigten. Sie und ihre Arbeit waren dort respektiert, was für eine junge Frau in einer männlich dominierten Einheit keine Selbstverständlichkeit war. Ulrike beabsichtigte, eines Tages im ermittlungstechnischen Bereich des Präsidiums zu arbeiten. Einen Teil draußen auf der Straße, den anderen Teil hinter dem Schreibtisch mit klaren Arbeitszeiten. Ungeachtet mehrfacher Bewerbungen hatte sie noch keine neue Verwendung zugeteilt bekommen, sie solle sich etwas gedulden, hieß es vonseiten ihrer Vorgesetzten. So beeinflusste der Befehl zum Einsatz bei der Loveparade an diesem Wochenende im Juli 2010, den das Innenministerium Nordrhein-Westfalens erteilt hatte, auch ihr weiteres Leben. Schwerwiegender und gravierender, als sie es sich in ihren schlimmsten Albträumen ausgemalt hätte.

In den Lagevorbesprechungen und der Befehlsausgabe in Ulrikes und Patricks Hundertschaft tat man sich schwer, die erwartete Gesamtbesucherzahl zu bestimmen. Man kalkulierte nach den Vorgaben des Veranstalters, der von rund einer Million Raver ausging. Eine verbindliche Zahl blieb allerdings jeder Vorgesetzte schuldig, wie hätte er sie auch berechnen sollen? Letztendlich sind solche Zahlen trotz Erfahrungswerten und ausgewerteten Reisedaten nicht mehr und nicht weniger als eine Schätzung. Aus diesem Grund und um keine unangenehmen Überraschungen zu erleben, kalkulieren Sicherheitsbehörden in der Regel mit der obersten geschätzten Teilnehmerzahl. Patrick schüttelte deshalb bei der Befehlsausgabe leicht den Kopf, als er die Zahlen vernahm. Eine Million geschätzter Besucher – hatte er nicht gehört, dass das Veranstaltungsgelände nur eine Genehmigung über 250 000 Partygäste erhalten hatte, die sich dort gleichzeitig aufhalten durften und konnten? Da musste er wohl etwas falsch verstanden haben. Denn so eine stümperhafte Planung würde in Deutschland doch niemals genehmigt werden, oder doch?

Patrick überlegte, was wohl geschehen würde, wenn ein Konzertveranstalter den Genehmigungsbehörden folgendes »Konzept« für ein Motörhead Live Gig vorstellen würde: Für eine 50 000 Menschen fassende Arena wolle er 200 000 Tickets verkaufen. Und dies mit der Begründung, dass eventuell nicht alle Besucher pünktlich zu Beginn des Konzerts erschienen. Manche favorisierten lediglich die Vorgruppe, andere verblieben vor der Halle oder in den Katakomben und tränken dort ihr Bier, und wiederum andere erreichten aufgrund von Verspätungen erst zum Schluss die Veranstaltung in der Arena, wenn die ersten Gäste sich schon auf den Rückweg machten. Durch das ständige Kommen und Gehen während der insgesamt vierstündigen Veranstaltung würde das mit den 200 000 zur Arena strömenden Besuchern schon irgendwie klappen … Laut fluchend sollte man einen derartigen Scharlatan vom Behördenparkplatz jagen, dachte Patrick.

Und doch schienen die Loveparade-Macher ein ganz ähnliches Konzept zu haben. Der gesunde Menschenverstand schien Duisburg im Falle dieses Events bereits lange verlassen zu haben. Irritiert, aber ohne Nachfrage verfolgte Patrick die weitere Besprechung und sprach sich selber Mut zu: »Die da oben werden schon wissen, was sie tun.«

Die Kollegen der Hundertschaft rechneten mit einem normalen Arbeitstag ohne gravierende Vorkommnisse. Daher gingen die meisten Polizisten ohne jegliche Anspannung in diesen Einsatz, ganz im Gegensatz zu beispielsweise einer Demo Rechts gegen Links, bei der Ausschreitungen erwartet würden. Business as usual.

Ein Einsatz mit dem Hauptaufgabengebiet Massenlenkung stand bevor, und als Zugabe winkte vielleicht noch die Annehmlichkeit, den ein oder anderen Blick auf die wohlgeformten, halb nackten Körper der zahllosen feiernden Mädels werfen zu können. Der Fantasie der Kostüme und der Textilfreiheit waren keinerlei Grenzen gesetzt, was man sich bei einigen der anwesenden Kerle allerdings eindeutig gewünscht hätte. Aber so wurde es wenigstens nie langweilig, und es gab immer eine Menge zu schauen, zu lästern und zu bequatschen. Es gab wahrlich schlimmere Einsätze.

Patricks Einheit war an diesem verhängnisvollen Samstag frühzeitig vor Ort. Die Polizisten nutzten die Gelegenheit, um sich mit ihrem Einsatzraum vertraut zu machen. Ulrike, er und weitere Kollegen schritten durch den Tunnel zum eigentlichen Veranstaltungsgelände und anschließend wieder durch den Tunnel zurück. Der Tunnel, der zur Hölle werden sollte.

Der erste Blick auf die 1050 eingesetzten Ordner hinterließ einen guten Eindruck bei ihnen. Ganz im Gegensatz zu so manchen Aufpassern in deutschen Bundesliga-Stadien, die den Anschein erweckten, als seien sie gerade eben von der Straße weg rekrutiert worden als Gegenleistung für ein Freiticket und eine warme Erbsensuppe. Die Loveparade-Ordner wirkten akkurat und zuverlässig, und so sollten eigentlich die insgesamt eingesetzten Kräfte mehr als ausreichen, sofern nichts Unvorhergesehenes passierte.

Die nicht vorhandene Kommunikation zwischen Ordnerpersonal und Polizisten war keine Besonderheit der Loveparade, sondern der Regelfall bei größeren Einsätzen. Beide Gruppen arbeiteten die ihnen übertragenen Aufgaben ab und agierten autark voneinander.

Die Einsatzhundertschaft erhielt ihren Absperrungsauftrag und den genauen Einsatzraum zugewiesen. Dort standen sie nun und machten nichts, schauten nur, dass alles gut ging. Sie beäugten die vorbeiziehenden Massen, achteten darauf, dass niemand umfiel – falls doch, organisierten sie medizinische Versorgung –, oder griffen frühzeitig ein, um eine drohende Schlägerei schon im Keim zu ersticken. Denn eines galt es unter allen Umständen zu verhindern: dass sich die Massen aufschaukelten, dass sich Hunderte oder Tausende Menschen unkontrolliert in Bewegung setzten, dass eine Panik entstand. Jedem Polizisten war bewusst, dass dieses Modell möglicher Ereignisse das schlimmste aller Worst-Case-Szenarios darstellte.

Der Krisenstab kümmerte sich um seiner Ansicht nach entscheidendere Fakten. Stolz vermeldete er am Veranstaltungsmorgen die aktuellen Wetterdaten: Lufttemperatur 19 Grad, Windstärke drei, und die Niederschlagswahrscheinlichkeit lag bei null Prozent. Die Loveparade begann ...

Am Hauptbahnhof Duisburg verfügten Polizeieinheiten noch über genügend Personalressourcen und setzten ein Glasflaschen- und Rauchverbot durch. Ein wahres Luxusproblem am heutigen Tage. Ein Großteil des Menschenstroms schien schon zur frühen Stunde deutlich alkoholisiert zu sein, und einige der Partygäste standen offensichtlich bereits unter dem Einfluss von berauschenden Substanzen. Das war nicht verwunderlich, da eine Vielzahl der Party-People bereits eine stundenlange Anfahrt in einem der 700 Sonderzüge hinter sich hatte. Trotz oder gerade wegen dieses Umstands herrschte eine friedliche, ausgelassene Stimmung. Aufgestylt und frohgelaunt, strömten die Raver über zwei vorher festgelegte Routen zu Fuß ihrem Ziel entgegen, dem Veranstaltungsgelände. Die Fußstrecken starteten am Hauptbahnhof und umgingen das Veranstaltungsgelände in einem Halbkreis. Direkt im Tunnel trafen beide Besucherströme frontal aufeinander und sollten sich dort zu einer harmonischen Masse vereinigen, um dann die einzig zugängliche Rampe zu dem Veranstaltungsgelände zu erklimmen. Patrick und seine Kollegen waren zwar keine studierten Experten in Sachen Verhaltensforschung von Massen und Wegekonzepten, aber dieser skizzierte Plan erschien ihnen nicht besonders praxistauglich. Ihre Verwunderung steigerte sich noch, als sie erfuhren, dass diese Rampe und beide Anlaufrouten auch als einziger Ausgang und Abreiseweg für die verlassenden Besucherströme vorgesehen waren, gegen die neu anrückenden Raver – gleichzeitig.

Patrick versuchte, die gehörten Fakten in seinem Gehirn zu verarbeiten. Hatte er etwas verpasst? Gab es doch verschiedene Routen? Mehrere separate Ausgänge? Nein. Nichts davon. Er sprach leise mit sich selbst, um sich zu vergewissern, dass er nichts übersehen hatte.

»250 000 Menschen ist die behördlich zugelassene Obergrenze für das Partygelände, das damit proppenvoll ist. Zusätzlich befinden sich 750 000 weitere Raver in der Stadt und bewegen sich in Richtung des Geländes. Dann müssten sich die kompletten 250 000 Besucher des Eventgeländes mit den draußen ungeduldig wartenden und alkoholisierten Tanzwütigen dreimal komplett durchtauschen, und zwar vollkommen eigenständig und friedlich, und dies alles gleichzeitig durch einen Ein- und Ausgang mit dem Nadelöhr des Tunnels als unausweichlichem Hindernis.«

Unmöglich, hallte es durch Patricks Kopf. Seine Überlegungen führten zu keinem vernünftigen Ergebnis, und so beendete er sie, um sich wieder seinen angeordneten Aufgaben zu widmen.

Die besondere Herausforderung bei der Planung dieses Events im Vergleich zu anderen Großveranstaltungen wie einem Konzert oder einem Fußball-bundesligaspiel war allein schon die Dauer der Loveparade von offiziell 14.00 bis 24.00 Uhr. Mit einstündiger Verspätung öffneten die Partymacher bereits ab 12.00 Uhr für die anströmenden Massen die Tore zum Veranstaltungsgelände. Die Party würde ständig in Bewegung sein, mit einem steten Fluss von Kommenden und Gehenden. Aber dies alles auf derselben Rampe? Auf denselben An- und Abreiserouten? Waren diese Planungen nur optimistisch, leichtsinnig oder realitätsfern und gar schon kriminell? Der Eindruck drängte sich förmlich auf, dass das Event in Duisburg unter allen Umständen stattfinden sollte. Vielleicht sogar wider besseres Wissens der Verantwortlichen?

Fragen, die in den nächsten Monaten und Jahren Staatsanwaltschaften und Gerichte zu beantworten haben.

Allen bösen Vorahnungen zum Trotz, es half nichts, die Hundertschaften nahmen ihre zugewiesenen Absperrposten ein. Zur Vorbereitung waren bereits seit Freitagabend um 18.00 Uhr die ersten Straßenzüge der Duisburger Innenstadt abgesperrt worden. Samstagfrüh folgten dann weitere umfangreiche Sperrmaßnahmen.

Bereits vor dem offiziellen Veranstaltungsbeginn fielen bei Patricks Hundertschaft erste Einsätze an, überwiegend Sanitätseinsätze wegen Hitze, Alkohol- und Drogenkonsum, und auch erste Drogenverhaftungen wurden durchgeführt. Durch vereinzelte Stürze in der Menge und dabei entstandene Verletzungen wie Stauchungen oder Brüche füllten sich die aufgebauten Erste-Hilfe-Zelte. Nichts Ungewöhnliches bei einer solchen Veranstaltung und dem Menschenandrang. Es lief noch alles wie vorgesehen und geplant – noch!

Während einer taktischen Verschiebung seiner Einheit bewegte sich Patrick in der Nähe des Tunnels und blickte den in die dunkle Röhre strömenden Menschenmassen nach. Ein dumpfes und beklemmendes Gefühl überkam ihn, er war froh, nicht in diesem Nadelöhr eingesetzt zu sein. Was würde passieren, sollte sich dort eine größere Schlägerei entwickeln oder eine Panik ausbrechen? Wohin dann mit den Menschenmassen?

Der Tunnel war von beiden Seiten zugänglich, und in der Mitte der Röhre trafen wie vorgeplant beide Besucherströme aufeinander, mündeten in einer T-Kreuzung, die zu dem einzigen Zugang zum Veranstaltungsgelände führte, der Rampe. Und ja, nahmen die eingesetzten Polizisten erschrocken zur Kenntnis, sie hatten es richtig verstanden. Diese Rampe, dieses Nadelöhr war wirklich auch als einziger Ausgang vorgesehen. Es gab zwar noch einen kleineren Zugang, aber dieser war vorerst gesperrt.

Die ersten Menschenstaus bildeten sich bereits gegen 14.00 Uhr in ihrem Abschnitt und sorgten für Ärger und laute Unmutsäußerungen in Richtung der Ordner und absperrenden Polizisten. Aber auch das gehörte zur Routine bei Massenveranstaltungen. Ulrike und Patrick gingen wie fast alle Einsatzkräfte damit um: Sie überhörten Vorwürfe, Flüche und Beschimpfungen. Zum einen Ohr rein, zum anderen raus ... Doch die Unruhe in den Besucherströmen und der sich stauenden Massen wuchs unaufhaltsam und schaukelte sich hoch. Bereitgestellte Absperrgitter wurden auf die Straßen vor dem Tunnel gezogen und verbarrikadierten den Weg zum Veranstaltungsort. Diese Maßnahmen waren nötig geworden, da andere Abschnitte, insbesondere die Einsatzkräfte im Eingangs- und Tunnelbereich, von einem zu großen Druck in ihrem Bereich sprachen und sich von dieser Handlung eine Entspannung in den kritischen Bereichen erhofften. Die Raver fluchten zwar und schimpften auf die Scheißorganisation, aber noch ließ sich das aufziehende Chaos beherrschen und lenken, noch.

Patrick beruhigte seine aufkommende Unruhe derweil damit, dass solche Eventualitäten in dem über Monate erarbeiteten Sicherheitskonzept sicherlich berücksichtigt worden waren und die Einsatzleitung über verschiedene Lösungsoptionen verfügte. Sämtliche Worst-Case-Szenarien waren bestimmt so lange durchgespielt worden, bis ein zufriedenstellendes Ergebnis zustande gekommen war. Schließlich fand die Loveparade ja nicht in irgendeiner Bananenrepublik statt, sondern in Deutschland. Und außerdem näherte sich seine Frühschicht langsam dem Ende, und sie sollten bald gegen neue, frische Kräfte ausgetauscht werden. Dies alles war dann deren Problem. Und genau so geschah es auch. Patricks Hundertschaft wurde trotz der unübersichtlichen Menschenmassen, der Staus und des dichten Gedränges wie geplant abgelöst und von anderen NRW-Kräften ersetzt. Sammelpunkt für seine Einheit war eine in der Nähe befindliche Kaserne. Doch die sehnlichst erwartete Entlassung aus dem Einsatz ließ auf sich warten. Ganze Hundertschaften wurden in Bereitschaft und Reserve gelegt? Warum? Wusste die Einsatzführung mehr als sie? Patrick beschäftigte zudem noch eine ganz andere, persönliche Überlegung: Würde er es rechtzeitig zu seinem Date nach Hause schaffen?

Die Tragödie der folgenden Minuten geschah ohne direkte Beteiligung von Patricks und Ulrikes Hundertschaft. Sie lagen weit abseits in Bereitschaft und warteten ungeduldig auf den sie aus dem Einsatzraum entlassenden Funkspruch der Einsatzleitung. Während nur ein paar Hundert Meter von ihnen entfernt Besucher um ihr Leben kämpften und immer mehr Menschen diesen Kampf verloren.

Noch bevor durch abgesperrte Zugangswege eine Entspannung im Tunnelbereich eintreten konnte, überrannte die aufgestaute Menge die Sperren der Polizei. Kurz darauf löste sich eine andere Polizeikette im Tunnel selbst auf, da sie nicht mehr zu halten war. Besucherströme drängten in Richtung des Partygeländes und erhöhten den bereits vorhandenen Druck im Tunnel um ein Vielfaches. Erste Besucher stürzten, wurden überrannt und verletzt.

Bis heute wird staatsanwaltlich ermittelt und intern kontrovers diskutiert, ob Polizeieinheiten eigenmächtig weitere Sperren aufhoben oder nicht genügend gegen die andrängende Menge verteidigt hatten.

Die ausgiebigen Absperrungen um das Veranstaltungsgelände herum stellten nach Patricks Einschätzung einen weiteren verhängnisvollen Fehler des sogenannten Sicherheitskonzeptes dar. Den Verantwortlichen war bewusst, wie heikel die Durchführung des Großereignisses war. Die zahlreichen Warnungen von Polizeiexperten und Verwaltungsbeamten bei Vorgesprächen sind nach der Katastrophe umfangreich in zahlreichen Nachrichtenportalen dokumentiert und zeugen dort unwidersprochen von einem schon kriminellen Verhalten der Organisatoren und der städtisch handelnden Personen. Ihnen schwante zu Recht Böses bei einem Partygelände mit einer behördlichen Genehmigung für lediglich 250 000 Besucher und einem angekündigten Besucherstrom von einer Million Ravern. (Nach der Katastrophe wollten die Verantwortlichen von den über Monate kommunizierten erwarteten Besuchermassen nichts mehr wissen und kürzten die angeblich erwartete Personenzahl auf 500 000. Warum sollte man ihnen diese aus dem Hut gezauberten Zahlen jetzt noch glauben? Doch selbst bei angenommenen 500 000 Besuchern hätten sich die Feiernden auf dem eingezäunten Partygelände trotzdem einmal komplett durchtauschen müssen. Allein, unorganisiert, desorientiert und alkoholisiert. Dies kann keine seriöse Planung ernsthaft in Erwägung ziehen.)

Die zahlreichen errichteten Sperren dienten bewusst als Wellenbrecher und sollten das Durchtauschkonzept der feiernden Massen auf dem Partygelände ermöglichen. Es muss den Handelnden bewusst gewesen sein, dass diese Duisburger Loveparade maßgeblich geprägt werden würde von polizeilichen Absperrungen, Kontrollposten und sich stauenden Menschenmassen, denen der Zutritt zum Veranstaltungsgelände verwehrt war. Diese Situation musste unweigerlich entstehen, um dem erkannten Nadelöhr des Tunnels und des einzigen Zuganges auch nur halbwegs eine Entlastung zu gewähren. Und dies, obwohl jene Handlungsweise auch fundamental dem Ursprungsgedanken und den Grundwerten der anfänglichen

Loveparade des Sommers 1989 widersprach. Ein Event, welches wie kein zweites in Deutschland für Freiheit, Ausgelassenheit und Lebensfreude ohne Reglementismus und staatliche Eingriffe stand. Deutschlands Woodstock der Moderne, bevor es Opfer einer gnadenlosen Kommerzialisierung wurde.

Auch schon in Woodstock ließen sich Besucherströme nicht beherrschen, lenken und kanalisieren. Sie wählten den direkten Weg zum Festival und trampelten errichtete Zäune schlicht nieder. Und doch setzte das genehmigte Duisburger Sicherheitskonzept in seinem Kern auf schikanös wirkende Absperrungen. Duisburg wurde zur Hochsicherheitszone ausgebaut und stellte die anreisenden Partymassen vor vollendete Tatsachen.

Die Veranstalter lockten Hunderttausende junge Menschen nach Duisburg mit dem Versprechen, Teil der größten Party der Welt zu werden. Hinweise auf zwangsweise Stauungen in der prallen Mittagshitze ohne ausreichende Getränke, Toiletten und, ganz entscheidend, ohne ihre geliebte Musik fehlten auf den bunten Flyern komplett. Den Organisatoren muss bewusst gewesen sein, wie schnell und unverhofft so eine frustrierende Situation eskalieren konnte. Dass sich die jungen Wartenden, teilweise alkoholisiert und berauscht, nicht endlos gegen ihren Willen vom Partygelände fernhalten ließen. Wie sollten die eingesetzten Polizisten auf einen Ausbruchversuch der Massen verhältnismäßig reagieren?

Jede Absperrung einer Polizeieinheit stellt eine rote Linie dar, die im Notfall gehalten und verteidigt werden muss. Im Umkehrschluss erwiese sich ja sonst das ganze, sich auf umfangreiche Absperrmaßnahmen beruhende Sicherheitskonzept als leere Hülle. Welches in sich gänzlich zusammenbricht, mit Szenarien, die nicht länger beherrschbar wären. Eine polizeiliche Sperre muss mit allen Mitteln gehalten werden, mit allen situationsbedingten erforderlichen Konsequenzen. So etwa eine Absperrung zum Nobel-Tagungshotel eines G-8-Gipfels. Oder eine Polizeikette vor den Glaspalästen eines Bankenviertels anlässlich von Krawallen Autonomer oder vor einer aufs Spielfeld drängenden Hooligan-Meute in einem Fußballstadion. Jede dieser Ketten ist ein fester Bestandteil der Sicherheitsmaßnahmen und muss entsprechend entschlossen verteidigt werden – am Anfang mittels einfacher körperlicher Gewalt. Sollte diese Maßnahme nicht ausreichen, eskaliert die Spirale der polizeilichen Handlungsweise. Dem Zurückdrängen folgt die Verwendung von Pfefferspray, sollte die Situation sich weiter zuspitzen, schließt sich die Freigabe der Einsatzleitung für einen Schlagstockeinsatz an. Der Kampf Mann gegen Mann. Bei einer weiteren Zuspitzung stehen Wasserwerfer, Reiterstaffel und abgerichtete Diensthunde in Bereitschaft. Man stelle sich einen solchen Polizeieinsatz aber gegen junge Menschen auf der Loveparade vor – undenkbar. Und trotzdem setzten die Veranstalter und die Polizeiführung auf zahlreiche Absperrungen als tragende Säule ihres Sicherheitskonzeptes. Sie unterließen es auch, in Vorbesprechungen und im Einsatzverlauf Polizisten auf die Wichtigkeit der angeordneten Sperren hinzuweisen, auf einen geradezu lebensentscheidenden Kausalzusammenhang zwischen dem Halten der Sperren und einem gefahrlosen Funktionieren des engen Eingangsbereichs. Eine entsprechende Sensibilisierung der Polizeikräfte blieb nach Ulrikes und Patricks Erinnerungen komplett aus.

Der Veranstalter hätte außerdem dem erwarteten Frust der gestauten Massen entgegenwirken können, indem er größere Absperrpunkte mit Musikbeschallung, Getränkestationen und Toiletten zu Party-warte-Stationen umgestaltet hätte. (Die im Sicherheitskonzept geforderte und zugesicherte Lautsprecheranlage fehlte am Veranstaltungstag komplett.) Vielleicht hätten sich dann die Straßen Duisburgs in Tanzflächen verwandelt und nicht in eine Leichenhalle. Aber zusätzliches Geld schien dieser Versuch weder der Stadt Duisburg noch den Loveparade-Machern wert zu sein. Möglicherweise ein weiteres tödliches Versäumnis.

Der Tunnel war mittlerweile wegen Überfüllung geschlossen, dies war den Ravern in der Stadt aber nicht bekannt, und so strömten sie alle weiter Richtung Veranstaltungsgelände.

Die im Eingangs- und Tunnelbereich eingepferchten Raver erblickten eine schmale Treppe und versuchten auf dieser der beängstigenden Enge zu entkommen. Erste Schlägereien brachen aus, Menschen stürzten und wurden von der nachrückenden Menge totgetrampelt. Panik brach aus.

Die eingepferchten Leute sprachen später von dem ungeheuren Druck, der in diesem Bereich geherrscht hatte. Ein Augenzeuge berichtete später von einer Frau, deren Körper im Stehen dem immensen Druck nicht mehr standgehalten hatte. Sie war stehend gestorben, ohne genug Platz zu haben, um hinfallen zu können.

In diesem Chaos war fast jeder mit sich selbst beschäftigt und kämpfte gegen den Druck der Masse an, um einen Sturz auf den Boden unter allen Umständen zu verhindern.

Kurz nach 17.00 Uhr wurden die Rettungskräfte alarmiert. Die Einsatzleitung meldete sich über Funk bei der in Bereitschaft liegenden Hundertschaft von Patrick und Ulrike, und die dunklen Vorahnungen mancher Kollegen schienen sich zu bewahrheiten. Der erste Funkspruch, den die Einsatzführung versendete, sprach von einem Toten. Dies drückte auf die Stimmung der eingesetzten Polizisten, verwunderte sie aber auch nicht besonders. Tod war ein ständiger Begleiter ihres Berufes, etwa wenn sie mit Mordopfern, Unfallbeteiligten, Suiziden, Familiendramen oder einem unvorhergesehenen natürlichen Ableben wie beispielsweise einem plötzlichen Herztod zu tun hatten. Das Ende lauerte überall. So war es zwar tragisch, aber ein Toter unter Hunderttausenden Menschen in einem engen Ballungsgebiet überraschte sie nicht wirklich. Auch der Funkspruch ließ noch nichts von der nahenden Katastrophe erahnen. Er war sachlich, emotionslos und handelte immer nur von einem Toten.

Als vorläufige Todesursache wurde »totgetrampelt« angegeben. Totgetrampelt. Patrick und Ulrike sahen sich betrübt an und schauten in die Runde. Die Vorfreude auf den Feierabend war bei allen Kollegen schlagartig aus den Gesichtern verschwunden. Das Gerede verstummte. Was bedeutet dies jetzt für jeden Einzelnen von ihnen? Würde die Hundertschaft nach einem Todesfall neue Befehle erhalten? Und blieb der geplante Feierabend nach zwölf

Stunden Dienst bestehen, oder ging es zurück in die Straßenschluchten Duisburgs?

Der nächste Funkspruch der Einsatzleitung beendete alle Hoffnungen auf einen reibungslosen Verlauf der Loveparade. Die Stimme aus dem Funksprechgerät sprach nun von einer Panik, mehreren Toten, verkündete die sofortige Alarmierung aller Reservekräfte und beorderte sie umgehend dorthin, wo es zu den ersten Todesfällen gekommen war. Nun hieß es schnellstmöglich zum Einsatzort zu gelangen. Hektik machte sich in der Hundertschaft breit, jeder sah zu, dass er zügig in seinem Gruppenfahrzeug saß, damit der Hundertschaftsführer nach der Vollzähligkeitsmeldung den Abmarschbefehl erteilen konnte. Niemand sprach mehr, die Anspannung stand allen in das Gesicht geschrieben. Das Durchschnittsalter der Beamten von Patricks Einheit lag um die 35 Jahre. Die meisten blickten auf eine ereignisreiche Laufbahn zurück und besaßen entsprechend Berufserfahrung. Und Leichen hatte schon jeder von ihnen gesehen. Aber doch spürten alle die Ungewissheit in sich aufsteigen. Was erwartete sie? Würden sie das alles hinbekommen? Hoffentlich waren die »Sanis« und die Ärzte schon da. Denn Polizisten erhalten zwar in unregelmäßigen Abständen Auffrischungen und Fortbildungen im Bereich lebensrettender Maßnahmen, aber eine Mund-zu-Mund-Beatmung oder eine Herzdruckmassage gehörte ausdrücklich nicht zu ihrer täglichen Arbeit. Ulrike war angespannt, ihr Mund war trocken, und ihr sonst gesunder Teint war einer fahlen Blässe gewichen. Trotz des ohrenbetäubenden Lärms der Martinshörner und des kräftigen Schaukelns des Wagens aufgrund der rasanten Fahrweise blieb Patrick Ulrikes Zustand nicht verborgen. Er beugte sich daher zu ihr und gab ihr einen kameradschaftlichen Klaps auf die Schulter zusammen mit einem aufmunternden Kopfnicken. »Du schaffst das schon!«

Doch Patricks optimistische Grundeinstellung sollte sich nicht bewahrheiten. Das, was sie nun erleben sollten, war nicht zu schaffen, die Bilder und Geschehnisse waren nicht zu verarbeiten, für niemanden! Denn der neue Befehl führte sie direkt in den Tunnel, den Tunnel, der zur Todesfalle geworden war, den Tunnel des Grauens.

Sie brauchten trotz Blaulicht und Sirene einige Zeit, um sich eine Gasse durch die Menschenmenge zu bahnen. In einer Seitenstraße ließ der Hundertschaftsführer anhalten und absitzen. Der Rest der Strecke zum neu zugewiesenen Einsatzraum wurde dann zu Fuß zurückgelegt, im Laufschritt.

Nun, nachdem sie sich durch die gestaute Masse gewühlt hatten, waren sie fast da, der Tunnel lag vor ihnen. Die ersten Kollegen kamen ins Schwitzen und pumpten mittels einer deutlich hörbaren Keuchatmung mehr Sauerstoff in ihre Lungen. Der Spurt in voller Einsatzmontur zehrte bei einigen Kollegen nach einer zwölf- oder dreizehnstündigen Schicht an der körperlichen Substanz.

Es herrschte Chaos. Polizisten aus unterschiedlichsten Einheiten halfen, Verletzte zu bergen, sperrten Zugangswege ab, und Sanitäter und Ärzte kämpften um das Leben von Schwerverletzten. Herzdruckmassagen wurden durchgeführt. Verzweifelte und traumatisierte Menschen irrten orientierungslos umher und suchten vermisste Angehörige. Andere Partygäste waren mit den Geschehnissen überfordert und verkrafteten diese Bilder nicht. Sie brachen emotional zusammen, sprachlos, weinten und waren am Ende ihrer Kräfte.

Der Tunnel wurde von kaltem Neonlicht beleuchtet. Die Luft war warm und stickig. Ein Luftwirbel fegte Sand, Dreck und Staub durch die Röhre und spielte mit weggeworfenem Verbands- und Erste-Hilfe-Material sowie Plastiktüten und unzähligen Getränkeflaschen. Es wirkte alles irreal. Die Bilder und Eindrücke schienen nur in Zeitlupe Ulrikes und Patricks Gehirn zu erreichen. Automatisch wurden sie langsamer, ihre Beine weigerten sich weiterzulaufen. Patrick erinnerte sich später, dass er sich wie ferngesteuert, wie in Trance vorkam. Der Tumult an der Treppe und im Tunnel hatte sich zwischenzeitlich aufgelöst. Die Menschenmasse war abgezogen und hatte schreckliche Verwüstungen zurückgelassen. Am Boden lagen Dutzende Menschen, bewusstlos, ohne eigene Atmung, tot. Die Bilder glichen denen aus einem Kriegsgebiet, von einem Terroranschlag.

Die Szenen, die Ulrike und Patrick jetzt miterlebten, darauf hatte sie niemand vorbereitet, weder in der Ausbildung noch bei späteren Übungsszenarien. Leichen, überall lagen Leichen. Tote Menschen, junge Menschen, Frauen und Männer. Die leblosen Körper lagen verteilt vor einer steilen Wand und einer schmalen Treppe. Zu viele Leiber, als das man abschätzen konnte, wie viele es waren. Die wachsende Fassungslosigkeit und das Grauen verhinderten jeden klaren Gedanken. Patrick erwachte kurz aus seiner Lethargie und schaute sich um, die meisten Kollegen waren außerstande weiterzugehen, ihre Beine gehorchten ihnen nicht mehr, und das Entsetzen, der Respekt vor den Toten verlangte danach. Die Hundertschaft stoppte. Die Leichen sahen schlimm aus. Die Haut war schwarz verschmutzt, die Körper wirkten platt getreten, und die Leiber waren von Blutergüssen, Dreck und Sand überzogen. Der Großteil lag auf dem Bauch, es schien so, als ob die Menschen so liegen geblieben waren, wie sie gestürzt waren, und daraufhin von der nachdrückenden Menge totgetrampelt worden waren. Nur wenige Leichen lagen auf dem Rücken, diese waren bereits mit einer Rettungsdecke abgedeckt. Der Wind spielte mit der metallisch schimmernden Folie. Es wirkte gespenstisch. Patrick speicherte die auf ihn einströmenden Bilder automatisch ab, aber die ganzen Vorgänge nahm er nicht bewusst wahr. Offensichtliche Verletzungen oder große Blutlachen, wie Patrick sie von schweren Verkehrsunfällen kannte, gab es hier nicht. Auch dieses Fehlen von sichtbaren Verletzungen machte die Situation noch schwerer begreifbar. Das Ganze wirkte wie ein Albtraum, aus dem er aufwachen wollte, aber es gelang ihm nicht. Ein Aufwachen war unmöglich, er war wach, dies war schreckliche Realität. Es war einfach nicht zu begreifen, zu verarbeiten. Patrick stand mittlerweile nur wenige Meter von den Leichen entfernt. Sein Mitgefühl und Mitleid erhöhten sich noch, als er nach dem ersten Schock sah, dass es ausnahmslos junge Menschen waren, die vor ihm in dem Staub des Tunnels lagen. Sie waren zum Feiern nach Duisburg gereist, nicht zum Sterben. Direkt neben ihm befand sich die Leiche eines jungen Mädchens um die 20. Er schüttelte seinen Kopf und dachte fassungslos: »Vor einer halben Stunde hat sie noch gelebt, gefeiert und getanzt, und jetzt ist sie tot. Warum?«

Patrick schossen alle möglichen Gedanken durch den Kopf, aber er konnte sie nicht ordnen, nicht zu Ende denken. Der ganze Boden war übersät mit Schuhen, Strümpfen, Handtaschen und Kleidung, zurückgelassen oder verloren auf der Flucht und beim Kampf gegen den Tod. Die allgemeine Bestürzung und das Entsetzen sorgten für eine unnatürliche Ruhe am Unglücksort. Aber aus nur 100 Meter Entfernung hämmerte der alles durchdringende Bass durch den Tunnel. Die Loveparade lief weiter, alles wirkte vollkommen surreal. Doch die am Boden liegenden Leichen waren real, dies war gerade geschehen, und es war noch nicht vorbei. Viele Menschen waren bereits gestorben, nun galt es alles zu unternehmen, um eine weitere, noch folgenschwerere Panik zu verhindern. Doch wie sollten seine Kollegen und er unter diesen Umständen, nach diesen Bildern noch ihren Dienst normal versehen? Alle waren geschockt, einigen Polizisten standen Tränen in den Augen, nicht nur den weiblichen. Andere schlugen die Hände vors Gesicht und schüttelten ihren Kopf, so als ob sie durch diese Geste das Unglück ungeschehen machen könnten. Manche wirkten äußerlich zwar gefasst, aber wer konnte schon in ihr Inneres blicken? Jeder reagierte anders. Es befanden sich mittlerweile Polizisten verschiedenster Hundertschaften in dem Tunnel, aber jedem von ihnen ging es ähnlich. Doch alles Mitgefühl und alle aufkommende Trauer halfen nichts, die Leichen der jungen Menschen lagen direkt vor ihnen.

Patrick versuchte, die Bilder zu verdrängen und sich wieder seinem Auftrag zu widmen, aber es gelang ihm nicht. Die Bilder glichen denen von einem Bombenanschlag mit infernalischen Folgen. So etwas hatten weder er noch seine Kollegen jemals in Wirklichkeit gesehen. Die Polizisten redeten nicht miteinander. Das unfassbare Grauen hatte sie sprachunfähig gemacht. Niemand sprach ein Wort.

Die meisten Toten wirkten, als seien sie in dem Druck der Masse zusammengepresst worden, umgekippt und dann totgetrampelt worden. Wahrscheinlich ohne dass die Leute über ihnen überhaupt den Todeskampf unter ihren Füßen bemerkt hatten. Und selbst wenn, sie hatten es nicht verhindern, nicht ausweichen können. Die Masse hatte die Motorik des Einzelnen übernommen und bestimmt, in welche Richtung er sich wie zu bewegen hatte. Selbst wenn einer versucht hatte, einzelne Personen vom Boden hochzuziehen, war dies kaum gelungen, da zu viele Personen auf den Körper eines Gestürzten gedrängt worden waren. Teilweise lagen die Gestürzten in zwei oder drei Lagen übereinander.

Die Polizisten halfen, Verletzte zu bergen, und schleppten sie zu weiter entfernten Krankenwagen. Jeder packte mit an. Eine genaue Gliederung von Polizeieinheiten und -aufgaben gab es zurzeit nicht mehr. Jeder tat sein Bestes, während in nur 100 Meter Entfernung die Loveparade weiterlief.

Der Erste, der in Patricks Einheit seine Sprache wiederfand, war der Zugführer. Er forderte alle Kollegen auf, weiterzugehen und ihre angeordneten Absperrpositionen einzunehmen, um weitere Panik, Verletzte und Tote zu verhindern. Schweigend kamen die Polizisten diesem Befehl nach, irgendwie gelang es ihnen, einen Fuß vor den anderen zu setzen und sich wieder auf die andere Tunnelseite zuzubewegen. Sie funktionierten, trotz des Schocks, trotz der Bilder in ihren Köpfen. Langsam wurde Patrick bewusst, dass er seit dem Erreichen des Tunnels nicht mehr auf seine Kollegen geachtet hatte. Wie erging es den anderen, wie kam Ulrike klar? Er schaute sich um, direkt in ihr Gesicht. Ulrike schaute teilnahmslos durch ihn hindurch. Sie wirkte apathisch, genau so, wie er selbst wahrscheinlich auch aussah, dachte er. Sein Blick schweifte ab, die Einheit verließ den Tunnel und nahm ihre zugewiesenen Positionen ein. Teile der Hundertschaft zogen schwere Absperrgitter auf Straßen und Zugänge und ermöglichten so einen schnelleren Rettungseinsatz. Die Polizisten funktionierten wieder, erst mal, aber sie schwiegen noch immer. Das Grauen ließ sie verstummen.

Erst Tage später realisierte Patrick, wie lange er tatsächlich im Tunnel verweilt hatte. Die Flut der nicht zu verarbeitenden Bilder hatte sein Zeitgefühl beeinträchtigt. Er schätzte um die 20 Minuten, einzelne Kollegen sprachen von bis zu einer halben Stunde. Tatsächlich blieb Patricks Einheit nur zwei, höchstens drei Minuten unmittelbar vor den Leichen.

Dem Großteil der Polizisten gelang es, die neu erhaltenen Aufträge abzuarbeiten. Eine persönliche, innere Aufarbeitung des Geschehenen verschoben sie auf später. Andere beneidenswerte Kollegen schienen offenbar in der Lage zu sein, per Knopfdruck die Bilder aus ihren Köpfen zu verbannen. Aber nicht bei allen Kollegen klappte diese Verdrängung, Ulrike kümmerte sich inzwischen um Heiko. Er war ein Totalausfall. Ulrike organisierte für ihn einen Sitzplatz in einem Gruppenwagen einer fremden Einheit und sprach beruhigend auf ihn ein. Erst einige Zeit später erzählte er ihr, was ihm so zu schaffen machte. Heiko berichtete die Geschichte apathisch, ohne Ulrike auch nur einmal in die Augen blicken zu können. Als sie im Tunnel waren, hatte Heiko eine sichtlich traumatisierte Frau angesprochen. Sie hatte heulend auf dem Boden gesessen, an der Tunnelwand gelehnt und das dringende Bedürfnis verspürt, jemandem ihre Geschichte zu erzählen. Einmal das Unbegreifliche aussprechen und ihre Schuldgefühle abladen. Es hatte Heiko völlig unvorbereitet getroffen, da er selbst seit einer Minute schwer mit den schrecklichen Bildern zu kämpfen hatte und gerade dabei war, diesen Kampf zu verlieren. Die Überlebende hatte Heiko geschildert, wie sie von dem Druck der Menge nach unten gepresst worden und dort auf eine bereits liegende Frau gefallen war. Bevor es ihr gelungen war, sich wieder aufzurichten, waren schon mehrere Füße auf ihren Körper getrampelt. Unmittelbar danach war eine weitere Frau auf sie gestürzt und ebenfalls von der Menschenmasse überlaufen worden. Unter Tränen hatte die knapp 30-jährige Frau erzählt, wie sie zuerst mit der unter sich verschütteten Frau Kontakt gehalten hatte und sie sich gegenseitig Mut zugesprochen hatten, als die Menschen auf ihnen gestanden hatten, über sie hinweggetrampelt waren und ihnen immer schwerere Verletzungen zugefügt hatten. Nach kurzer Zeit aber war die Frau unter ihr verstummt. Alles Flehen und alle Durchhalteparolen waren erfolglos gewesen. Die Frau war gestorben, während sie auf ihr gelegen hatte. Sie hatte nichts für sie tun können. Wie durch ein Wunder hatte sie selbst überlebt. Sie hatte geschrien, und in einem letzten Kraftakt hatte sie es geschafft, ihre Hand zu heben und auf eine nur wenige Meter entfernt liegende Leiche zu deuten. »Da liegt sie. Das ist sie!«

Die verzweifelte Überlebende war körperlich und seelisch völlig am Ende gewesen. Ein in der Nähe befindlicher Rettungssanitäter war wegen ihrer Schreie auf sie aufmerksam geworden, hatte Heiko beiseitegeschoben und mit ihrer Betreuung begonnen. Um Heiko hatte sich niemand gekümmert, er hatte zu funktionieren, aber er funktionierte nicht mehr. Er war seinen Kollegen zwar wie in Trance zum neuen Einsatzraum gefolgt, aber zu mehr war er nicht mehr in der Lage gewesen. Er war an einen Zaun gelehnt stehen geblieben und innerlich zusammengebrochen, bis Ulrike auf ihn aufmerksam geworden war.

Ulrike hörte sich seine völlig teilnahmslos erzählte Geschichte an und streichelte ihm behutsam über den Hinterkopf. Doch es gelang ihr nicht, ihn aus seiner Lethargie zu reißen. Sie sprach beruhigend auf ihn ein, meinte, er solle sich erholen und etwas ausruhen. Sie würde baldmöglichst wieder nach ihm schauen. Dann ließ sie ihn in dem Polizeiwagen zurück. Die Einlösung ihres Versprechens dauerte lange, denn eine Menge Arbeit stürzte auf die Polizisten ein. Ulrike hoffte, dass Heiko nur etwas Ruhe brauchte, um sich von dem Erlebten zu erholen. Ein Trugschluss. Heiko musste vier Wochen nach der Loveparade therapeutische Hilfe zur Verarbeitung dieser Katastrophe in Anspruch nehmen. Ihn plagten Panikattacken und Angst vor Menschenmassen. Es dauerte einige Monate, aber die Therapie half Heiko bei der Verarbeitung des Erlebten, und mittlerweile versieht er seinen Dienst wieder im vollen Rahmen.

Keine 100 Meter entfernt von den Toten feierten die Leute nach wie vor weiter, der Krisenstab hatte entschieden, dass die Parade nicht abgebrochen werden sollte, um weitere Massenbewegungen und Paniken zu verhindern. Die Entscheidung war wohl alternativlos, wie Politiker formulieren würden.

Patricks und Ulrikes Hundertschaft sperrte ihren Bereich ab und leitete die Massen weiter. Nicht alle Raver hatten bereits von den Toten gehört, daher beschimpften und beleidigten einige die eingesetzten Polizisten wegen der zusätzlichen Absperrmaßnahmen. Diese Schmähungen und Pöbeleien brauchte nun wirklich keiner der eingesetzten Polizisten, aber es half nichts. Es war, wie es war.

Die Partygäste reagierten entsetzt, als ihnen über Polizeimikrofone erklärt wurde, dass die Anfahrtsstraße zum Partygelände geräumt wurde, um Platz zu schaffen für Polizei- und Rettungswagen. Des Weiteren ertönte für sie eine weitere unglaubliche Durchsage: Das Loveparade-Gelände wurde für neue Besucher wegen Überfüllung geschlossen. Niemand wurde mehr in die Nähe des Veranstaltungsbereiches gelassen. Geschlossen, kaum drei Stunden nach der offiziellen Eröffnung geschlossen. Spätestens da erkannte jeder, wie es um die Praxistauglichkeit des sogenannten Sicherheitskonzepts der Veranstalter bestellt war. Es hatte versagt.

Immer mehr Rettungskräfte strömten zum Unglücksort und transportierten Verletzte ab, die Toten blieben liegen. Die behördlichen Notmaschinerien wurden in Gang gesetzt und starteten ihre Arbeit gegen das Chaos. Rettungskräfte und Notärzte wurden NRW-weit alarmiert. Alles, was fahren konnte, ereilte die gleiche Anweisung: auf zur Loveparade Duisburg. Die bereits eingesetzten Sanitäter und Ärzte waren mit der Vielzahl von verletzten und traumatisierten Menschen überfordert. Ihre Arbeitsweise richtete sich ab sofort nach militärischem Standard, der Triage. Der französische Sanitätsdienst prägte den Begriff der Triage, der ins Deutsche am zutreffendsten mit Sichtung und Einteilung übersetzt werden kann. Die Triage umfasst die ethisch schwierige Aufgabe, dass wenige Ärzte und Sanitäter im Kriegsfall oder bei einer Katastrophe entscheiden müssen, wer von den unzähligen Verletzten zuerst oder wer überhaupt behandelt werden soll. Das Ziel besteht darin, möglichst viele Menschen zu behandeln und zu retten. Doch gleichzeitig bedeutet dieses Vorgehen, dass Einzelne vernachlässigt oder gar nicht versorgt werden, da ihre Behandlung zu viele personelle und medizinische Ressourcen binden würde. Das Kollektiv steht im Vordergrund. Die folgenreichen Entscheidungen der Mediziner gleichen im schlimmsten Fall einem Todesurteil für die Betroffenen.

An der einen Wand des Tunnels entstanden Notlazarette, während auf der anderen Seite auf einem schmalen, mit Flatterband abgesperrten Weg die Raver aus dem Tunnel herausgeführt wurden. Sanitäter und Ärzte kämpften gegen reanimationsbedürftige und traumatisierte Jugendliche an. Sie versorgten Knochenbrüche, Quetschungen und unterschiedlichste Schädigungen der Halswirbelsäule. Es gelang ihnen, über 300 Verletzte im Tunnel notfallmedizinisch zu versorgen.

Der Bereich vor der Treppe wurde zum Tatort erklärt. Die Kriminalpolizei, genauer gesagt die Tatortaufnahme, war ebenfalls in Marsch gesetzt worden. Alle verfügbaren Tatortwagen mit Spezialausrüstung zur Spurensuche und -sicherung wurden NRW-weit alarmiert. Jedes anreisende Team bekam eine Leiche zugeteilt und sicherte Indizien und Beweise, welche in und nach diesem Chaos noch festzustellen waren.

Die Informationsweitergabe der Einsatzführung an Hunderte Polizisten tendierte mittlerweile gegen null. Statt Informationen kursierten Gerüchte. Es sprach sich bei allen Polizisten zwar herum, dass eine Panik die Todesfälle verursacht hatte, aber die genauen Umstände konnte noch niemand benennen. Die Zahl der angegebenen Opfer schwankte die ganze Zeit und wurde immer weiter nach oben korrigiert. Erst auf acht, dann auf zehn, zwölf, 13 bis auf 15. Wie so oft bei Großeinsätzen verfügten die Zuschauer an den Fernsehgeräten über eine aktuellere und exaktere Lagemitteilung als Hunderte Polizeikräfte, die nur wenige Meter neben der Tragödie arbeiteten und auf zutreffende Informationen dringend angewiesen waren. Erst brach bei den meisten Einheiten das eigene Funknetz zusammen und kurze Zeit später das öffentliche Handynetz. Bei einzelnen Telefongesellschaften hielt sich die Funktion etwas länger, aber eine Erreichbarkeit und die Möglichkeit zu telefonieren bestanden nur noch sporadisch, bis auch noch diese Netze zusammenbrachen. Die Einsatzleitung hatte es versäumt, für die Polizisten eine Vorrangschaltung zu beantragen. Die Kommunikation zwischen einzelnen Polizeieinheiten erfolgte daher entweder per Zuruf oder per Meldegänger. Willkommen im 21. Jahrhundert!

Patricks Frau Britta hatte noch keine Livenachrichten gesehen. Sie brachte Töchterchen Hannah wie geplant zur Oma. Dort blieb sie einige Zeit und wollte anschließend für ihr romantisches Mitternachtsdate einkaufen gehen. Britta probierte schon das dritte Mal, Patrick anzurufen, doch sie hörte immer nur die gleiche monotone Frauenstimme.

»The person you have called is temporarily not available. The person you have called is temporarily not available.«

Komischerweise folgte auch kein Rückruf von Patrick. Das sah ihm gar nicht ähnlich. Britta begann sich Sorgen zu machen, daher schrieb sie ihm eine SMS:»Hi, ich erreiche dich nicht. Ist alles okay? Freu mich auf dich. Kuss Britta.«

Irgendwann, als das Funknetz eine Sekunde funktionierte, kam die SMS durch, und Patrick versuchte sogleich, Britta anzurufen.»The person you have called is temporarily not available. The person you have called is temporarily not available.«

Patrick dachte an Britta und wusste, dass sie sich große Sorgen machen würde, wenn sie Nachrichten hörte, von den Toten erfuhr, ihn aber weiterhin nicht erreichen konnte. Er schrieb ihr eine SMS als Lebenszeichen und zur Vergewisserung, dass mit ihm zumindest körperlich alles okay war.»Es geht mir so weit gut, aber es gibt hier Tote.«

Britta erschrak. Tote??!! Sie versuchte sofort erneut, ihn anzurufen.»The person you have called is temporarily not available.« So ein Mist! Die Unruhe breitete sich immer weiter in ihr aus. Sie blickte hilflos auf das nutzlose Handy in ihrer Hand. Was für Möglichkeiten hatte sie noch? Was konnte sie tun?

Patrick probierte ebenfalls, sie telefonisch zu erreichen.»The person you have called is temporarily not available.« Verdammt! Ein Kollege besaß noch ein Handy eines anderen Telefonanbieters, das die meiste Zeit funktionierte. Endlich erreichte er seine Britta und konnte ihr versichern, dass er so weit in Ordnung war. Er schilderte ihr in groben Zügen die Vorkommnisse und sprach auch kurz von den Toten. Schweren Herzens sagte er ihr Mitternachts-date ab, obwohl ihm allein der Gedanke an das geplante Treffen in seinem jetzigen emotional angeschlagenen Zustand spürbar guttat. Aber es half kein Klagen, dienstliche Anforderungen überdeckten wieder einmal sein Privatleben. Es musste zurückstecken.

Ein Einsatzende war auch nicht abzusehen. Patrick konnte noch nicht mal mit Gewissheit sagen, ob er heute Nacht oder erst im Laufe des nächsten Tages nach Hause kommen würde. Wer konnte vorausahnen, was sich heute Nacht oder morgen in Duisburg abspielen würde? Wie würden Hunderttausende junge Menschen darauf reagieren, wenn sie von dieser Tragödie erfuhren? Denn viele der Partygäste kannten die Ausmaße der Tragödie immer noch nicht. Die Loveparade lief ja noch, und das Handynetz war zusammengebrochen. Wie würde die feiernde Menge auf die noch vor wenigen Stunden unvorstellbaren Todesnachrichten reagieren? Zumal ein großer Teil unter der Wirkung von Alkohol und anderen berauschenden Mitteln stand. Würden Trauer und Andacht vorherrschen oder Zorn und Zerstörungswut? Und wenn die schlimmsten Befürchtungen der Polizeiführung eintraten, gegen wen würde sich diese Wut dann richten? Gegen das Veranstaltungsgelände, die Schaufensterfronten der Innenstadt oder die eingesetzten Polizeikräfte? Eine weitere Eskalation war aus polizeilicher Sicht nicht ausgeschlossen. Auch aus diesem Grund wurde keine Hundertschaft aus dem Dienst entlassen. Im Gegenteil. Sämtliche noch freien Kräfte der Polizei in ganz Nordrhein-Westfalen wurden alarmiert und nach Duisburg beordert. Hundertschaften und sämtliche Bezirksreserven der Streifeninspektionen, jeder, der eine Uniform trug, packte seine Ausrüstungsgegenstände zusammen, sammelte seine Kräfte ein, schaltete Blaulicht und Sirene an und raste Richtung Duisburg.

Die aus sämtlichen Regionen NRWs zusammengerufenen Rettungskräfte bahnten sich nach und nach ihren Weg nach Duisburg und reihten sich in einer schier endlosen Kolonne auf der Autobahn neben dem Veranstaltungsgelände auf. Sie nahmen Verletzte auf und brachten sie in ein freies Krankenhaus, welches sie von der Feuerwehrleitstelle zugewiesen bekamen. Die Sanitäter und Ärzte übergaben die Verwundeten an ihre Kollegen vor Ort, kehrten zurück zum Veranstaltungsgelände, ordneten sich in der Kolonne ein und warteten auf den nächsten Versehrten.

In der anschließenden Analyse des Großeinsatzes der Rettungskräfte wurde erst der Kraftakt deutlich, den diese Frauen und Männer an diesem Tag zu bewältigen hatten. Experten berichteten von 5600 Patientenkontakten – am gesamten Tag – und 575 Krankentransporten. Den Sanitätern und Ärzten gelang es, 80 Schwerverletzte innerhalb von zweieinhalb Stunden in weiterbehandelnde Krankenhäuser zu transportieren und 300 Menschen in den Notlazaretten im Tunnel medizinisch erstzuversorgen. Nur dieser gelungene Rettungseinsatz verhinderte noch katastrophalere Folgen, als ohnehin schon zu beklagen waren: über 500 Verletzte und 21 Tote. Die Ministerpräsidentin NRWs gab später die Ergebnisse der Obduktionen bekannt: »Alle Todesopfer sind an einer Brustdruckkompression gestorben, an einer Brustquetschung.«

Von der Anfangsplanung einer normalen Frühschicht blieb bei den Polizeieinheiten nichts mehr übrig. Die ersten eingesetzten Hundertschaften waren inklusive Anreise schon über 20 Stunden im Dienst, bevor sie von nachrückenden alarmierten zusätzlichen Kräften herausgelöst wurden und das Chaos langsam, aber mittlerweile kontrolliert abgearbeitet wurde. Jede Hundertschaft blieb, solange sie benötigt wurde. Auf die Dauer des Einsatzes oder die persönliche Gemütsverfassung eines jeden einzelnen Polizeibeamten wurde schon lange keine Rücksicht mehr genommen. Jeder verharrte auf seinem Posten, solange es keinen anderslautenden Befehl gab. Und das dauerte.

Um 23.00 Uhr verstummte dann endlich die Musik, und die Loveparade endete. Mitternacht war bereits vorbei, als Leichenwagen in den Tunnel rollten und die Verstorbenen aufnahmen, die bis jetzt dort gelegen hatten. Auch die Tatortaufnahme war abgeschlossen. Erst einige Zeit danach wurde Patricks und Ulrikes Hundertschaft aus dem Einsatzraum entlassen, aber trotz der relativen Nähe von knapp 80 Kilometern war an eine Heimreise der Einheit nicht zu denken. Dagegen sprachen die physische und psychische Belastung aller Beamten und die Überschreitung sämtlicher Dienst- und Ruhezeiten gerade auch der Fahrer. Die Einsatzleitung hatte daher für Patricks und weitere Hundertschaften Hotels organisiert, die sie mitten in der Nacht aufnehmen und noch etwas Verpflegung gewährleisten konnten. Die erschöpften Polizisten stellten ihre Autos auf dem Hotelparkplatz ab und kramten ihre Sachen zusammen. Niedergeschlagen und wortkarg bezogen sie ihre Zimmer. Der letzte Befehl hieß ausruhen und schlafen, Kräfte sammeln.

Patrick löste das Versprechen ein, das er seiner Frau gegeben hatte, und rief sie nach Beendigung des Einsatzes an. Es war gegen 1.00 Uhr nachts, und Britta lag in einem unruhigen Schlaf auf dem Sofa, als das Telefon klingelte. Erst nachdem Patrick ihr versichert hatte, dass er den Einsatz unbeschadet überstanden hatte, wechselte sie hinüber ins Schlafzimmer und schlief beruhigt ein. Sie versprachen sich, ihr Mitternachtsdate am folgenden Wochenende nachzuholen, falls kein Einsatz dazwischenkam. Nach dem Telefonat raffte sich Patrick noch einmal auf und traf sich mit weiteren Kollegen zum traditionellen Dienstabschlussbier. Es wurden drei, da Patrick keinerlei Verlangen verspürte, sich wach und allein mit seinen Gedanken ins Bett zu legen. Ein Gespräch, eine innere Aufarbeitung entwickelte sich zwischen den Polizisten jedoch nicht. Niemand brachte nach diesem Tag dafür die Energie auf oder verspürte dazu einen inneren Drang. Es schien allen so wie Patrick zu gehen. Hauptsache, das Erlebte vergessen, verdrängen und irgendwie später in einen erholsamen Schlaf fallen. Das Beisammensein mit den Kollegen half dabei genauso wie die eiskalten Pils. Über die traumatischen Bilder und die Schicksale nachzugrübeln, dafür war morgen genug Zeit. Gegen 2.00 Uhr lag Patrick schließlich im Bett, und kurz darauf schlossen sich seine Augen, endlich konnte er schlafen, nach 22 Stunden Dienst.

Nach dem Frühstück im Hotel am nächsten Morgen setzte sich die Hundertschaft in Richtung Heimatbehörde in Marsch. Die Stimmung in Patricks und Ulrikes Gruppenwagen war gedrückt. Die meisten blätterten durch die *BILD-Zeitung* und erinnerten sich an eigene Eindrücke. Gesprochen wurde immer noch wenig miteinander, und wenn, dann nur oberflächliche Dinge. Die meiste Zeit schwiegen die Polizisten. Alle verspürten nur einen Drang: endlich nach Hause.

Gegen 14.00 Uhr schloss Patrick Britta in die Arme.

Während der nächsten Tage herrschte auf der Dienststelle eine hektische Einsatzaufbereitung. Funkbücher und Einsatzprotokolle wurden eingezogen und ausgewertet. Eine interne Befragung von Polizisten startete, um den gesamten Ablauf der Loveparade, des Polizeieinsatzes und der tödlichen Tragöde zu rekonstruieren.

Nach Meinung von Patrick und seinen Kollegen suchten die Ermittler jedoch in ihrer Hundertschaft vergebens nach Fehlern. Sie hatten ihrem Auftrag gemäß gehandelt und Straßenzüge abgesperrt und waren nur bei wenigen Anlässen polizeilich eingeschritten. Für ihn und seine Kollegen gab es keinen Zweifel an den wahren Schuldigen. Die Verantwortlichen saßen ihrer Meinung nach im Duisburger Rathaus und in den stylishen Büros des Veranstalters. Niemals hätte die Stadt Duisburg eine Genehmigung für dieses eingezäunte Veranstaltungsgelände, den Zugang über eine Tunnelröhre und das geschilderte Wechselkonzept der Besucherströme erteilen dürfen. Jetzt die Schuld für das Desaster bei polizeilichen Maßnahmen zu suchen, hielten alle Kollegen für vorgeschoben und ein weiteres peinliches Verhalten der Verantwortlichen, um von eigenem Fehlverhalten abzulenken. Selbst wenn sich herausstellen sollte, dass eine Polizeieinheit eine Straße falsch abgesperrt oder aufgrund von Kommunikationsproblemen oder einer irrtümlichen Lageeinschätzung zu früh freigegeben hatte, konnte dies unmöglich als Hauptursache für diese tödliche Tragödie angeführt werden. Solche Fehler ereigneten sich auch bei vergleichbaren Einsätzen, aber ohne diese tödlichen Folgen. Fehler, auch polizeiliche, müssen in dem Gesamtsicherheitskonzept der Einsatzführung berücksichtigt werden und werden dies auch stets. Beispielsweise durch zusätzlich verfügbare und nutzbare Ein- und Ausgänge, Ausweichrouten für An- und Abreisende und Auslaufflächen, in denen unverhofft entstandene Besuchermassen »geparkt« werden können. Dies alles war bei der Duisburger Loveparade aufgrund der gegebenen Örtlichkeiten nicht möglich gewesen. Ein tödliches Versäumnis.

Die innere Aufarbeitung der Schreckensbilder und das Verarbeiten dieser Tragödie durch jeden einzelnen Polizisten begannen Tage später in Hundertschaftsbesprechungen und anschließend im kleineren Rahmen. Die Polizei-führung bot Unterstützung durch den psychologischen Dienst an. Doch niemand meldete sich. Vor seinen Vorgesetzten und den Kollegen wollte sich niemand die Blöße geben und die angebotene Hilfe anzunehmen. Erst später meldeten sich nach und nach Kollegen in Vier-Augen-Gesprächen und griffen dankbar nach der therapeutischen Hilfe. Sie hofften zu Recht, Wege aufgezeigt zu bekommen, wie sie mit den Bildern der Leichen in ihren Köpfen umgehen sollten, damit sie sie abschließend verarbeiten konnten. Einige Kollegen erzählten Patrick, dass sie therapeutische Gespräche nutzten, die meisten verschwiegen jedoch ihre Therapie. Sie fürchteten offenbar, Reputation und Standing in der männerdominierten Welt einer Einsatzhundertschaft zu verlieren. Aber ihre Sorge sollte sich als unbegründet erweisen, wie Ulrike und Patrick erleichtert feststellten. Niemand in ihrer Hundertschaft wurde gemobbt, ausgegrenzt oder Adressat dämlicher Sprüche, weil er Schwierigkeiten bei der Verarbeitung dieses Einsatzes hatte. Vor zehn Jahren hätte das wahrscheinlich noch anders ausgesehen, aber die Zeit war auch in der Polizeibehörde nicht stehen geblieben. Sicherlich spielte auch der gestiegene Frauenanteil in der Hundertschaft dabei eine bedeutsame Rolle. Bei aller Kritik an der hohen Frauenquote und der dadurch entstehenden Problematik, insbesondere bei Einsätzen mit Gewalteinwirkungen, war die Tatsache unbestreitbar, dass der Einzug der Frauen bei der Polizei auch viele positive Veränderungen mit sich gebracht hat. Das Klima war menschlicher geworden, niemand musste ständig den harten Kerl markieren, sondern es war möglich, durchaus auch einmal Schwächen einzugestehen. Es wurde mehr miteinander gesprochen und diskutiert und nicht alles ausgesessen. Die oft zitierte höhere soziale Intelligenz der Frauen bewahrheitete sich auch in den Polizeibehörden.

Zur Verarbeitung dieser Tragödie führte Ulrike mehrere offene Gespräche mit zwei ihrer engsten Freundinnen, zwei Kolleginnen. Sie besprachen sich abseits der Dienststelle, privat bei einem Glas Wein. Das ermöglicht es ihnen, einen inneren Schlussstrich unter diesen Einsatz, unter die grauenhaften Bilder der jungen Toten zu ziehen.

Der Großteil der Männer in Patricks Einheit wählte den altmodischen Weg, sie redeten nicht mehr über diesen Einsatz und verdrängten das Gesehene. Offenbar waren sie in der glücklichen Lage, über einen Schalter im Gehirn zu verfügen, der mit dem Einsatzende die Bilder von Leichen, verletzten und verzweifelten Menschen aus ihren Köpfen verbannte. Oder spielten einige der Männer ihren Kollegen diesen souveränen Umgang mit dem Unglück vielleicht nur vor? Vielleicht täuschten sie ja nicht nur ihre Umwelt, sondern am meisten sich selbst?

Nach Medienberichten über die gegenseitigen Schuldzuweisungen der Verantwortlichen und Vorwürfen an die Adresse der Polizei drängte der Einsatz wieder auf die Tagesordnung. Allerdings erzeugten die Meldungen nur Kopfschütteln und erboste Kommentare. Die Polizei hatte allein vor Ort die monatelangen Fehlplanungen ausbaden müssen. Für Patrick waren sie das letzte Glied in einer Kette aus vielen Fehlern und hatten nach besten Möglichkeiten an diesem Tag aussichtslos gegen den tödlichen Kardinalfehler ankämpfen müssen: Die Loveparade hätte niemals in Duisburg, niemals auf diesem Gelände stattfinden dürfen. Doch dafür übernahm niemand die Verantwortung, der Oberbürgermeister klebte an seinem Stuhl und seiner Pension, und der Veranstalter beerdigte sein millionenschweres Marketinginstrument für immer. Das war es dann erst einmal, eine peinliche Farce.

Am folgenden Wochenende holten Patrick und Britta ihre Hochzeitstagsfeier nach, mit Scampi, Wein und Sex.

Sie bot ihm zu Hause Hilfe bei der Verarbeitung an. Britta fragte mehrmals einfühlsam nach den Geschehnissen und offerierte sich als Gesprächspartnerin. Widerstrebend – er wollte diese Tragödie, diese Leichen von seiner Familie fernhalten – erzählte Patrick ihr einmal den Ablauf aus seiner Sicht, mit seinen Gefühlen und seinen Gedanken. Danach verbannte er diesen Tag und die Leichen für immer aus seinem Gehirn.

Nicht allen Polizisten gelang es aber, diese Bilder aufzuarbeiten und aus ihren Köpfen zu entfernen. Auf den Fluren der Polizeipräsidien Nordrhein-

Westfalens hielt sich eine Zahl hartnäckig: 300. 300 Polizisten schafften – oder wollten – es nicht, allein die schrecklichen Bilder und Ereignisse zu verkraften, und nahmen dankbar die angebotene therapeutische Hilfe an. Diese Zahl wurde allerdings weder offiziell genannt, noch dürfte es dafür jemals eine amtliche Bestätigung geben. Denn eine Einsatzhundertschaft hatte immer reibungslos zu funktionieren, und schon am folgenden Wochenende stand der nächste Großeinsatz bevor, eine Demonstrationsbegleitung. Nur kurze Zeit später startete die Fußball-Bundesliga in die neue Saison, und für jeden Polizisten bedeutete dies Wochenendschichten ohne Ende inmitten von Menschenmassen.

In Patricks Hundertschaft kehrte nach einigen Wochen langsam die Routine zurück, und alle hofften inständig, in Zukunft von einer vergleichbaren Katastrophe verschont zu bleiben und nicht abermals unerwartet in einem Tunnel voller Leichen zu stehen. Einem Tunnel des Grauens.

3. POLIZISTIN
Deine Freundin und Helferin

»Ich bin durchaus nicht zynisch,
ich habe nur meine Erfahrungen,
was allerdings ungefähr auf dasselbe herauskommt.«

Oscar Wilde

Kaltes Neonlicht reflektierte im vergilbten und abgetretenen Linoleumboden. Es roch nach Desinfektionsmittel und altem Tabak, das Krächzen von Funkgeräten und das Summen von Akkuladegeräten durchschnitten die Stille, eine Freitagnachtschicht stand bevor. Paul ärgerte sich wortlos über die vom Dienstgruppenleiter verkündete Einteilung der Streifenwagenbesatzung. Natürlich, ihn erwischte es wieder. Anstatt wie erhofft einem der zehn Kollegen drückte ihm der Chef Karin aufs Auge. Ausgerechnet Karin, die unerfahrenste der sechs Frauen in seiner Schicht. Die Unerfahrenheit machte Paul nicht viel aus, denn Erfahrung besaß er mit seinen 42 Jahren genug. Aber Karin war unbeliebt in der Einheit. Ihre Aufgaben bewältigte sie mehr schlecht als recht, dazu war sie nervtötend korrekt, und zu allem Überfluss verfügte sie eindeutig über den dicksten Arsch der gesamten Dienststelle.

Das alles in einer Freitagnachtschicht am ersten Wochenende eines Monats – Oktober 2010. Zahllose Statistiken belegen das hohe Einsatzaufkommen an solchen Tagen und erklären dies ganz einfach damit, dass zu diesem Zeitpunkt Geld da ist. Ob dies durch ermüdende Arbeit schwer verdienter Lohn ist oder aus einem Sozialtransfer des Staates stammt, spielt eine untergeordnete Rolle. Das Geld wechselt auf jeden Fall zum Monatsanfang den Besitzer.

Und bei vielen Personen, die später Anlass von Polizeieinsätzen werden, mit der gleichen Folge. Das ungeduldig erwartete Geld wird schnellstmöglich in Alkohol und Drogen umgetauscht. Auf jeder Polizeiwache Deutschlands herrscht an diesen Wochenenden Hochbetrieb, auch Pauls Innenstadtwache war heute Nacht von diesem Phänomen betroffen. Die Streifenwagen rasten in der Dunkelheit von einem Einsatz zum nächsten. Zeit, die anfallende Schreibarbeit danach auf der Wache zu erledigen, blieb nicht.

Paul war das jedoch nur recht, denn so kam er gar nicht erst in die Verlegenheit, eine Konversation mit Karin führen zu müssen. Ihre spärlichen Wortwechsel betrafen ausschließlich dienstliche Belange, den letzten Einsatz oder Vermutungen über den als Nächstes anstehenden. Auch Karin verspürte keinen Drang nach einem persönlichen Gespräch mit Paul. Er war als Heißsporn und Chauvi bei den Kolleginnen bekannt und berüchtigt. Jemand, der nach dem zweiten Bier die gute alte Zeit vermisste, als Polizisten noch Männer sein durften. Männer, die Spindtüren mit Tittenkalendern verschönerten, regelmäßig Trinkgelage veranstalteten und auch einer deftigen Kneipenschlägerei nicht zwangsläufig aus dem Weg gingen. Karin hatte diese Art von Kollegen satt. Seit ihrer Ausbildungszeit machten sich solche Dinosaurier des Polizeidienstes über sie lustig. Sie wusste selbst, dass sie keine Modelmaße besaß. Und an manchen ehrlichen Tagen gestand sie sich sogar ein, dass sie – gerade für ihren Beruf – mit fast 70 Kilogramm bei einer Körpergröße von 1,69 Meter deutlich zu schwer war. Sie wollte dies auch gern ändern, aber mit ihren 27 Jahren, dem kräftezehrenden Schichtdienst und der damit einhergehenden psychischen Belastung fiel es ihr verdammt schwer. Schokolade und Süßigkeiten waren ihre ständigen Begleiter und halfen ihr oft, die flatternden Nerven etwas zu beruhigen.

Schon jetzt war sie von der täglichen Polizeiarbeit schwer enttäuscht und desillusioniert. Dafür war sie nicht Polizeibeamtin geworden. Während ihrer Ausbildungszeit war sie in ihrer Ansicht, einen gesellschaftlich relevanten Beruf gewählt zu haben, auf Schritt und Tritt bestärkt worden. Von dieser ehrbaren Einstellung war nach nur einem Jahr Streifendienst allerdings nichts mehr übrig geblieben. Zu gravierend waren die Unterschiede zwischen den theoriegeprägten Lehrjahren und der rauen Wirklichkeit in einer Großstadt. Das positive Leitmotiv »Schützen und Helfen« kam ihr jetzt nur noch wie eine dämliche Postkartenweisheit vor.

Die Realität sah anders aus: klauende Kids ohne jegliches Schuldbewusstsein. Und nachdem man diese zu Hause abgeliefert und einen Elternteil kennengelernt hatte, war einem sofort bewusst, dass man diese Adresse auch in Zukunft wohl noch öfter ansteuern würde.

Autounfälle, bei denen eher die vorherrschende Sternenkonstellation als Unfallursache angeführt wurde, anstatt eigenes Fehlverhalten auch nur ansatzweise einzuräumen. Einmal im Monat erwischte es dabei jemanden wirklich schwer. Die Bilder von verstümmelten und abgetrennten Gliedmaßen konnte Karin kaum verarbeiten. Der Geruch von verbranntem Fleisch und Haaren, der durch die Reibung der Haut beim Aufprall auf dem Asphalt entstehen kann, setzte sich unauslöschlich in Karins Gedächtnis fest. Dazu gesellte sich eine Erkenntnis, auf die sie gerne verzichtet hätte: Blut stinkt. Ein schwer zu beschreibender intensiver metallischer Blutgeruch konservierte sich in Karins Nase. Sie benötigte mehrere Tage und Nächte, inklusive Albträumen, um diese Bilder und Gerüche aus ihrem Kopf zu verdrängen. Oft gelang das auch nur vorübergehend.

Dazu gesellte sich eine unglaublich hohe Zahl an zu bearbeitenden Selbstmorden. Niemals hätte sie gedacht, dass sich in Deutschland so viele Menschen selbst das Leben nehmen. Auch wenn 2009 ein historischer Tiefstand mit 9402 Freitoden und 100 000 Selbstmordversuchen zu verzeichnen war, gehörte das Abarbeiten dieser tragischen Fälle zur Routine. Diese Zahlen bedeuteten, dass sich in Deutschland jeden Tag beinahe 26 Menschen selbst töteten, 274 bei dem Versuch täglich scheiterten oder ihrem Umfeld dadurch bewusst einen letzten verzweifelten Hilferuf zukommen ließen.

Ein Selbstmord zog eine Reihe von polizeilichen Arbeiten, Fragen und Ermittlungen nach sich. Lagen Anhaltspunkte für einen Mord vor? Setzte der zugezogene Arzt nach der Leichenschau im Totenschein das Kreuz an der richtigen Stelle? Bloß nicht bei »Todesursache ungeklärt«, Denn das würde ein langes Warten am Tatort zur Folge haben, bis die Mordermittler eingetroffen waren, um alle Spuren gewissenhaft zu untersuchen und zu sichern. So vergingen dann schnell ein oder zwei Stunden neben einer Leiche, die vielleicht schon vier Tage vor Ort lag. Es gab wahrlich angenehmere Möglichkeiten, seine Zeit zu verbringen. Karin irritierte zusätzlich, dass über keinen dieser zahlreichen Einsätze in der Lokalzeitung berichtet wurde.

Eine Diskussion darüber fand in der Öffentlichkeit wohl absichtlich nicht statt. So musste sie sich allein mit diesem Thema auseinandersetzen und belasten, was ihr zunehmend mehr Probleme bereitete.

Das Thema Selbstmord wird von allen Medien in Deutschland bewusst verschwiegen, um gefährdete Nachahmungstäter nicht zu ermutigen. Nur bei prominenten Selbstmördern wird diese selbst auferlegte Zensur gelegentlich nicht aufrechterhalten. Dies allerdings mit fatalen Folgen: Nach der ausführlichen Presseberichterstattung zum Beispiel nach dem Freitod von Nationaltorwart Robert Enke gab es gleich einen deutlichen Anstieg der Suizide vor Zügen zu verzeichnen. Die Zahl der Selbsttötungen durch Züge überstieg dadurch die üblichen 900 Fälle pro Jahr und pendelte sich auf beinahe drei Menschen pro Tag ein.

Karin erschrak vor sich selbst, als sie merkte, dass sie innerhalb kürzester Zeit immer kälter und abgestumpfter wurde. Dabei hatte sie sich zu Beginn ihrer Dienstzeit geschworen, menschliche Schicksale nicht so gefühllos und nüchtern abzuarbeiten wie ihre älteren Kollegen. Sie ertappte sich aber immer öfter dabei, wie nicht mehr das persönliche Leid von Opfern und Verletzten im Vordergrund stand, sondern der Ärger über die anfallende Arbeit und den verspäteten Feierabend. Sie hasste sich dafür und machte sich Vorwürfe. Es war schrecklich, aber so lief es eben.

Karin pendelte zwischen einer Entmenschlichung der Opfer als Schutzpanzer für die eigene Seele und den daraus resultierenden kräftezehrenden

Selbstvorwürfen hin und her. Auf diese innere Auseinandersetzung hatte sie niemand vorbereitet.

Was Karin noch nicht wusste, war, dass sie heute einen weiteren unerwarteten Kampf mit sich selbst würde austragen müssen, dessen negativer Ausgang weit gravierendere Auswirkungen haben würde als Selbstanklagen und ein schlechtes Gewissen.

Familienstreitigkeiten stellten einen weiteren großen Einsatzblock dar. Treffender gesagt, der Kampf Mann gegen Frau, oft im Zusammenspiel mit Alkohol oder anderen Arten von berauschenden Substanzen. Je später der Abend, desto betrunkener der Mann und umso mehr drängte er seine körperliche Dominanz der Beziehung auf. Karin hasste diese Einsätze. Ein Mann, der seine Frau schlug, das war widerlich. Die zur Schlichtung eintreffenden Polizeibeamten nahm dieser meist ausschließlich als Eindringlinge in seinem Revier wahr. Nach den ersten Beschimpfungen und Bedrohungen kam es dann auch oft schnell zu tätlichen Angriffen. Trotz der Jiu-Jitsu-Kenntnisse, die in der Polizeiausbildung vermittelt wurden, fühlte sich Karin in solchen Fällen fehl am Platz. Bei Widerstandshandlungen wurde sie ein weiteres Mal schmerzvoll und unbestreitbar auf ihre körperlichen Defizite hingewiesen. Der oft vorwurfsvolle, strafende Blick der Kollegen, der ihrem mangelhaften körperlichen Einsatz galt, erhöhte ihr eigenes schlechtes Gewissen um ein Vielfaches.

Nicht selten verließ Karin solche Wohnungen mit einem ungläubigen Kopfschütteln.

Stoppte der Wüterich seine Beschimpfungen, Drohungen und Angriffe auch nicht gegenüber den Polizisten, blieb ihnen keine andere Wahl. Sie mussten ihn festnehmen, und er verbrachte die Nacht dann zur Gefahrenabwehr und Ausnüchterung in Polizeigewahrsam. Gelegentlich führte die durchgeführte Festnahme zu lautstarken Solidaritätsbekundungen seiner zuvor geschlagenen Frau.

»Lasst meinen Mann in Ruhe. Er bleibt bei mir.«

Zu gerne würde Karin dieser geschrienen Aufforderung nachkommen, aber alles Jammern half nichts mehr. Jetzt war es zu spät, der Mann musste die Nacht hinter schwedischen Gardinen verbringen und der Polizei damit eine Menge zusätzliche Arbeit und Ärger bescheren.

Eine weitere stetig anwachsende Zahl von Einsätzen wurde von gewalttätigen Jugendgangs ausgelöst. Dieses Umfeld war Karin völlig fremd. Sie war nämlich in einer Kleinstadt aufgewachsen, in der die Welt noch weitestgehend in Ordnung war. Jedenfalls gab es dort keine Viertel, die man vorsichtshalber besser meiden sollte. Selbst in der im Vergleich zu anderen Städten noch relativ beschaulichen Großstadt, in der ihr Streifenbereich lag, gab es Bezirke, um die Otto Normalbürger nach Einbruch der Dunkelheit einen großen Bogen machte. Zum Beispiel der östlich vom Zentrum gelegene Stadtteil. In den 80er- und 90er-Jahren war dies das Gebiet einer deutschen Jugendgang namens Blue Boys gewesen, die einen schlagkräftigen Bestandteil der Hooliganszene des heimischen Fußball-Bundesligisten darstellte. Mitte der 90er konnte sich diese Bande nur mit größter Mühe gegen eine immer zahlreicher werdende Gruppe von türkischen Einwandererkids durchsetzen. Diese beiden rivalisierenden Banden wurden dann zu Anfang des neuen Millenniums von einer neuen, noch gewalttätigeren Gruppierung verdrängt: den Russlanddeutschen. Wenn sich die deutschen Jungs um fünf Uhr auf ein Bier trafen, kreisten bei den Russen schon die Wodkaflaschen, anstelle eines Joints rauchten sie Heroin, und anstatt am Wochenende den Kokainkonsum zu steigern, spritzten sie Heroin.

Eine Hemmschwelle bei der Gewaltanwendung existierte für diese Kerle nicht mehr, der Drogenrausch spülte eine unkontrollierbare Skrupellosigkeit an die Oberfläche. Ihr Lebensziel bestand nicht aus einem Reihenendhaus und einem schicken Wagen in der Auffahrt, sondern aus der Aufnahme in die Vory v Zakone, der Diebe im Gesetz, der russischen Mafia.

Ein normaler polizeilicher Umgang mit diesen Leuten war unmöglich. Sie projizierten alles, was ihnen von Staats wegen an Sanktionen auferlegt wurde, auf den Uniformierten, der das staatliche Gewaltmonopol im Augenblick repräsentierte und durchsetzen sollte, den Polizeibeamten.

Ärger mit Ämtern aller Art, gekürzte Sozialbeiträge, Strafanzeigen, Bewährungswiderrufe und Haftstrafen, jeder von den Jungs war schon ein Dutzend Mal Adressat staatlicher Zwangsmaßnahmen geworden. Und dann besaß die verachtete Staatsmacht auch noch die Frechheit, ihnen immer mehr Polizeibeamtinnen auf den Hals zu schicken – Frauen! Dabei waren sie doch echte Kerle, und Anweisungen von Frauen entgegenzunehmen, das war undenkbar.

Freitagnacht, 1.30 Uhr, das Funksprechgerät riss Karin aus ihren Gedanken. Die Leitstelle meldete einen Notruf.

»11/23 von 11/01. Fahren Sie sofort in den östlichen Stadtteil. Dort soll in einer Menschenmenge von 30 Personen eine schwere Schlägerei mit zwei Beteiligten stattfinden. Die Nutzung von Sonderrechten wird angeordnet. Der Anrufer weigerte sich, seinen Namen zu nennen. 11/01 Ende.«

Paul beschleunigte den Automatik-Streifenwagen per Kick-down. Gleichzeitig schaltete er mit der rechten Hand Blaulicht und Sirene an. Karin bediente wie vorgeschrieben als Beifahrer das Funkgerät und hob den Sprechfunk zum Mund, um der Leitstelle den eingegangenen Auftrag zu bestätigen. Besser gesagt, sie versuchte es, denn Paul ließ es nicht zu. Ruppig riss er Karin das Funkgerät aus der Hand, während der Streifenwagen mit 100 km/h die Ausfallstraßen entlangschoss.

»11/01 von 11/23. Sind weitere Wagen zur Unterstützung in der Nähe?«, erkundigte er sich vorausschauend.

»Nein, negativ, 11/23, alle anderen Wagen sind im Einsatz. Damit müsst ihr erst mal allein klarkommen.«

Paul hängte verärgert das Funkgerät weg und fluchte innerlich. Natürlich, keine Verstärkung in Sicht. Wie auch. Die Wirtschaftskrise und die hohe Verschuldung des Landes hatten ihre Spuren auch bei der Polizei hinterlassen. Sparen beim Thema Sicherheit war erst einmal einfach und zog keine lästigen Demonstrationen nach sich. Die Polizisten waren Kummer gewohnt und durch ihr Beamtenverhältnis streng ihrem Dienstherrn unterworfen. Und die Bevölkerung registrierte doch kaum, ob ein gesamtes Stadtgebiet von 16 Streifenwagen oder nur von elf geschützt wurde. Die Bürger machten sich zwar vielleicht Gedanken, wenn sie nach einem Notruf eine halbe Stunde auf den Streifenwagen warten mussten, aber na ja, dann war wohl im Augenblick einfach sehr viel passiert.

Im Normalfall kam man als Polizist schon irgendwie zurecht, und gerade Paul war es gewohnt zu improvisieren. Doch heute irrte sich Paul. Diese Nacht würde anders verlaufen, unvorhersehbar ...

Karin wurde flau im Magen. Sie war stocksauer auf Paul, denn offenbar traute er ihr nicht einmal zu, das Funkgerät zu bedienen. Und jetzt raste er auch noch so. Wieso hatte er es so eilig, auf die Schlägerei zu treffen?

Weniger motivierte, bequemere oder ängstlichere Beamte fanden in so einer Situation Möglichkeiten, das Eintreffen am Tatort zu verzögern. In der Hoffnung, die Gemüter hätten sich bis dahin weitestgehend beruhigt oder die Schlägerei wäre im besten Fall bereits vorüber. Eine weitere Option bestand darin, das Einschreiten so lange hinauszuschieben, bis doch noch weitere Verstärkungskräfte zur Verfügung standen. Als Verzögerungstaktik bot sich an, die Strecke zum Ort des Geschehens bewusst langsam zu fahren, vielleicht verfuhr man sich ja auch noch zufällig und bog womöglich viel zu früh ab, oder man umrundete erst einmal die Tumulte im sicheren Streifenwagen und hoffte dabei, dass das bloße Zeigen von Polizeipräsenz die Streithähne bereits trennte.

Karin war klar, dass solche Gedankengänge Paul völlig fremd waren und er so ein Verhalten niemals billigen würde. Ganz im Gegenteil: Paul raste zum Einsatz. Er war angespannt, hoch konzentriert und sprach kein Wort. Er stellte sich auf mögliche Szenarien ein und verfluchte im Stillen einmal mehr die realitätsfremden Politiker.

»Wie kann man es verantworten, so viele Frauen bei der Polizei einzustellen?« Schon seit zehn Jahren pendelte sich die Einstellungsquote von Frauen von anfangs 30 Prozent auf jetzt bis zu 50 Prozent ein. Paul hätte sich gewünscht, dass eine dafür verantwortliche Politikerin nur einmal eine Nachtschicht am Wochenende in einem dieser heiß umkämpften Stadtviertel verbringen würde. Dann würde sie die Probleme erkennen, die durch einen so hohen, politisch gewollten und durchgesetzten Frauenanteil in der täglichen Polizeiarbeit entstanden.

Dabei war Paul nicht grundsätzlich gegen Frauen bei der Polizei. Akribische Ermittlungsarbeit in allen Bereichen – selbst der schwersten organisierten Kriminalität – erfüllten sie tadellos, Spurensuche und -sicherung an Tatorten, kein Problem, Anzeigenaufnahme und Bearbeitung, Kontaktbeamtin und erste Ansprechpartnerin in Stadtvierteln, alles wunderbar. Unbestritten war auch ihre oft deeskalierende Wirkung auf männliche Wüteriche.

Einsatzlagen mit Gewaltanwendungen waren aber mehr als problematisch. Das hatten Paul und seine Kollegen schon zu oft erleben müssen. Straßenschlachten mit Autonomen, Krawalle mit Hooligans und Streifenfahrten, die in einer gewalttätigen Auseinandersetzung endeten, waren ihrer persönlichen Erfahrung nach eindeutig keine passende Einsatzsituation für die meisten Frauen. Zu oft mussten Kollegen in die Bresche springen, wenn Kolleginnen von der entfesselten Gewalt zu erschreckt, ja gelähmt und zu ängstlich waren, um körperlich angemessen auf diese Angriffe zu reagieren. In einem Großeinsatz mit einem Dutzend Hundertschaften war ein solches Fehlverhalten natürlich eher auszubügeln als im Streifendienst zu zweit. Mann und Frau. Paul hatte keine Lust, in einer gefährlichen Situation plötzlich allein, ohne Partner und Rückendeckung, dazustehen.

Noch hatte er so eine schmerzhafte Erfahrung selbst nicht machen müssen, aber dies sollte sich bald ändern.

Karin hätte sich gerade in der jetzigen Situation über etwas Zuspruch gefreut, aber Paul raste schweigsam mit grimmigem Gesichtsausdruck Richtung

Schlägerei. Sie merkte, wie die Angst aus ihrer Magengrube emporkroch und Besitz von ihrem Körper nahm. Ihr Mund trocknete aus. Die Zunge klebte fest. Sie fühlte sich überfordert. Sie hatte Angst! Ihr musste das passieren, ausgerechnet ihr. Eine Schlägerei, nachts im Dunkeln, bis zu 30 Beteiligte, im schlimmsten Viertel der Stadt – und das alles ausgerechnet mit Paul, dem größten Chauvi der Dienststelle. Karin steigerte sich in Vorstellungen hinein, wie Paul später in der Dienststelle schlecht über sie reden würde.

»Na ja, ist nicht ganz so schnell aus dem Auto gekommen. Hat ja auch ein paar Kilo mehr zu tragen. Bis die Kollegin aus dem Streifenwagen geklettert ist, hatte ich den Russen schon festgenommen.«

Paul würde bestimmt nicht mal so viel Anstand besitzen und erst hinter ihrem Rücken lästern, sondern gewiss beim Dienstabschlussbier die Geschichte vor der gesamten Schicht ausbreiten.

Der Streifenwagen bog mit quietschenden Reifen in die Müllerstraße ein. Hier, zwischen zwei Wohnblocks, tobte die Schlägerei. Trotz der Dunkelheit waren die Umrisse einer größeren Menschenmenge, die sich in Bewegung befand, auszumachen. Karin erschien die Menge deutlich zahlreicher als die gemeldeten 30 Personen. Ihre Nerven flatterten. Paul blieb die Angst seiner Kollegin nicht verborgen, es widerstrebte ihm aber zutiefst, seiner Kollegin jetzt womöglich auch noch gut zureden zu müssen. Sie hatte schließlich diesen Beruf gewählt und erhielt das gleiche Geld wie er, also sollte sie auch die gleiche Arbeit verrichten. Wenn sie die anfallenden Aufgaben nicht meisterte oder sich überfordert fühlte, dann musste sie sich eben versetzen lassen oder den Beruf wechseln. So einfach und nachvollziehbar funktionierte Pauls Polizeilogik.

Im Aussteigen drückte er den Statusmelder im Cockpit von drei auf vier. Die Leitstelle wusste nun Bescheid. Sie waren am Einsatzort eingetroffen.

Paul ließ das Scheinwerfer- und Blaulicht des Streifenwagens an, um bessere Sicht zu haben und keine freie Hand mit einer Taschenlampe zu beladen. Er wollte beide Hände frei haben, um auf alle Eventualitäten angemessen reagieren zu können – eine kluge Entscheidung.

Während er einen Schritt auf die Menge zuging, überprüfte er mit automatisierten Bewegungen seine Ausrüstung, ohne die ihn feindselig anstarrende Menge dabei aus den Augen zu lassen. Pistole, Schlagstock und Pfefferspray, alles war da. Er schätzte die Menge auf knapp 35 Personen. Nur vereinzelt nahm er Frauen wahr. Die Kerle waren seiner Einschätzung nach im Schnitt zwischen 20 und 30 Jahren alt. Offensichtlich bestand die Gruppe hauptsächlich aus Russlanddeutschen und einigen Türken. Sie hatten einen Kreis um zwei sich prügelnde Russen gebildet. Genauer gesagt, um einen Russen, der einen anderen zusammenschlug. Der Unterlegene blutete stark aus mehreren Kopfwunden, seine Nase bestand aus einem blutigen Knäuel, und er vermochte sich nur noch mit größter Anstrengung auf den Beinen zu halten. Die Schlägerei war längst entschieden und eigentlich vorbei, aber Igor – so feuerte die Menge den einen Mann an – hörte nicht auf zu schlagen. Als die Blicke von Igor und Paul sich kreuzten, ließ dies Paul in einem Anflug von Furcht erschaudern. Trotz der Dunkelheit sah er, dass seine Augen vollkommen kalt waren, skrupel- und mitleidslos. Igor würde nicht von allein aufhören zu prügeln, da war Paul sich nun sicher.

Er drehte sich zu Karin um, doch die stand fünf Meter hinter ihm, noch im Bereich des Streifenwagens. Sie wirkte wie festgefroren, regungslos. Paul durchdachte in Sekundenschnelle die möglichen Optionen. Einfach zu warten, bis doch noch Verstärkung eintraf, konnte er nicht riskieren. Der Unterlegene hatte schon jetzt zahlreiche stark blutende Kopfwunden und war auch nicht mehr dazu in der Lage, sich zu verteidigen. Igors harte Faustschläge rammten sich ungebremst in sein Gesicht. Igor schlug weiter auf ihn ein und starrte dabei Paul triumphierend und herausfordernd in die Augen. Er würde nicht aufhören.

Paul drehte sich erneut zu Karin um und bedeutete ihr mit einer Kopfbewegung aufzuschließen, um ihm den Rücken zu decken und ihn unterstützen zu können. Dann zog er langsam sein Pfefferspray aus dem Gürtel, ließ den linken Arm mit dem Spray aber am Körper herabhängen. Im Gehen hob er beschwichtigend seinen rechten Arm und überwand so die restlichen drei Meter bis zum Menschenkreis. Nur widerwillig machten die Zuschauer Platz, ihre feindseligen Blicke bohrten sich in sein Gesicht. Langsam gingen sie einige Schritte zur Seite, sodass Paul den Kreis durchschreiten konnte. Nun befand er sich vier Schritte vor Igor, der den Unterlegenen weiterhin schlug. Dazu musste sich Igor mittlerweile bücken, da sein Kontrahent bereits auf dem Boden kniete. Nach einem weiteren verheerenden rechten Schwinger ließ er endlich von seinem Opfer ab und wendete sich dann Paul zu. Hinter dem Polizisten schloss sich der Kreis.

Karin blieb weiterhin wie gelähmt am Streifenwagen stehen. Sie war starr vor Angst, nicht in der Lage, ihrem Körper Befehle zu geben, um ihrem Kollegen beizustehen. Sie war unfähig, einen klaren Gedanken zu fassen. Die Situation erschien ihr völlig grotesk. So, als ob sie ihren Körper verlassen hätte und sich selbst dabei beobachtete, wie sie in diesem Einsatz versagte. Ihr Zustand verschlimmerte sich durch diese Erkenntnis noch, da ihr – trotz ihres mittlerweile tranceähnlichen Zustands – bewusst war, dass sie Paul eine möglicherweise lebenswichtige Rückendeckung verweigerte. Ein Teufelskreis.

Paul konnte darauf keine Rücksicht nehmen. Die sich zuspitzende Situation und die körperliche Gefährdung für den Unterlegenen erlaubten ihm keinen weiteren zeitlichen Aufschub mehr. Er musste seine Maßnahmen jetzt treffen und durchsetzen. Also hob er langsam seinen linken Arm, um schnell das Pfefferspray einsetzen zu können. Igor und ihn trennten nun nur noch zwei Schritte. Plötzlich sprang Igor mit einer unglaublichen Schnelligkeit nach vorne. Er überwand beinahe fliegend die Distanz zwischen ihnen und umschlang Paul mit beiden Armen. Paul gelang es gerade noch, den linken Arm nach oben zu reißen, sodass er eine Ladung Pfefferspray in Igors Richtung feuern konnte, es war aber zu ungenau, um seinen Angriff abzuwehren. Paul fluchte über sich selbst, dass er sich so hatte überrumpeln lassen.

Igors Aufprall war hart. Er verstärkte seinen Angriff, indem er sein ganzes Körpergewicht in die Attacke hineinwarf. Er war ein richtiger Brecher. Knapp 90 Kilogramm, kahl rasierter Schädel und berauscht von Wodka und Drogen.

Paul hielt seine 85 Kilogramm Körpergewicht mit Joggen, Krafttraining und Jiu-Jitsu-Polizeitraining gut in Form. Doch dieser Angriff hatte ihn überrascht, er konnte ihm nichts entgegensetzen. Sie schlugen beide heftig auf dem Rasen auf. Bodenkampf.

Igor lag halb auf ihm, würgte seinen Hals, umschlang seinen Kopf mit dem anderen Arm und drückte zu. Paul gelang es, seine Arme um den Hals seines Gegners zu legen und Igor mit aller ihm möglichen Kraft zu würgen. Beide würgten, zerrten und rissen an ihrem Rivalen, um ihm den größtmöglichen Schaden zuzufügen.

Noch zeichnete sich kein Verlierer in dem Kräftemessen ab, doch Paul lag unten und war somit eindeutig in der schlechteren Position. Unklar war auch, wie sich Igors Kumpane verhalten würden. Gedanken rasten durch Pauls Kopf. Was war, wenn sie sich in die Schlägerei einmischen würden? Wenn sie auf ihn eintreten würden? Oder wenn das Worst-Case-Szenario eintreten würde, sie seine Dienstwaffe aus dem Holster ziehen und damit unkontrolliert durch die Gegend ballern würden?

Paul probierte, sich trotz des Würgegriffs etwas umzusehen, um die Situation einschätzen zu können. Von der Überrumplung hatte er sich mental erholt und war nun wieder in der Lage, taktisch zu denken. Die Russen standen dicht gedrängt im Kreis. Die eine Hälfte feuerte Igor fanatisiert an, die anderen beschimpften Paul mit allem, was das russische Vokabular zu bieten hatte. Das einzig Positive an der Situation war, dass sich offenbar niemand in den Kampf einmischen wollte. Doch würde dies so bleiben?

Der Kampf dauerte nun schon endlos erscheinende zwei Minuten. Niemand war da, um ihm zu helfen. Wo, verdammt noch mal, blieb Karin? Karin, hämmerte es durchs Pauls Kopf.

Er versuchte sich zu drehen, was ihm nur unter stärkstem Körpereinsatz halbwegs gelang, und konnte so in Richtung Streifenwagen, in Richtung Karin sehen. Da, zwischen den Beinen der Schaulustigen hindurch, erblickte er die Umrisse ihrer Dienststiefel im Licht der Scheinwerfer.

»Karin! Karin!« Laut rief Paul um Hilfe, und sie hörte ihn doch, oder nicht?

Karin stand weiterhin völlig überfordert und apathisch vor dem Streifenwagen und fühlte sich immer noch, als ob sie ihren eigenen Körper verlassen hätte und unbeteiligter Zeuge dieser Szene wäre.

»Karin! Karin!«, die Rufe zerrten sie zurück in die Wirklichkeit, ob sie wollte oder nicht. Doch sie wollte nicht! Sie weigerte sich, in die Realität zurückzukommen. Aber die aufrüttelnden Hilferufe rissen sie aus ihrer Lethargie. Mit der direkten Folge, dass jetzt die starken Angstzustände und ein regelrechtes Panikgefühl ihren Körper und Geist überschwemmte und Besitz von ihr nahm.

»Karin! Karin!«

Nein, niemals würde sie dort hingehen, sich durch diese kriminellen, gefährlichen und drogensüchtigen Menschen kämpfen, und das alles nur, um Paul zu unterstützen. Sollte er doch zusehen, wie er zurechtkam mit seiner großen Klappe.

Nein! Nein! Nein! Sie konnte nicht, und sie wollte nicht. Die Angst und eine über sie hereinbrechende Panikattacke entschieden die Situation gegen Paul.

Wie in Zeitlupe drehte sie sich um, weg von Paul, und steuerte den Streifenwagen an. Sie öffnete das Polizeifahrzeug, setzte sich auf den Beifahrersitz, zog die Tür zu und verriegelte den Wagen von innen. Dort hockte sie dann teilnahmslos und starrte mit leerem Blick nach vorne, ohne noch irgendetwas von der Welt da draußen mitzubekommen.

Karins Nerven versagten. Sie rief weder über Funk die Einsatzleitstelle, um weitere Verstärkung anzufordern, noch betätigte sie den Notfallknopf an dem Statusanzeiger. Dieses Signal würde alle Polizeikräfte im Umkreis veranlassen, jeden nicht absolut notwendigen Einsatz abzubrechen und mit höchstem Tempo die hilfesuchenden Kollegen zu unterstützen. Dieser Alarm bedeutete: »Es besteht Lebensgefahr.«

Pauls Blicke suchten Karins Augen, soweit es der anhaltend hart geführte Bodenkampf zuließ. Die noch eingeschaltete Innenbeleuchtung erhellte sie notdürftig. In einer Millisekunde streifte er Karin, und das, was er sah, reichte völlig aus. Sie sprach weder hektisch ins Funkgerät noch ins Handy oder machte Anstalten, den Motor zu starten, um eine kleine Gasse in den Kreis zu fahren und ihn so zu erreichen und zu unterstützen. Nein, Karin saß regungslos auf dem Beifahrersitz und starrte teilnahmslos vor sich hin.

Karin, das war ihm nun völlig klar, war ein Totalausfall!

Paul fluchte und schimpfte in sich hinein, sein Ärger und die Wut über die Situation verstärkten sich. Und dieser Zorn setzte neue Kräfte bei ihm frei. Er startete eine erneute Attacke, mobilisierte seine letzten Kraftreserven über seinen Schmerzpunkt hinaus. Paul spürte, dass seine Kräfte kurz vor dem Zusammenbruch standen. Dieser Punkt stand allerdings auch bei Igor unmittelbar bevor. Er war zwar ein Kraftpaket und trainierte gelegentlich einige Runden im Fitnessstudio mit Gewichten, aber Konditionstraining gehörte absolut nicht zu seinem Trainingspensum. Dies rächte sich nun. Nach fast drei Minuten anstrengendstem Bodenkampf waren seine Kraftreserven aufgebraucht. Er verspürte zwar trotz des klammernden Würgegriffs und der verdrehten Arme keine Schmerzen, denn dafür rauschte zu viel Wodka und Heroin durch seine Blutbahnen, doch diesen neuen Angriff des Bullen konnte er nicht parieren. Igor büßte seine bessere Position ein.

Paul registrierte erleichtert, dass sein letzter Kraftakt Wirkung zeigte. Noch waren sie wie ein Knäuel ineinander verkeilt, aber dann hockte er seitlich auf dem Russen. Den Kopf seines Widersachers umklammerte Paul fest und konnte ihn dadurch einigermaßen kontrollieren. Igor würgte ihn weiterhin mit seinem linken Arm am Hals und versuchte, ihn mit der rechten Faust ins Gesicht zuschlagen. Die Schläge erreichten Paul jedoch zu unkoordiniert und kraftlos, um größeren Schaden anzurichten. Er steckte sie weg.

Erst jetzt nahm er Blut auf Igors Fäusten wahr. Paul hoffte inständig, dass es sich um sein eigenes Nasenblut handelte und nicht um Igors Blut oder das seines vorherigen Opfers. Das fehlte ihm gerade noch, dass einer der Russen sich durch eine Heroinspritze mit HIV infiziert hatte und er nun dessen Blut im Gesicht trug. Hoffentlich nicht!

Paul hatte das Geschehen nun an sich gerissen. Die russischen Gangmitglieder erkannten seine Überlegenheit an. Die Anfeuerungsrufe verstummten genauso wie die Schmähungen in der fremden Sprache. Niemand machte Anstalten, dem Unterlegenen zu helfen. Sie schienen seine Niederlage zu respektieren.

Doch noch stand kein endgültiger Sieger fest. Paul kontrollierte zwar den unter ihm Begrabenen, doch der wehrte sich weiterhin so verbissen, dass eine Festnahme nicht möglich war. Paul musste all seine Energie aufbringen, um ihn am Boden zu halten. Ein klassisches Patt. Was nun?

Paul spielte mögliche Optionen durch. Igor mit nur einem Arm festzuhalten, um so mit dem zweiten Arm die Handschellen aus dem Gürtel zu ziehen, das war unrealistisch. Das würde er nicht schaffen. Auch seine Kraftreserven waren schließlich mehr als ausgeschöpft. Und Karin, was war mit Karin? Hatte sie sich wieder erholt? Er drehte sich um und blickte Richtung Streifenwagen. Die eingeschalteten Scheinwerfer zerschnitten die finstere Nacht und blendeten seine Augen. Er erkannte nichts und ging davon aus, dass sich ihr Zustand nicht verbessert hatte. Und nun? Scheiße! Er konnte doch nicht stundenlang am Boden ringen und hoffen, dass die Leitstelle sein Fehlen irgendwann bemerkte und doch noch einen Streifenwagen zur Verstärkung schickte. Sein Gehirn ratterte und ratterte, aber ihm fiel einfach keine Lösung ein. Befand er sich in einer ausweglosen Lage?

Was wäre, wenn ...?

Nein, zu unrealistisch. Wer sollte dies und warum tun? Und doch, einen Versuch war es wert. Er hatte schließlich nichts zu verlieren. Paul veränderte seine Position, sein Blick wanderte umher. Er musterte den Menschenring der Russen, schaute ihnen direkt in die Augen, um sie anhand ihrer Mimik und Gesten einschätzen zu können. Die Beschimpfungen und Anfeuerungsrufe für Igor waren zwar verstummt, aber ihre Gesichtsausdrücke waren eindeutig. Sie spiegelten Abneigung, Antipathie, ja offene Feindschaft wider. Er galt hier nur als Eindringling, als Repräsentant einer verhassten Staatsmacht. Alle Mienen bekräftigten dies eindeutig. Alle bis auf eine, was war denn mit ihm?

Paul musterte den Mann in Sekundenschnelle. Er wirkte deutlich jünger – um die 19 Jahre alt - und war augenscheinlich kein Russe, eher ein Türke. Am meisten ermutigte Paul sein Augenausdruck, denn dort sah er keinen Hass, im Gegenteil, sein Blick wirkte neutral, und Paul meinte sogar, eine Prise Mitgefühl feststellen zu können. Oder irrte er sich?

Er hatte nichts zu verlieren. Also entschied sich Paul, es zu probieren. Nachdem er Blickkontakt hergestellt hatte, sprach er ihn an.

»He, du, komm mal her.« Er unterstrich seine freundlich gesprochene Aufforderung mit einem kleinen Kopfnicken. Der junge Türke sah ihn erstaunt und fragend an. Paul wiederholte seinen Appell. Nun bewegte sich der junge Mann, zögerlich und unsicher, aber er bewegte sich. Er überwand die drei Meter Distanz und beugte sich zu den Kämpfern herunter. Paul beäugte die Umgebung, aber von den Russen entschied sich niemand dafür einzugreifen.

Paul sah ihm direkt in die Augen und zischte ihm leise zu: »An meinem Gürtel am Rücken hängt eine kleine schwarze Tasche. Öffne sie!«

Er drehte sich etwas, um den Zugriff zu erleichtern. Der Türke öffnete den Verschluss. »Jetzt hol sie raus!«

Paul hoffte inständig, dass der Mann seiner Forderung nachkommen würde. Erleichtert spürte er dann die Berührung am Rücken und vernahm das metallische Klicken. Er drehte sich zu seinem Verbündeten um, sein Blick wanderte nach unten, und da lagen sie in der Hand seines neuen Partners. Erleichterung und Glücksgefühle strömten durch Paul. Aber er mahnte sich zur Vorsicht, denn noch war die Situation brenzlig und nicht überstanden. Ermutigend schaute Paul dem Mann in die Augen. »Nimm die Handschellen, und leg sie ihm an. Zuerst den rechten Arm.«

Paul stemmte Igor in Position, um das Anlegen zu vereinfachen. Igor wehrte sich aber immer noch. Mit letzter Kraftanstrengung presste Paul seine Arme eng zusammen. Sein neuer Verbündeter legte dem russischen Wüterich die Handschellen an, und Paul zog sie sofort nach. Fester als erforderlich, das Metall bohrte sich schmerzhaft ins Fleisch.

Jetzt war es geschafft. Paul raffte sich auf, streckte seinen Körper, scannte die Umgebung und seinen Körper. Die Uniform hing völlig verdreckt und nass an ihm herab. Sein Hemd war eingerissen und blutig. Das meiste Blut stammte von Igors Fäusten und von seiner Nase. Sie blutete und schmerzte wie sein gesamter Körper, aber so weit schien alles in Ordnung zu sein.

Die Russen hatten sich offenbar mit dem Ausgang des Kampfes abgefunden und verhielten sich passiv. Igor hockte besiegt zu seinen Füßen. Nun wendete sich Paul dem jungen Türken zu, legte ihm freundschaftlich seine Hand auf die Schulter, schaute ihm direkt in die Augen und sagte nur ein Wort: »Danke!«

Sein junger Mitstreiter nickte nur mit dem Kopf.

»Karin. Karin. Die blöde Kuh!«, schoss es ihm durch den Kopf. »Die kann sich auf was gefasst machen.«

Er zog Igor an den Handschellen nach oben und führte ihn ohne größere Probleme durch seine Kumpane hindurch in Richtung des Streifenwagens. Dort ließ er ihn an den Wagen gelehnt auf den Boden hocken. Ein Blick auf Karin reichte ihm. Sie war immer noch völlig neben der Spur. Als er die Fahrertür öffnete, drehte sie andeutungsweise ihren Kopf. Das war's, zu mehr, zu einem Gespräch, zu einer Entschuldigung war sie nicht in der Lage.

Paul beließ es erst mal dabei, über Funk forderte er einen weiteren Streifenwagen an und für Igor einen Gefangenentransporter. Aufgrund der Dringlichkeit seines Hilfeersuchens verging nicht viel Zeit, bis die lang ersehnte Unterstützung eintraf.

Die Situation war gemeistert.

Paul schrieb die Anzeige wegen Körperverletzung und Widerstand gegen Vollstreckungsbeamte und übergab diese dann dem Wachhabenden.

Das Versagen seiner Kollegin stand natürlich nicht in dem Papier, denn dies in Schriftform zu manifestieren war unter Polizisten nicht üblich, war ausgeschlossen.

Paul suchte daher das Gespräch mit seinem Dienstgruppenleiter, den er respektierte und der immer einen guten Rat parat hatte. Nachdem er ihm den gesamten Vorfall geschildert hatte, riet ihm sein Vorgesetzter gemäß den Führungsgrundsätzen der »alten Schule«, die der erfahrene Beamte vorlebte: »Wenn Probleme auf dem Wagen entstehen, müsst ihr zunächst versuchen, diese untereinander zu klären. Rede du mit ihr, und versucht, den Vorfall aus der Welt zu schaffen.«

Pauls Wut richtete sich aber nicht allein gegen Karin, sie war ja selbst Leidtragende und heute Nacht auch Opfer einer einzig nach politischer Vorgabe und Ideologie ausgerichteten Einstellungspraxis geworden. Das Auswahlverfahren für den Polizeidienst, das sich seit Ewigkeiten zuverlässig bewährt hatte, stellte eine zu hohe körperliche Hürde für weibliche Bewerber dar. Also war kurzerhand ein zweiter, abgeschwächter Test ins Leben gerufen worden, allein für Frauen. Ob dies der richtige Weg war?

Und das in einer Zeit von zunehmender Alltagsaggressivität und ansteigender Brutalität gegenüber Polizisten, in der bereits ein tödlich verlaufener Polizeieinsatz im August 2011 in London ausreicht, um ein halbes Dutzend Großstädte in England mit bürgerkriegsähnlichen Szenarien zu überziehen und fünf Todesopfer hervorzurufen.

Was Innenminister und Polizeipräsidenten vehement verleugnen, bestätigte erstmalig erstaunlich offen der Chef der Gewerkschaft der Polizei. Er beschrieb die bitteren Realitäten und unbequemen Wahrheiten in Deutschland im Rahmen eines Interviews mit dem Onlineportal der WAZ Mediengruppe DerWesten. Er berichtete von Problemvierteln, in denen sich Polizeibeamte fürchteten. Von Einsätzen an Orten, an denen ein Streifenwagen nicht ausreiche, sondern schon beim ersten Mal mit einem Mannschaftswagen angefahren werden müsse, und von Einsatzleitern, die sich bewusst dagegen entschieden, Polizistinnen in bestimmten Milieus von Migranten einzusetzen, weil Frauen dort als Autorität nicht ernst genommen würden.

Paul und einige Kollegen hatten schon oft in vertrauter Runde über dieses Thema diskutiert. Ein ehrlicher, offener Dialog über diesen Komplex fand innerhalb der Polizei aber nicht statt. Im Gegenteil, er wurde verhindert und unterdrückt. Ausgemachte Wortführer wurden zu Vier-Augen-Gesprächen in Vorgesetztenbüros zitiert und mit Versetzung, schlechter Beurteilung und der Einschaltung der Gleichstellungsbeauftragten bedroht. Kritik war unerwünscht und wurde nicht geduldet.

Doch auch die schon zwanghafte Geschlechtergleichmacherei zahlreicher Politikerinnen und Politiker änderte nichts an der Tatsache, dass Frauen nun mal keine Männer waren. Diese »politisch gewollte« – Pauls persönliches Unwort des Jahres – vollkommene Gleichbehandlung von Frauen und Männern bei der Polizei wurde in dieser Nacht wieder einmal von der Realität eingeholt und widerlegt. Doch nicht die Politiker und Redner im Bundestag mussten die Folgen ihrer politischen Vorgaben ausbaden, sondern der Polizist im Einsatz, der Polizist auf der Straße. Frauen wie Männer.

Bei jeder Art von körperlicher Anstrengung wird zwischen den Geschlechtern unterschieden. Profi-Fußballerinnen spielen nicht in der Männer-Bundesliga, und selbst der ehrenhafte olympische Gedanke des friedlichen Wettstreites der Völker würde ohne getrennte Wettkämpfe nicht funktionieren. Man würde auch nicht auf die Idee kommen, eine Frau, gleich welcher Statur, zu Mike Tyson in den Ring zu stellen.

Aber Polizistinnen können jederzeit in eine Situation geraten, in der sie körperlich hoffnungslos unterlegen sind. Die Betroffenen sind dann sie selbst und ihr begleitender Kollege. Einsätze, die schieflaufen, werden der Öffentlichkeit verschwiegen und versickern in den Fluren von Ämtern und Behörden. Eine ernsthafte Debatte darüber findet nicht statt. Mit welchem Ende auch?

Die Polizeibehörden sind dringend auf weibliche Bewerber angewiesen, allein mit Männern sind die erforderlichen Einstellungsquoten schon lange nicht mehr zu erreichen.

Wie soll eine Lösung aber dann aussehen? Paul wusste es auch nicht. Er wusste jetzt aber, wie es sich anfühlte, Leidtragender dieser politischen Regelung zu sein. Es fühlte sich beschissen an, und er war wütend und zornig.

Politik und hohe Polizeiführer brachten sich durch eine weitere Regelung noch zusätzlich in die Bredouille. Denn sie sperrten den Polizeidienst für alle Bewerber mit Realschulabschluss. Abitur war nun zwingende Einstellungsvoraussetzung für den Dienst. Diese Anhebung der Qualifikation war einem Gutachten einer Unternehmungsberatung geschuldet. Diese stellte in einer aufwendig verfassten Studie fest, dass die Anforderungen im heutigen Polizeidienst gestiegen seien, und leitete daraus die Notwendigkeit einer höheren schulischen Qualifikation der Bewerber ab.

Für Paul und viele seiner Kollegen war dies eine krasse Fehlentscheidung. Größtenteils waren sie selbst mit einem Realschulabschluss in den Polizeijob gestartet und hatten erst nach einem internen Studium den Aufstieg in den gehobenen Dienst erreicht.

Diese Realschüler stellen aber bis heute das Rückgrat ganzer Einheiten und Dienststellen dar, ein gut funktionierendes Rückgrat. Der Ausschluss von vielen motivierten Jungs der Realschulen ist für die Betroffenen eine lebensfremde Entscheidung von Schreibtischhengsten. Der schwierige Aufnahmetest und die anspruchsvolle Ausbildung sorgen schon von ganz allein für eine Auslese und lassen nur geeignete Bewerber diese Tortur überstehen. Warum also die völlig überzogene Ausgrenzung von vielen dringend benötigten und akzeptablen Kandidaten?

Paul verscheuchte seine Gedanken und seinen Unmut, schließlich hatte er genug eigenen Ärger, um den er sich kümmern musste.

Er schnappte sich Karin und suchte einen leeren Raum, weit abseits von den Kollegen. Er nahm sich vor, nicht zu laut zu werden, was ihm meistens auch gelang. Eindringlich führte er ihr vor Augen, was heute alles hätte passieren können und dass sie beide mit dem sprichwörtlichen blauen Auge davongekommen waren, doch man sollte sein Glück nicht zu sehr herausfordern. Das reinigende Gewitter tat Paul gut, den angestauten Ärger und Frust konnte er so verarbeiten und abbauen. Dann ließ er ihr Gelegenheit, sich zu erklären und zu rechtfertigen.

Karin versuchte vergeblich, ihre Tränen zu unterdrücken, denn sie wusste ja, dass er recht hatte. Sie gab ihr Fehlverhalten auch unumwunden zu und erklärte Paul, dass sie sich in der Situation total überfordert gefühlt habe. Die übelste Ecke der Stadt, nachts, betrunkene Russen und dann diese Gewalt, das war alles zu viel für sie gewesen. Sie entschuldigte sich bei Paul und versprach, dass sie ab sofort versuchen werde, ihre Angst zu überwinden, und dass ihr Verhalten ein einmaliger Ausrutscher bleiben werde. Er schüttelte ihre ausgestreckte Hand, sah ihr in die verheulten Augen und nahm die Entschuldigung an.

Paul erzählte nur seinen engsten Freunden bei der Polizei von diesem Vorfall. Daher machte diese Geschichte, die Karins Ansehen in der Polizei nachhaltig beschädigt hätte, innerhalb der Dienststelle nie die Runde. Es war, als hätte es diese verhängnisvolle Nachtschicht nie gegeben. Pauls Ehrenkodex und Korpsgeist schlossen, trotz allen Ärgers und Grolls, auch weibliche Kolleginnen mit ein.

Einen Tag später holte sich der Dienstgruppenleiter Karin zum Rapport. Kein Wort der zwanzigminütigen Unterhaltung verließ jemals sein Büro.

Am nächsten Tag fuhr Karin wieder Streife und tut das bis heute ...

4. HELLS ANGELS
Die Jagd auf Frank H.

»Sonna cosa nostra, these are our affairs.
We will manage our world for ourselves,
because it is our world, cosa nostra.«

Mario Puzo, *The Godfather*

Polizeikommissar Christian schaute Frank H. direkt in die Augen, sie trennte nur ein halber Meter. Der Blick des Hells-Angels-Präsidenten war angespannt, bedrohlich und feindselig, was angesichts der Umstände nicht verwunderte. Sein kraftvoller Oberkörper war nackt und ermöglichte einen Blick auf die Muskelpakete und Tätowierungen. AFFA – »Angels Forever, Forever Angels« –, diese vier Großbuchstaben liefen entlang seiner Wirbelsäule über den gesamten Rücken. Nach den strengen Tattoo-Regeln der Hells Angels durfte dieser Bereich erst nach zehn Jahren Vollmitgliedschaft mit den Insignien des Clubs verziert werden. Auf seinem rechten Unterarm prangte der Schriftzug »Hells«, auf seinem linken »Angels« in Großformat. Den restlichen freien Platz seiner Arme und des Rückens bedeckten schwarze Flammen und Tribals, die Tätowierung, die George Clooney in *From Dusk Till Dawn* trug und populär machte. Ein wahrlich imposanter und beeindruckender Anblick. Der Kommissar schätzte den Hells-Angels-Boss auf gut durchtrainierte 125 Kilogramm und eine Größe von um die zwei Meter, ein echter Koloss.

Christian atmete tief ein, lehnte sich in seinem Bürostuhl zurück und schaltete das polizeiliche Informationssystem INPOL aus. Denn dort waren die Bilder von Frank H. erschienen, die infolge einer Festnahme durch ein Spezialeinsatzkommando im Rahmen der anschließenden erkennungsdienstlichen Behandlung angefertigt worden waren. Diese Aufnahmen waren nicht als geheim klassifiziert und somit für jeden Polizisten deutschlandweit abrufbar.

Im Steintorviertel in Hannover reihen sich Bordelle, Pornokinos und Bars aneinander, und beinahe alle stehen angeblich unter dem Einfluss des Präsidenten des Hannoveraner Hells-Angels-Charters. Einer der Boxtrainingspartner des Polizisten boxte gelegentlich auch in dem Boxclub des Kiez-Königs direkt am Steintor und wusste einiges über dessen Zeit als Profiboxer im Schwergewicht zu berichten. Sein Sparringspartner berichtete von dem interessanten Mitgliedermix des Boxvereines: Hells-Angels-Mitglieder, Türsteher und Security-Kräfte, Männer aus dem Milieu und attraktive Frauen, die in der Nachbarschaft ihr Gewerbe ausübten. Sein Trainingskumpel, der seine Kohle ebenfalls im Rotlichtmilieu erkämpfte, bot ihm an, ihn einmal dorthin mitzunehmen und ein paar Runden Sparring im Boxring zu drehen. Obwohl seine Neugier mehr als geweckt war, verzichtete der Beamte in ihm lieber auf dieses Angebot. Das war ihm dann doch zu heikel, oder sollte er trotzdem darauf eingehen?

Der Polizeikommissar bewunderte beinahe den Lebenslauf des ehemaligen Profiboxers, der aus einer bürgerlichen Familie stammte. Sein Vater war Schulrektor und die Mutter Chefsekretärin.

Nach einer Handwerkslehre als Zimmermann zog es ihn bereits mit 18 Jahren ins Steintorviertel. Seit seinem 12. Lebensjahr betrieb er Kampfsport und verprügelte Sandsäcke. Später widmete er sich dem Krafttraining und durchlief eine Spezialausbildung zum Personenschützer in Israel. Den Umgang mit Schusswaffen erlernte er im Schützenverein, in dem er es bis zum Schützenkönig brachte.

Sein erstes Geld am Steintor verdiente Frank H. in Personalunion als Barmann eines Nachtclubs und als schlagfertiger Rausschmeißer. Durch sein kompromissloses Einschreiten im Milieu erwarb er sich schnell den Ruf des harten Aufräumers. Seine nächste berufliche Station führte ihn als Wirtschafter in ein Bordell. Dort geriet der damals 21-Jährige bereits im ersten Jahr seiner Tätigkeit wegen typischer Türsteherdelikte mit dem Gesetz in Konflikt. Die Eltern engagierten den Rechtsanwalt Götz v. F., der bekannte Kriminelle aus dem Milieu vertrat. »Boxer-Frank« lernte durch seinen Rechtsbeistand deutsche Kiez-Größen kennen, und aus der Bekanntschaft der zwei so unterschiedlichen Männer entstand eine Freundschaft, die bis heute anhält. Hinweise auf eine Begeisterung für das Motorradfahren sucht man im frühen Lebenslauf des Rocker-Präsidenten jedoch vergeblich.

Die Vorherrschaft auf der Rotlichtmeile der niedersächsischen Landeshauptstadt war Anfang der 90er-Jahre schwer umkämpft. Neben albanischen, türkischen und russischen Gruppierungen kämpfte auch eine deutsche Vereinigung um Macht und Geld im Milieu. Diese Männer organisierten sich damals im städtischen Ableger des Bones MC Germany, an dessen Spitze der Präsident Frank H. stand. Besonders die Albaner verbreiteten mit ihren brutalen Methoden, sich ihren Anteil an Schutzgeld, Glücksspiel, Drogenhandel und Prostitution zu sichern, Angst und Schrecken und setzten sich zunehmend gegen kurdische Konkurrenten durch. Es gab Messerstechereien, Schießereien und Tote auf den Straßen der Landeshauptstadt. Ein Albaner, der in einem Eiscafé von einem Kurden umgebracht wurde, war schon der dritte Tote in nur einem Jahr. Der heutige Bundespräsident und damalige niedersächsische CDU-Landeschef Christian Wulff nannte das Steintorviertel das »Eldorado der organisierten Kriminalität«.

Im Hannoveraner Polizeipräsidium schienen nach den mörderischen Revierkämpfen die Pragmatiker die Oberhand zu gewinnen. Sollte der polizeiliche Verfolgungs- und Ermittlungsdruck, besonders im Hinblick auf die deutsche Gruppe im Milieu, in den letzten Jahren zu groß gewesen sein? Hatte die konsequente polizeiliche Arbeit erst den Platz für ausländische Banden geschaffen, in dem sie die deutschen Wettbewerber ausschaltete und vor Gericht und in die Gefängnisse brachte? Trägt die Polizei mit diesem Vorgehen eine Mitschuld an dem grausamen Agieren der Migrantenclans, die sich gegen polizeiliche Ermittlungen erfolgreich abgeschottet hatten?

Und wenn ja, wie sollte sie sich in Zukunft positionieren? Welche Gruppierung würde ihr Geld am leichtesten und mit der geringstmöglichen Gewaltanwendung kassieren?

Nach einem Jahrzehnt der Gewalt schien die oberste Etage der Behördenführung einen Entschluss getroffen zu haben: Die Polizei hielt sich ab sofort auffällig zurück, denn es zeigte sich, dass in den anhaltenden Revierkämpfen ein Akteur die Oberhand zu gewinnen begann, mit dem man sich im Hannoveraner Polizeipräsidium offensichtlich gut arrangieren konnte. Dies änderte sich auch nicht, als Frank H. und seine Männer am 12. November 1999 Mitglieder des weltweit mächtigsten Motorcycle-Clubs wurden, des Hells Angels MC. Unumwunden sprach man damals im Kommissariat Milieukriminalität über den Präsidenten Frank H. als einen »Ordnungsfaktor« im städtischen Steintorviertel.

Diese Einschätzung sollte sich Jahre später als schwerwiegender Fehler erweisen.

Mittlerweile hatte Frank H. das weltweit größte und mächtigste Hells Angels Charter in Hannover aufgebaut. Wie etliche seiner Kollegen verheimlichte Polizeikommissar Christian seine Sympathiegefühle für die deutschen Rocker auch im Dienst nicht besonders, außer wenn Vorgesetzte anwesend waren. Er konnte sich vorstellen, dass es sehr aufregend und interessant sein könnte, einmal mit Herrn H. ein Bier zu trinken und seinen Geschichten und Anekdoten zu lauschen, doch dazu würde es vermutlich nie kommen. Oder vielleicht doch?

Christian irrte sich. Nur sieben Tage und eine Nacht später standen sie sich gegenüber. Von Angesicht zu Angesicht, nachts im Hinterhof eines alten Industriegebietes, aber die Begegnung sollte anders verlaufen, als er es sich vorgestellt hatte.

Der Kommissar war kein typischer Polizist. Viele Abende verbrachte er am Boxsack eines angesagten Boxclubs in der Innenstadt. Die Männer, mit denen er seit Jahren trainierte, tauchten auf keiner Schwiegersohn-Wunschliste eines Polizeipräsidenten auf. Türsteher, Hooligans, Männer aus dem Milieu und einige normale Fitnesstreibende schwitzten und schunden ihre Körper hier Seite an Seite. Er liebte den Boxsport, und das harte, anspruchsvolle Training war sein Ausgleich, sein Ventil für den oft demoralisierenden Polizeijob. Und er würde lügen, wenn er sich nicht eingestehen würde, dass das Rotlichtgewerbe und seine dort arbeitenden Männer und ihre archaische Aura einen großen Reiz auf ihn ausübten. Einige der Jungs kannte er schon aus der Jugend, und jeder der Anwesenden wusste von seinem Job. Falls dies nicht der Fall war und sich ein Gespräch mit einem Neuankömmling anbahnte, wurde dieser diskret auf den Beruf seines Trainingspartners hingewiesen.

»Pass auf, was du erzählst, der ist ein Bulle!«, hallte es dann begleitet von einem breiten Grinsen im Gesicht durch die Halle.

Der Ton war rau, aber herzlich, einige hatten starke Ressentiments gegen seinen Job, anderen war es egal. Aufgrund etlicher Geschichten aus seiner Jugend duldeten selbst die mit Aversionen Behafteten seine Berufswahl und seine Trainingsteilnahme. Christian blickte auf eine wilde Jugendzeit zurück. Nachdem er seine boxerischen Fertigkeiten verbessert hatte, brannte er darauf, seine antrainierten Fähigkeiten anzuwenden. Aber nicht beruflich, wenn ihn Uniform und Dienstpistole schützten, sondern privat, nachts auf der Straße. So ließ er sich als junger Bursche in einige Schlägereien treiben, nichts Gravierendes, ein paar Kneipen- und Schützenfestprügeleien, die für viele Betroffene mit dem sprichwörtlichen blauen Auge, aber für alle Beteiligten ohne juristische Konsequenzen endeten.

Von diesem Lebensabschnitt war nun zehn Jahre später nichts mehr übrig. Christians »Sturm-und-Drang-Phase« gehörte der Vergangenheit an, und er hatte sie beruflich unbeschadet hinter sich gelassen. Doch dieser Phase seiner späten Jugend verdankte er einer Reihe von interessanten Gesprächen und Bekanntschaften, auch hier im Boxclub. Sein Wissen über Kriminalität und das Rotlichtmilieu überstieg das seiner meisten Kollegen um ein Vielfaches. Er wusste, wem welcher Puff gehörte, wer dort an der Tür stand und wer zu Hilfe eilen würde, falls die Jungs vor Ort nicht mit irgendwelchen Angreifern zurechtkämen. Es kursierten Dutzende Storys über heftige Revierkämpfe und Schlägereien im Milieu, von denen die Justizbehörden nichts wussten. Denn Polizei wurde nie gerufen, die Streitigkeiten regelte man untereinander. Die neuesten Vorkommnisse des jeweiligen Wochenendes wurden dann dienstagabends an der Boxbirne von Boxer zu Boxer weitererzählt. Manchmal bekam Christian davon nichts mit, doch oft wurde er in den Kreis der Eingeweihten miteinbezogen und lauschte dann andächtig dem Erzählten. Ganz besonders scharf war er darauf, etwas über Begebenheiten zu erfahren, die die neuen großen Spieler im Milieu, die Hells Angels, betrafen. Von dem mächtigen Präsidenten der Angels in Hannover, Frank H., sprachen die Anwesenden nur mit Hochachtung.

Die vier Männer verband schon ihr halbes Leben eine Freundschaft, auch jetzt, da ihre Polizeikarrieren sie auseinanderrissen, blieben sie in Kontakt. Die Abstände für ein Treffen auf ein Bierchen und Wodka vergrößerten sich zwar von Jahr zu Jahr, aber sie hielten diese lieb gewonnene Tradition aufrecht. Denn sie waren sich in vielem sehr ähnlich, stellten zu gerne Blödsinn an, lachten gemeinsam und waren von zahlreichen Erlebnissen untrennbar zusammengeschweißt worden. Auch Christians Freunde gehörten nicht zu der Beamtenfraktion des Polizeidienstes, von denen es auf den Fluren der Polizeipräsidien nur so wimmelte. Viele dieser Prototypen des Polizeiapparates würden für eine Anstellung als Beamter auf Lebenszeit auch Akten im Ordnungsamt oder sonstigen Behörden sortieren. Aber die vier Freunde nicht. Sie zog es auf Deutschlands Straßen, um etwas zu sehen, Abenteuer zu erleben und diese zu meistern.

Markus war 38 Jahre alt, in zweiter Ehe verheiratet, natürlich beide Male mit einer blonden Kollegin, hatte zwei Kinder und war zurzeit der Ermittlungsgruppe Rauschgift zugewiesen. Ralf, 41 Jahre alt, war von einer Kollegin geschieden, hatte zwei Kinder und war in führender Position im Wach- und Wechseldienst tätig.

Christian, 39 Jahre alt, war seit acht Jahren mit einer Grafikerin verheiratet, die in einer Werbeagentur arbeitete, und war der Einzige von ihnen, der seine Frau nicht im Kollegenkreis gesucht und gefunden hatte. Er hatte gerade etwas entmutigt eine einjährige Abordnung im Bereich islamistischer Gefährder beendet und wurde nun erst einmal gegen seinen Willen in der Einsatzhundertschaft verwendet.

Dazu gesellte sich noch Uwe, 38 Jahre alt, Angehöriger eines Spezialeinsatzkommandos und ein notorischer Frauenheld.

Bei einem der vergangenen Behördenfeste, die alljährlich im Gebäude des Landgerichtes mit viel Alkohol gefeiert wurden, hatte er sich wieder einmal richtig ausgelebt. Eine hübsche Justizhelferin, ausgestattet mit einem spektakulären Knackarsch, konnte und wollte zu vorgesetzter Stunde nicht die Finger von ihm lassen. Sie war zwar verheiratet, aber offenbar nicht heute Nacht. Da Uwe keinen ruhigen Platz für ihr Tête-à-Tête fand, improvisierte er ein wenig, brach kurzerhand die verschlossene Tür zum großen Strafkammergerichtssaal auf und vergnügte sich mit seiner Eroberung auf dem Richtertisch. Das zurückgelassene benutzte Kondom ließ am nächsten Tag keinen Zweifel an dem Grund des Eindringens. Doch der Gerichtsaal war nicht der einzige Kollateralschaden dieser Nacht, zahlreiche zerschlagene Gläser und Flaschen blieben auf den Fluren der Justizbehörde zurück. Betrunkene, feiernde Polizisten kannten wie schon so oft kein Limit. Der interne Behördenskandal folgte, und die Telefone der eingeladenen Behördenleiter glühten. Der erste Verdacht fiel sofort auf die Männer des Spezialeinsatzkommandos und der Einsatzhundertschaft, aber welch Wunder, niemand hatte etwas gesehen oder gehört. Doch diesmal verpuffte die Empörung in den endlosen Fluren der Behörden nicht folgenlos. Denn das Landgericht sagte das beliebte und immer gut besuchte Behördenfest für das nächste Jahr ab. Es dauerte eine Zeit, bis es schließlich gelang, etwas Vergleichbares auf die Beine zu stellen. Da sämtliche Behörden sich aber rundweg weigerten, ihre Räumlichkeiten zur Verfügung zu stellen, wurde ein größeres Gastronomieobjekt für die Feierlichkeiten angemietet. Die Jungs zogen Uwe noch heute nur zu gerne damit auf, dass er der Auslöser für den erzwungenen Ortswechsel gewesen war.

Heute war es wieder einmal so weit, die vier Freunde trafen sich und hatten ihre Dienstpläne so eingeteilt, dass morgen ein freier Tag auf sie wartete. Heute konnte also getrunken werden. Nach dem Austausch von ersten Frotzeleien und den neuesten Sexeskapaden wechselte das Gesprächsthema auf die Hells Angels, das hohe Einsatzaufkommen in diesem Bereich und die mediale Berichterstattung. Uwe verfügte als SEK-Mitglied und durch seine guten Verbindungen zu Spezialeinheiten in Niedersachsen über sehr fundierte Kenntnisse in diesem Bereich.

»Im Landeskriminalamt ist die Hölle los, die kennen nur noch ein Thema: Hells Angels, Hells Angels und Frank H. Sämtliche Manpower und Budgets werden in diesen Bereich geworfen. Man könnte fast meinen, dass einige Landeskriminalämter schlichtweg die Existenz der italienischen oder russischen Mafia verleugnen. Auch islamistische Gefährder mit Al-Qaida-Kontakten in Deutschland und kriminelle türkisch-arabische Familienclans scheinen für sie nicht mehr vorhanden zu sein. Auf den Gängen dominiert ein Thema jegliche andere polizeiliche Arbeit. Der derzeitig einzig intensiv verfolgte Auftrag scheint es zu sein, den größten und mächtigsten Charter Deutschlands und auch mittlerweile weltweit, den Hells Angels Motorcycle Club Hannover, zu zerschlagen. Dazu gehört, Nachweise und gerichtsfeste Beweise über eine Betätigung und Straftaten des Hannoveraner Charters im Bereich der organisierten Kriminalität zu sammeln, was letztlich zur Überführung, Inhaftierung und Verurteilung der führenden Member, insbesondere des Präsidenten Frank H., führen soll. Der Fokus der Ermittlungen liegt dabei auf einer Offenlegung der vermuteten Verbindungen der Hells Angels Hannover zur organisierten Kriminalität (OK). Dies wäre der erste Schritt für eine Verurteilung einzelner Mitglieder des Charters nach § 129 Strafgesetzbuch: Bildung einer kriminellen Vereinigung. Sollten Schuldsprüche nach diesem Paragrafen gelingen, würde dies die Voraussetzung für ein Clubverbot durch die Landesinnenminister deutlich erhöhen.

Ihr wisst ja, wie es sich gehört, gibt es auch für den OK-Bereich in Deutschland eine genaue Definition gemäß der gemeinsamen Arbeitsgruppe Justiz/Polizei von 1990. Mal schauen, ob ich die noch hinbekomme. Organisierte Kriminalität ist die von Gewinn- und/oder Machtstreben bestimmte planmäßige Begehung von Straftaten, die einzeln oder in ihrer Gesamtheit von erheblicher Bedeutung sind, wenn mehr als zwei Beteiligte auf längere oder unbestimmte Dauer arbeitsteilig unter Verwendung gewerblicher oder geschäftsähnlicher Strukturen, unter Anwendung von Gewalt oder anderer zur Einschüchterung geeigneter Mittel oder unter Einflussnahme auf Politik, Massenmedien, öffentliche Verwaltung, Justiz oder Wirtschaft zusammenwirken.

Im direkten Gespräch machen die Jungs vom LKA keinen Hehl mehr aus ihren Vorgaben. Dieses Verbrechen sollte im besten Fall auf dem Haftbefehl von Frank H. stehen!«

»Sie fordern also seinen Kopf!«, warf Christian ein.

»Genau. Der Hannoveraner Präsident ist zu einem Symbol herangewachsen. Zu einem Symbol von organisierter Kriminalität, Macht und Einfluss. Diese Machtstellung hat sich der ehemalige Profiboxer zielstrebig, planvoll und mit aller ihm zur Verfügung stehenden Gewalt bereits seit den 90er-Jahren aufgebaut. Er hat sich durch nichts abschrecken lassen, weder durch Herausforderungen und Drohungen seiner Rivalen noch durch staatliche Repressionen. 2001 rückte ihn die Staatsanwaltschaft Hamburg bereits mit einer Anklage in die Nähe der organisierten Kriminalität. Die Justizbehörden warfen ihm damals vor, die Übernahme von Bordellen und Amüsierbetrieben auf der Hamburger Reeperbahn betrieben zu haben. Der Anklagevertreter forderte eine erhebliche Haftstrafe und die Abschöpfung von 850 000 Euro illegaler Bordellgewinne. Am Ende reichten aber die Beweise nicht aus. Sein Staranwalt Götz v. F. handelte einen Deal aus. Das heißt im Klartext: Nach einer Geldzahlung an die Staatskasse stellte die Justiz das Verfahren ein. Nur einmal reichten bisher die Beweise. Ende 2001 verurteilte das Landgericht Hannover Frank H. wegen gefährlicher Körperverletzung zu dreieinhalb Jahren Haft. Bei internen Streitigkeiten hatte er einen Hells Angel seines eigenen Charters verprügelt und lebensgefährlich verletzt.«

»Ich hab von der Geschichte gehört ...«

»Beim Boxtraining?«, unterbrach ihn Uwe schmunzelnd.

»Ja, wo sonst!? Es betraf ein Hells Angels (HA) Member, das selbst mehrere Puffs besitzen soll. Es soll ein Typ mit ziemlich großer Klappe sein. Er nervte den Big Boss wohl so penetrant, dass dieser ihm eine ordentliche Abreibung verpasst hat.«

»Abreibung? Na ja, der Typ war reif für die Intensivstation und hat die Schläge wohl nur wegen seiner robusten körperlichen Konstitution überlebt. Immerhin war er selbst Bodybuilder und Karatemeister.

Diese unverhoffte Gelegenheit ließ sich die Staatsmacht natürlich nicht entgehen, das Strafmaß war hart und hoch. Es sollte den Rockerboss abschrecken und vor Augen führen, dass auch ihm lange Gefängnisstrafen drohen, wenn er seinen eingeschlagenen Weg weiterführen sollte.

Aber was ist danach geschehen? Hat er sich dadurch beeindruckt gezeigt oder geläutert? Hat er öffentliche, pressewirksame Auftritte vermieden? Mitnichten. Er hat seine Gefängnisstrafe abgesessen und dann mit gestiegener Reputation in der Szene dort weitergemacht, wo er aufgehört hatte. Er hat seine Macht weiter ausgedehnt und noch verfestigt. Als der Rockerkrieg in Deutschland zwischen den Bandidos MC und den Hells Angels MC in den letzten Jahren eskalierte und Tote auf beiden Seiten zu beklagen waren, gewährte er zahlreichen Reportern sogar Interviews.

Als ob das Gewaltmonopol des Staates für ihn und seine Jungs nicht existierte, inszenierte er einen Friedensgipfel mit dem Bandidos-MC-Chef Peter M. Von Dutzenden Fernsehkameras in alle Wohnzimmer der Republik übertragen, demonstrierte er der Öffentlichkeit und dem Staat, wer wieder Ruhe und Ordnung auf Deutschlands Straßen herstellte. Nicht die Polizei, sondern die Rocker selbst. Die Höllenengel annektierten offiziell das staatliche Gewaltmonopol und brachten diese Kampfansage live auf die Flachbildschirme der Nation. Eine Blamage, ja eine Demütigung für den Staat und seine Ermittlungsbehörden. Er forderte den Staat mit diesem Verhalten regelrecht heraus. Er erzwang geradezu eine Reaktion, einen öffentlichen Gegenstoß. Frank H. wurde auf diese Weise auch zum Symbol eines schwachen, eines scheinbar wehrlosen Staates. Die Innenminister der Länder ließen dies natürlich nicht lange auf sich sitzen. Sie waren es leid, bei Pressekonferenzen von Journalisten vorgeführt und der Untätigkeit bezichtigt zu werden. Erst versteckten die höflicherweise diese Vorwürfe noch zwischen den Zeilen, aber nach der Häufung der Vorkommnisse und der Schwere der Straftaten nahm die Journaille keinerlei Rücksicht mehr.«

Christian: »Ja, ja die liebe Presse ...«

Uwe: »Die Minister reagierten so, wie Politiker immer reagieren. Sie reichten den Ärger und Druck an ihre Behördenleiter weiter und die wiederum an ihre Untergebenen. Gleichzeitig wurde der polizeiliche Fokus neu ausgerichtet und das Budget in die gewünschten Bereiche umgelenkt. Personal, Logistik und finanzielle Ressourcen, um gegen Outlaw Motorcycle Gangs (OMCGs) vorzugehen, standen nun in ausreichendem Maß zur Verfügung. In Deutschland rechnet man den OMCGs vier Motorradclubs zu: Hells Angels, Bandidos, Gremium und Outlaws. Unsere Arbeitgeber werfen diesen Vereinigungen vor, sich bewusst außerhalb der Gesetze zu bewegen. Laut Interpol (International Criminal Police Organization) gehören die OMCGs zu den gefährlichsten und am schnellsten expandierenden Banden innerhalb der weltweit agierenden organisierten Kriminalität. Interpol mit Sitz im französischen Lyon bringt diese Rockergruppierungen mit dem halben Strafgesetzbuch in Verbindung: Prostitution, Drogen, Schutzgeld, Glücksspiel, Menschen- und Waffenhandel. Aus diesem Grund häufen sich die Einsätze in diesem Bereich. Und die Politik fordert endlich Ergebnisse. Interpol hat auch auf die Parallelen zwischen der heutigen Situation in Deutschland und dem skandinavischen Rockerkrieg Mitte der 90er-Jahre Jahre in Dänemark, Schweden und Finnland hingewiesen. Der Kampf über die kriminelle Vorherrschaft im Rockermilieu wurde bis nach Norwegen ausgefochten.

Die Hells Angels herrschten seit der Gründung ihres ersten Charters am Neujahrsabend 1980 in Kopenhagen über Dänemark. Mit der internationalen

Bruderschaft im Rücken stellten sie die bereits bestehenden Rockerclubs getreu ihrer Devise ›We are the best – fuck the rest‹ vor die Wahl: unterordnen, auflösen oder gegebenenfalls eine Aufnahme bei den Höllenengel. Die Hells Angels wuchsen daraufhin rasant und bauten ihre Monopolstellung in ganz Skandinavien aus. Bis 1993 die rot-weiße Welt einen herben Dämpfer erhielt. Denn der Motorcycle Club Morticans und die Angels, die über viele Jahre freundschaftlich verbunden gewesen waren, verkrachten sich. Aber nicht nur das, die einstigen Weggefährten knüpften Kontakte zu dem damals einzigen in Europa existierenden Chapter des Bandidos MC in Marseille, des ewigen weltweiten Rivalen. Kurze Zeit später kam es zum Patchover, und sie traten nun als Bandidos MC Denmark in Erscheinung.

Doch für zwei internationale Bruderschaften, die nach Macht, Einfluss und Geld strebten, schien selbst ganz Skandinavien zu klein zu sein. Der Krieg begann in Schweden. Ein starker etablierter Club, der Morbids MC, stand ebenfalls kurz vor dem Wechsel zu den Bandidos. Dies versuchten die Hells Angels MC Sweden jedoch mit allen Mitteln zu verhindern. Die ersten Schüsse fielen dann im Januar 1994 auf das Vereinshaus des abtrünnigen MC. Es folgten zahllose Schießereien mit Toten und Verwundeten auf beiden Seiten. Maschinengewehre und Panzerabwehrraketen kamen zum Einsatz, und es wurden auch Bombenanschläge auf Vereinsheime, Bars und Autos der Rocker verübt. Der Rockerkrieg reichte sogar bis in die Staatsgefängnisse. Einem inhaftierten Bandido wurde eine Handgranate in die Zelle geworfen, er überlebte nur schwer verletzt. 1997 schossen Unbekannte mit einer Panzerabwehrrakete vom gegenüberliegenden Dach eines Mietshauses ebenfalls in die Zelle eines Bandidos in Dänemark. Die Antwort ließ nicht lange auf sich warten, denn ein Clubhaus der Hells Angels wurde Ziel eines Raketenanschlages.

Erst als der polizeiliche Ermittlungsdruck immer weiter anstieg, schlossen beide Seiten öffentlich wirksam Frieden. Nachdem der Pulverdampf verflogen war, wurde Bilanz gezogen. Es waren elf Tote und 96 Verwundete zu beklagen. Durch Vermittlung eines in der Szene verwurzelten Rechtsanwaltes reichten sich die verfeindeten Präsidenten beider Clubs schließlich vor den Fernsehstationen Skandinaviens symbolträchtig die Hände. Kommt euch dieses Prozedere nicht bekannt vor?«

Christian: »Ja, die Parallelen springen einem geradezu ins Auge, obwohl in Deutschland selbst Rocker zivilisierter Krieg führen. Auf Bombenanschläge und Panzerabwehrraketen verzichteten Hells Angels und Bandidos bisher, aber Tote gab es ja durchaus auch schon zu beklagen. Was mich an dieser medialen Inszenierung wunderte, war die Selbstverständlichkeit, mit der die Mitwirkenden vorgaben, einen deutschlandweiten Rockerfrieden beschließen zu können. Sonst achtet jedes Charter und Chapter penibel darauf, als eine völlig autarke, autonome Einheit zu fungieren. In Interviews führender Köpfe sprechen diese bei kriminellen Handlungen von Mitgliedern stets von Einzeltaten und der Eigenständigkeit der 48 deutschen Hells Angels Charter – von denen zurzeit fünf mit einer Verbotsverfügung der Innenbehörden belegt sind. Wie passt das zusammen? Wie kann der Hannoveraner Präsident, auch wenn dieser das weltweit zahlenmäßig stärkste Charter anführt, das nach Quellen des LKA inzwischen über 60 bis 70 Vollmitglieder verfügt, für das ganze Land einen Frieden verkünden? Bedeutet dies im Umkehrschluss nicht auch, er könnte jederzeit einen landesweiten neuen Rockerkrieg ausrufen? Diese gemeinsame Willens- und Interessenvertretung aller deutschen Höllenengel in der Kanzlei seines Haus- und Hofanwalts deutet doch auf eine streng hierarchische bundesweite Organisationsstruktur der Rocker hin. Eine Organisationsform, die aber stets bestritten und scharf dementiert wird. Den taktisch denkenden und agierenden Rockerführern ist bewusst, wie heikel und gefährlich ein staatlicher Beweis dieses Umstandes wäre. Es würde den Strafverfolgungsbehörden nämlich eine Reihe von gravierenden Maßnahmen ermöglichen. Maßnahmen, die schon seit geraumer Zeit verdeckt vorbereitet werden und trotz aller juristischen Hürden in ein bundesweites Verbot der Bruderschaft münden könnten. Dieser Auftritt in Hannover würde dann sicherlich auch als ein entscheidender Beleg für eine landesweite Struktur der Rocker dienen.

Noch scheut der Staat den Gang nach Karlsruhe und das Risiko eines blamablen Scheiterns so wie im Fall des NPD-Verbotsverfahrens. Aber was genau hält ihn davon noch ab? Verfügen LKA und weitere Dienststellen mittlerweile vielleicht über so viele V-Männer in der Rockerwelt, die sie nicht gefährden und offenlegen wollen?

Interessant wäre dieses Verfahren auf jeden Fall, dann würden alle Ermittlungen und Erkenntnisse über die Hells Angels auf dem Richtertisch des Bundesverfassungsgerichts liegen, und das wäre bestimmt eine beeindruckende Sammlung.

Der Kampf um Macht und Geld würde von Deutschlands Straßen in den Gerichtssaal getragen werden. Den Ausgang dieser Konfrontation zwischen den Rockern und dem Staat entschieden nicht mehr Schusswaffen, Messer und tätowierte Muskelberge, sondern Rechtsanwälte und Juristen. Und egal, wie die juristische Auseinandersetzung ausgehen würde, auch wenn sie Jahre dauern und viel Geld kosten würde, für diese Zeit dürfte in den Rotlichtbezirken der Großstädte Ruhe herrschen. Vielleicht wäre das der Anfang vom Ende der Macht der Rocker.«

»Ich glaube eher, dass das Gegenteil eintreten würde«, bemerkte Christian. »Verteilungskämpfe und neue Gruppierungen würden die Amüsierviertel der Städte überfluten. Viertel, die größtenteils befriedet und aufgeteilt sind und gut funktionieren. Die Folgen könnten dann drastischer sein als die des bisherigen Rockerkriegs. Denn bei aller archaischen Gewalt, die unter den Rockern herrscht, bis jetzt trafen die Gewaltakte nur ihr eigenes Milieu oder in Einzelfällen einschreitenden Polizisten. Unbeteiligte, Frauen und Kinder waren meines Wissens noch nicht unter den Verletzten. Wer weiß, ob dies so bliebe, wenn neue Banden – welche auch immer – in das entstehende Machtvakuum stießen. Schlimmer kann es schließlich immer werden.

Man sollte ferner auf keinen Fall vergessen, dass auch eine Polizeibehörde jeden Euro nur einmal zur Verfügung hat. Das LKA und andere Dienststellen erhalten ja keinesfalls mehr Geld und Personal, es erfolgt lediglich eine Umschichtung. Die jetzt drei- und vierfach erhöhten Anstrengungen im Rockermilieu fallen dann in anderen Bereichen ganz weg.«

Markus schaltete sich in die Diskussion ein: »Genau die Gefahr, dass an anderen Stellen zu wenig Mittel und Personal zur Verfügung stehen, sehe ich auch. Im Rauschgiftdezernat landet man, wenn es um größere Mengen und mafiöse Strukturen geht, fast ausschließlich bei türkisch-arabischen Familienclans. Da existiert dieser kurdisch-libanesische Miri-Clan. 15 000 Angehörige sind in den Achtzigerjahren aus dem Südosten der Türkei als vermeintliche Bürgerkriegsflüchtlinge aus dem Libanon nach Deutschland eingewandert. Nicht jedoch, bevor sie ihre Pässe weggeschmissen und sich neue Identitäten erschlichen hatten. Die leben jetzt hauptsächlich in Bremen, Berlin und Essen von staatlichen Transferleistungen und kriminellen Aktivitäten. Allein von den 2600 in Bremen lebenden Miris liefen schon gegen 1200 polizeiliche Ermittlungen. Darunter fallen auch fast 70 Intensivtäter, die es auf über 100 bis 120 Straftaten bringen – pro Person. Der Clan steht außerdem hinter der Gründung des Chapters der Mongols MC in Bremen und positioniert sich damit in direkter Konkurrenz zu dem schon bestehenden Charter der Hells Angels.

Das Rauschgiftdezernat schätzt, dass diese Sippe, die den Bremer Rauschgiftmarkt beherrscht, allein damit einen Jahresumsatz von 50 Millionen Euro erzielt. Ein Bremer Kollege erzählte mir, dass sich die Herren überwiegend in hoch motorisierten Sportwagen fortbewegen, obwohl sie sämtliche Sozialleistungen, welche die unterschiedlichen Behörden offerieren, kassieren: Wohngeld, Heizungs- und Bekleidungszuschüsse und Kindergeld für 800 Clan-Kinder. Ihre Rechtsanwälte zuzüglich der erforderlichen Dolmetscher werden selbstverständlich auch vom deutschen Steuerzahler bezahlt. Etwa zehn Millionen Euro Sozialtransfers beziehen sie so jährlich neben ihren kriminellen Geschäften ganz offiziell.«

Christian: »Genau so ist es, aber davon wollen Politik und Presse nichts wissen. Abgeschoben kann und wird so gut wie niemand von denen. Erstens gelten sie ohne Papiere als Staatenlose – mittlerweile erhalten jedoch immer mehr von ihnen die deutsche Staatsangehörigkeit –, und zweitens ist ihre wahre Identität nicht abschließend geklärt. So weigern sich die Türkei und der Libanon rundweg, diese Leute wieder zurückzunehmen, und bürgern zuweilen ihre Landsleute sogar aus, um eine Abschiebung unausführbar zu gestalten.«

Uwe:»Das verstehe ich von der Politik nicht, dass sie sich so vorführen lässt. Ich würde diesen Ländern jegliche Entwicklungshilfe, EU-Fonds und sonstigen Fördergelder streichen, so lange, bis sie ihr ganzes Kroppzeug wieder aufnehmen. Wenn diese kriminellen Ausländerclans ihre wahren Herkunftsorte verheimlichen, sollen der türkische und libanesische Staat eine Münze um sie werfen, Hauptsache, es wird endlich gehandelt. Für die deutschen Steuerzahler wäre es vermutlich sogar billiger, zwei Großknäste im Libanon und der Türkei zu bauen, als diese Clans für immer im Land zu behalten.«

Markus:»Tja, auf so ein kompromissloses Eingreifen von Politik, Staatsanwaltschaften und Sicherheitsbehörden können wir wohl in diesem Bereich der Kriminalität vergebens warten. Nachdem die Bremer Lokalpresse sich mehrfach über die Zustände in ihrer Stadt beschwert hat, hat der SPD-Innensenator jetzt vier Polizisten abgestellt, die das Vorgehen gegen die Sippe koordinieren sollen. Vier!

Man stelle sich mal die Reaktion von Politik und Polizeiführung vor, wenn das Bremer Charter der Angels West Side nicht über rund 35 Mitglieder verfügen würde, sondern über 1200! Wahrscheinlich würden dann deutsche Politiker nicht planen, 200 Leopard-2-Kampfpanzer nach Saudi-Arabien zu exportieren, sondern diese in den Straßen Bremens patrouillieren und an strategischen Punkten Position beziehen lassen.«

Christian:»Das muss man sich mal auf der Zunge zergehen lassen, vier Sachbearbeiter für 1200 erfasste Straftäter und einen klar zu beziffernden Schaden von über 60 Millionen Euro. Dabei verfügt der kriminelle Miri-Clan allein in Bremen über mehr Mitglieder als die Hells Angels deutschlandweit. Das Bundeskriminalamt spricht von insgesamt 1060 Höllenengeln. Bei den Miris kommen noch einmal 12 500 Angehörige in Berlin und Essen dazu. Die Hells Angels schaffen es jede Woche auf die Titelseiten der

Republik, aber unsere kriminellen Einwanderer sind da deutlich unterre-
präsentiert, oder?«

Markus: »Ich bin mal über ein, zwei gut recherchierte Berichte auf Spiegel
Online und Stern TV gestolpert, dazu einige lokale Berichterstattungen, das
war's. Ansonsten findet darüber in der Öffentlichkeit kaum eine Diskussion
statt. Die Politiker, besonders die Sozis, ducken sich bei diesem Thema weg.

Die Innen- und Sicherheitspolitiker sind dafür zu beschäftigt, sie scheinen
einen Wettbewerb miteinander auszutragen, wer die meisten und größten
Schlagzeilen zum Rockerkrieg produziert. Das Thema schaffte es sogar bis zu
einem Tagesordnungspunkt auf der Innenministerkonferenz. Der Innenminister von Schleswig-Holstein scheint augenblicklich im Rennen vorne zu
liegen, denn als er zum Agieren der Hells Angels befragt wurde, antwortete
er: ›Rockergruppen sind eine Gefahr für die Demokratie.‹

Dazu fällt einem doch nichts mehr ein. Nicht, dass wir uns falsch verstehen,
dies ist keine Forderung nach Amnestie für Hells-Angels-Straftäter und -Sup-
porter. Meiner Meinung nach gehören Teile der Angels durchaus zur organisierten Kriminalität. Und ihre Straftaten müssen verfolgt, aufgeklärt und,
wenn sie bewiesen werden, abgeurteilt werden. Eine Unschuldsvermutung
scheint es mir jedoch nur noch bei Tätern mit Migrationshintergrund zu
geben.«

Ein zustimmendes Grummeln brandete über den Tisch, die Bierflaschen
klirrten, und die zweite Runde Wodka wurde geordert. Die Jungs waren sich
in ihrer teilweisen Sympathie für die Hells Angels einig, explizit für das Hannoveraner Charter. Dies stellte allerdings ihre Privatmeinung dar, die sich
auch Polizisten leisten. Ihre Beweggründe beruhten dabei hauptsächlich auf
pragmatischen und rationalen Überlegungen. Prostitution ist nicht grundlos
das älteste Gewerbe der Welt. Und solange ein Rotlichtmilieu existiert, werden auch breitschultrige, tatkräftige Jungs vonnöten sind, die die Damen
beschützen und zudringliche Verehrer zurechtweisen. Türsteher werden
immer die Türen von Bars, Strip-Lokalen, Bordellen und Discotheken bewa-

chen und Gewehr bei Fuß stehen, wenn Fremdlinge in ihrem Revier wildern und sich etwas von ihrem Kuchen aneignen und somit ihren eigenen Verdienst schmälern wollen.

All dies wird es auch in der Zukunft geben, genauso wie den Wunsch nach der Berauschtheit, der Flucht aus dem Alltag und einer nicht enden wollenden Party. Der stetige Vorwurf des Drogenhandels, genauer Marihuana- und Kokainhandels, verfolgt die Angels seit Jahren beinah über den gesamten Erdball. Aber ist es realistisch, über eine Welt ohne Drogen in der Zukunft zu sinnieren? Wohl sicher nicht, vielmehr prophezeien die meisten Experten einen stetigen Anstieg des Drogenkonsums in den kommenden Jahren.

Wer kann schon die Entwicklung der nächsten zehn Jahre voraussehen, wer weiß, wie erfindungsreich und verzweifelt finanziell klamme Politiker nach neuen Steuern suchen werden? Vielleicht nimmt sich Deutschland ja bald ein Beispiel an Kalifornien – für sich genommen die achtgrößte Volkswirtschaft der Welt. Der Sonnenstaat steht knapp vor dem finanziellen Bankrott und diskutiert seit Längerem über eine Legalisierung von Marihuana. Die erste Volksabstimmung scheiterte knapp im November 2010, aber dies wird vermutlich nicht der letzte Anlauf bleiben. Der nun nach zwei Amtszeiten aus dem Amt geschiedene Gouverneur Arnold Schwarzenegger wollte aber nicht etwa seinen kalifornischen Wählern das Recht auf Rausch zusprechen, es ging dabei schlichtweg ums Geld. Der kalifornische Staat wollte den Marihuanahandel staatlich reglementieren und besteuern.

That's it. The American Way of Life.

Gleichzeitig wären durch die Freigabe von Marihuana viele Ressourcen bei allen Strafverfolgungsbehörden frei für die Verfolgung von gravierenderen Straftaten. Obendrein würde der kalifornische Steuerzahler eine Menge Geld sparen durch weniger kostspielige Inhaftierungen überführter Drogenhändler.

Verfolgt man diese Gedankengänge konsequent weiter, erscheint die nächste Überlegung gar nicht so abwegig. 2020 steht in Deutschland aufgrund von

Rekordverschuldung, Euro-Krise und demografischer Entwicklung eine weitere drastische Steuererhöhung an. Der Mehrwertsteuersatz liegt dann bereits bei 26 Prozent. Alle noch vor wenigen Jahren abwegig belächelten Steuern sind längst erhoben und werden unnachgiebig, mit deutscher Gründlichkeit, eingetrieben. Die Pharmaindustrie drückt mithilfe ihrer zahlungskräftigen Lobby einen Vorschlag durch und verspricht im Gegenzug Tausende neuer Arbeitsstellen und ein hohes neuartiges Steueraufkommen. Die Politik knickt ein und verkündet völlig überraschend die Legalisierung von Marihuana und Kokain, gesetzlich reglementiert, kontrolliert und hoch besteuert. Deutsche und internationale Pharmafirmen reagieren schnell und professionell auf die neue Gesetzeslage und holen die seit fünf Jahren fertigen Konzepte aus ihren Schubläden. Sie richten neben Apotheken extra gesicherte Räume ein, wo die Industrie ihre perfekt gestylte Ware anbietet. In angrenzenden Lounges, hip designt und hochwertig eingerichtet von den angesagtesten Architekten, konsumiert der Käufer dann sogleich seine erworbene Ware.

Pfizer, Novartis und Bayer teilen sich nach nur einem Jahr den größten Teil des deutschen Marktes, aber auch die Lebensmittelindustrie lässt sich dieses Milliardenbusiness nicht entgehen. Coca-Cola besinnt sich auf das Ursprungsprodukt und bringt eine eigene Kokainmarke ›Taste it‹ auf den Markt, Tchibo den ›Zauber Kolumbiens‹ und auch die Hells Angels sind mit der eigenen Marke ›Spirit of the Streets‹ vertreten.

Pablo Escobar, der Boss des größten kolumbianischen Drogenkartells, war schon in den 80er-Jahren felsenfest von einer zukünftigen Freigabe und Besteuerung von Kokain überzeugt. Für ihn war es geradezu zwingend logisch, dass die US-Regierung zukünftig nicht mehr die Möglichkeit ungenutzt vorüberziehen lassen würde, viele Milliarden Dollar zu verdienen, und dieses Geschäft weiterhin Männern wie ihm überlassen würde.

Auch wenn sich bei diesen Gedankenspielen das normale Rechtsempfinden sträubt, wäre es vielleicht einen Versuch wert. Denn obwohl Tonnen von Drogen beschlagnahmt werden, ändert dies nichts an der Verfügbarkeit dieser Substanzen in Deutschlands Großstädten – jeden Tag aufs Neue. Oder hat jemand schon einmal einen Drogensüchtigen sagen hören: ›Ich habe damit aufgehört, weil Drogen so schwer zu beschaffen sind und der Markt oftmals über Wochen leer gefegt ist.‹«

Nein, die Beschlagnahmungen von Großlieferungen, die gelegentlich hochgerüsteten Rauschgift-Kommissariaten gelingt, hat, wenn überhaupt, einen marginalen Einfluss auf den Straßenverkaufspreis des Stoffes, mehr nicht. Den Nachschub von Drogen und die Verfügbarkeit auf Dauer zu unterbindens gelingt keiner Polizeidienststelle der Welt.

Außerdem hat die Prohibition von Alkohol in den Vereinigten Staaten in den 1920er- und 1930er-Jahren den Aufstieg der organisierten Kriminalität, nicht zuletzt der amerikanischen Cosa Nostra, erst entscheidend ermöglicht. Diese baute mithilfe des erwirtschafteten Schwarzgeldes ein Imperium auf, dessen gewachsene Strukturen jeglichen Verfolgungsdruck überstanden.

Ist es in Deutschland vielleicht bereits zu spät, gewachsene Strukturen der organisierten Kriminalität auf Dauer zu zerstören?

Solche Reflexionen verscheuchen Polizisten gern aus ihren Köpfen. Denn wer will sich schon eingestehen, dass sein täglicher Kampf gegen Windmühlen nichts, aber auch gar nichts an den Zuständen seiner Stadt oder seines Landes ändert. Wenn Männern oder ganzen Gruppierungen Straftaten in diesem Bereich nachgewiesen werden und diese für die nächsten Jahre hinter schwedische Gardinen wandern, dann stehen nachrückende Gruppen und Clans schon bereit. Wirklich ändern würde sich nichts, wahrscheinlich gäbe es nur einen Verteilungskampf konkurrierender Banden. Das Geld würde einfach in andere Taschen fließen.

Aufgrund dieser Überlegungen leisteten sich Christian und einige Polizisten den patriotischen Luxus, dieses Geld eher deutschen Rockern zu gönnen, als es bei mafiösen Banden im Ausland versickern zu sehen. Diese Einstellung war aber nicht so stark ausgeprägt, dass es Auswirkungen auf ihre Arbeit, ihre Aufträge gehabt hätte. Dazu waren sie dann doch zu sehr Polizeibeamte.

Ob durch ihre polizeilichen Tätigkeiten kriminelle Höllenengel ins Gefängnis wanderten, war zwar bereits entschieden, doch davon ahnte die feuchtfröhliche Männerrunde noch nichts.

Die Affinität Christians und seiner Freunde zu dem Hannoveraner Charter der Hells Angels beruhte größtenteils auf eigenen Erfahrungen. In den 90er-Jahren waren sie gelegentlich im Hannoveraner Rotlichtviertel unterwegs gewesen, bei Junggesellenabschieden, Geburtstagsfeiern oder Männerwochenenden. Was junge Polizisten im Rudel halt so unternehmen.

Am Anfang herrschte im Steintorviertel noch ein verrufener und gefürchteter Albanerclan. Es gab Schießereien, und auch so manches Messer saß viel zu locker in der Hand. Man sah auf der Straße Prostituierte, die eine Backpfeife einstecken mussten, und einige traf es deutlich schlimmer. Entweder arbeiteten sie nicht an dem ihnen zugewiesenen Platz, oder das verdiente Geld erreichte noch nicht das eingeforderte Tagespensum. In den 90er-Jahren setzte sich dann Frank H. mit seinem damaligen Rockerclub, den Bones MC, gegen die albanische Konkurrenz durch. Er verdrängte den Clan und befriedete Schritt für Schritt die Rotlichtmeile.

Der Übertritt von annähernd 250 Bones-Rockern – dem damals bedrohlichsten Motorradclub Deutschlands – im November 1999 zum globalen Hells-Angels-Netzwerk soll maßgeblich durch Frank H. und das bereits existierende Stuttgarter Hells Angels Charter eingefädelt worden sein. Mit der weltweit größten und gefürchtetsten Rockergang im Rücken zementierte er seine Führungs- und Machtposition in Hannover und darüber hinaus.

Von all dem Treiben hinter den Kulissen bekamen Christian und seine Jungs nicht viel mit. Sie registrierten allerdings die sichtbaren Veränderungen. Die düster dreinblickenden fremdländischen Gestalten verschwanden nach und nach an den Türen der Etablissements, und aus den dunklen Hinterzimmern drang kein babylonisches Sprachwirrwarr mehr, die neuen Herren sprachen Deutsch. Die Bars, Tabledance-Läden, Discotheken und Bordelle wurden renoviert und professioneller gemanagt. Krawalle, Messerstechereien und Schlägereien verschwanden fast vollständig von der Straße.

Christian war nicht realitätsfremd, natürlich wusste er, dass im Hintergrund noch gewalttätige Auseinandersetzungen erfolgten und die Prostituierten genauso viel abdrücken mussten wie vorher. Aber auf den ersten Blick herrschte Ordnung. Aus dem einstigen zwielichtigen Rotlichtviertel war schrittweise eine Partymeile geworden, die mittlerweile wie ihr Vorbild, die Hamburger Reeperbahn, zu einem regelrechten Publikumsmagneten geworden war.

Auch Hannoveraner Polizisten bestätigten den positiven Wandel des Polizeibezirks Hannover-Mitte, des Steintorviertels, was aber nicht darüber hinwegtäuschen sollte, dass ein Großteil des Geldes weiterhin mit Prostitution, Drogen, Glücksspiel und Schutzgeld verdient wurde. Und bei aller Sympathie, eine Straftat würde immer eine Straftat bleiben. Wie aber sollten sich Polizisten in einer zugespitzten Situation verhalten? Wegschauen oder gar eine Straftat vertuschen?

Uwe: »Habt ihr schon von den armen Schweinen gehört, die sie in Hessen erwischt haben? Fünf Kollegen sollen die Angels mit Informationen versorgt haben als Gegenleistung für Geld, Kokain und Nutten.«

Markus widersprach: »Da kann ich nur begrenzt Mitleid empfinden. Eine Plauderei im Falle von persönlicher Sympathie kann ich ja noch nachvollziehen, wer aber Internes gegen Geld verrät, der braucht sich über die Konsequenzen nicht zu beschweren.«

Uwe: »Ja, aber solche Situationen entstehen doch meist ganz unverfänglich über Jahre hinweg. Man trainiert im gleichen Fitnessstudio, verkehrt in den gleichen Bars, Discos oder meinetwegen auch Puffs. Man kennt sich, man grüßt sich, nächstes Mal prostet man sich über die Theke zu, und zum Schluss trinkt man einen zusammen. Und irgendwann dann, nachts um zwei, mit einigen Drinks intus, wird die entscheidende Frage gestellt. ›Hast du mal was über XY gehört?‹ Schon hängt man am Haken, wird weiter hofiert oder hat sich schlimmstenfalls erpressbar gemacht.«

Markus:»Na, Herr Spezialeinsatzkommando, das hört sich aber alles sehr realistisch an, wurde unser Kollege vielleicht schon mal Adressat eines Anwerbungsversuches? Genug zu erzählen hättest du ja bei deinen zahlreichen Einsätzen gegen die Angels.«

»Nein, ich nicht, aber wie ihr wisst, Polizisten brauchen immer Geld, gerade nach einer Scheidung, also bestimmt jeder Zweite«, bemerkte Uwe mit einem breiten Grinsen in die Runde.»Diverse Jungs unseres Kommandos verdienen sich, ohne Wissen der Dienststelle, als Türsteher oder Bodyguards etwas dazu. Entweder auf die Lohnsteuerkarte der Frau oder direkt in die Tasche. Aber wenn du heute als Türsteher arbeitest, dann kommst du zwangsläufig mit Hells-Angels-Mitgliedern in Kontakt, so dominant sind die in diesem Bereich geworden.«

Christian:»Wie viele Einsätze gegen die Angels sind bei dir schon angefallen?«

Uwe:»Ach, ein halbes Dutzend bestimmt. Die ersten Zugriffe waren noch interessant und polizeilich unerlässlich. Nicht so wie heute, wo Spezialeinheiten und Hundertschaften von der Polizeiführung und der Politik missbraucht werden, um der Öffentlichkeit und Presse Handlungsstärke und Entschlossenheit zu demonstrieren. Eine halbwegs bedeutende Schlägerei reicht ja schon aus, um einen länderübergreifenden Großeinsatz mit Hunderten Beamten und Spezialeinheiten auszulösen. Man fühlt sich wie ein Bauernopfer, das in einer publikumswirksamen Inszenierung hin und her geschoben wird mit dem Ziel zu zeigen, wer der konsequenteste Rockerverfolger Deutschlands ist.

Razzien in Hells-Angels-Vereinsheimen sind bei allen unbeliebt. Man weiß von vornherein, dass eine Durchsuchung dort ergebnislos verlaufen wird. Die Rocker haben sich längst auf die härtere Gangart des Staates eingestellt und rechnen mit solchen Aktionen. Das Einzige, was dort noch zu finden ist, sind vielleicht ein paar Joints und einige Schlagwaffen, die aber niemandem zugeordnet werden können. Aber Hauptsache, die Politik kann durch diesen nutzlosen Aktionismus der Bevölkerung ein höheres Sicherheitsgefühl suggerieren, und ganz zufällig stehen dann morgens um sechs zwei Kamerateams und Pressefotografen neben den Vereinsheimen und transportieren die Bilder des entschlossenen Polizeieinsatzes in die Republik. Diese Einsätze sind echt lästig, und niemand hat darauf mehr Bock.«

Christian: »Hat sich nicht einer deiner ersten Einsätze gegen das Charter der Hells Angels in Düsseldorf gerichtet?«

Uwe: »Ja, da war ich noch aufgeregt und eine richtige Heißkiste. Neben meinem Kommando waren noch zwei weitere Spezialeinsatzkommandos beteiligt, dazu zig Einsatzhundertschaften, insgesamt 900 Polizisten. Die Razzia erfolgte zeitgleich frühmorgens in Düsseldorf, Köln, Duisburg, Essen, Wuppertal, Krefeld, Aachen, Oberhausen und weiteren Städten, dazu wurden mehrere Bordelle, eine Anwaltskanzlei und selbst Gefängniszellen von bereits inhaftierten Hells-Angels-Mitgliedern durchsucht. Ich war beim Sturm auf das Clubhaus eingesetzt. Die Rocker verfügten in Düsseldorf über ein riesiges Areal in einer Kleingartenkolonie. Das Vereinsheim glich einer Blockhütte aus dem Wilden Westen, im unmittelbaren Umkreis waren mehrere Lauben von Vereinsmitgliedern bewohnt, und zur Freizeitbeschäftigung diente ein Swimmingpool. Die Ruine einer alten Lackfabrik wurde zur Schrauberwerkstatt für Harleys umfunktioniert. Das gesamte Anwesen war mit einem stabilen Zaun und einem meterhohen Eisentor gesichert. Beim Zugriff rammte ein Panzerfahrzeug das Tor auf, und Männer eines anderen Kommandos stürmten als Erste rein und erschossen einen auf sie zurennenden Rottweiler mit einer Pumpgun. Türen wurden eingetreten und Glasscheiben zerschlagen. Was für ein Szenario! Was für ein Höllenlärm! Vier Angels schliefen im Hauptquartier und ließen sich dank der Überrumplung widerstandslos festnehmen. Insgesamt kam es zu 17 Festnahmen. Das Angels Place durchsuchte eine Hundertschaft mithilfe von Metalldetektoren und Spürhunden nach Waffen und

Rauschgift. Stunden später wurden sie fündig, halbautomatische Gewehre, eine Pumpgun und in einem Erddepot eine größere Menge Munition. Die Staatsanwaltschaft Düsseldorf warf den Hells Angels neben der Bildung einer kriminellen Vereinigung illegalen Besitz von Sprengstoff vor, zudem Raub, Drogen- und Waffenhandel. Des Weiteren die Erpressung von Schutzgeld bei Wirten und anderen Geschäftsleuten sowie das Aufdrängen von Türstehern der eigenen Sicherheitsfirma. Weiterhin soll ein Düsseldorfer Motorradhändler nach Drohungen und Schikanen zur Geschäftsaufgabe gezwungen worden sein. Dem 44-jährigen Präsidenten warfen sie zusätzlich die zweifache Vergewaltigung einer Frau vor.

Die Ergebnisse des Gerichtsverfahrens nutzte der Innenminister von Nordrhein-Westfalen, um das Düsseldorfer Charter der Hells Angels wegen Bildung einer kriminellen Vereinigung aufzulösen. Das Clubvermögen der Rocker wurde beschlagnahmt, und ihre Patches, ihre Abzeichen, wurden eingezogen. Das Verbot hat bis heute Gültigkeit, leidet nur unter einem Schönheitsfehler, der gerne unter den Tisch gekehrt wird. Das Düsseldorfer Hells Angels Charter war erst drei Wochen vor der Razzia von den Bones MC zu den Rot-Weißen gewechselt. Die Ermittlungen und die meisten Straftaten lagen schon ein Jahr zurück. Die Rocker hatten diese als Mitglieder des Bones MC begangen, nicht als Hells Angels, aber dieser Umstand schien niemanden weiter zu stören.«

Christian: »Na, man braucht kein Prophet zu sein, um bei der Berichterstattung der letzten Zeit zu erahnen, was auf die Angels in den nächsten Jahren zukommen wird. Ich habe mir mal das Positionspapier ›Rockerkriminalität‹ des Landesvorsitzenden Rheinland-Pfalz vom Bund Deutscher Kriminalbeamter zu Gemüte geführt. Der fährt wahrlich große Geschütze auf. Der fordert, eine bundesweit einheitliche Verfolgung von allen Verfahren gegen die Rocker ausschließlich von den Schwerpunktstaatsanwaltschaften ›organisierte Kriminalität‹ durchführen zu lassen. Alle Delikte sollen einer konsequenten Verfolgung unterzogen werden, ganz gleichgültig, wie langwierig, personal- und kostenintensiv sich diese gestalten. Die üblich gewordenen Absprachen zwischen Verfahrensbeteiligten, um Geld, Personal und Arbeit nicht auf Jahre zu blockieren – den Deal –, will er in diesem Bereich ganz abschaffen.

Das Verkehrsrecht will er so weit in Anspruch nehmen, dass bei allen verwendeten Motorradteilen der Rocker rückwirkend die Einhaltung der Zollbestimmungen bei der Einfuhr kontrolliert wird. Da jedes Hells Angel Charter als Verein firmiert, fordert er eine intensive steuerliche Überprüfung an, jährlich. Er verlangt eine offensive ordnungsrechtliche Kontrollwahrnehmung der Behörden aller Vereinsheime und Gaststätten, die den Rockern nahestehen. Gewerbeanmeldungen im Bereich von Sicherheitsdienst, Erotikbranche und Tattoo-Studios sollen einer hohen Kontrolldichte unterliegen. Selbst das Baurecht soll bei der bereits genehmigten Nutzung von Vereinshäusern restriktiv angewendet und überprüft werden. Gruppenmitglieder, die bereits seit Jahren legal einen Waffenschein besitzen, droht nur aufgrund ihrer Vereinszugehörigkeit eine automatische Ungeeignetheit zum Führen einer Schusswaffe. Auch beim lieben Geld hört der Eifer des wackeren Leitfadenverfassers nicht auf. ›Durch ermittlungsbegleitende und professionell durchgeführte Maßnahmen müssen die finanziellen Möglichkeiten dieser Gruppierungen und ihrer Akteure nachhaltig ausgetrocknet werden.‹«

Markus schüttelte ungläubig den Kopf. »Mann, Mann, Mann, da scheint ja jemand während seiner Arbeit über viel Zeit zu verfügen. Welcher populistische Vorschlag fällt als Nächster? Sippenhaft und Verurteilungen ohne Gerichtsprozesse? Ein individueller Schuldnachweis scheint nicht mehr vonnöten, die Clubzugehörigkeit reicht für Zuchthaus bei Brot und Wasser schon völlig aus. Fehlt nur noch, dass man Hells-Angels-Mitgliedern pauschal das Harleyfahren verbietet und deren Nachwuchs aus Kindergärten und Schulen ausschließt.«

»Du, ich glaube, so abwegig ist dies alles gar nicht«, warf Uwe ein. »Ich habe erst vor Kurzem mit einem Polizeikumpel aus Hannover telefoniert, der war außer sich. In Hannover wurde jedem Polizeibeamten nahegelegt, das Rotlichtviertel am Steintor wegen der dortigen Dominanz der Hells Angels anlässlich privater Feierlichkeiten zu meiden.«

Christian: »So weit sind wir schon gekommen, jetzt darf man als Polizist schon keine Titten-Bars oder Puffs mehr besuchen. Und das bei den vorliegenden Scheidungsraten im Polizeiapparat. Wahrscheinlich muss man sich bald auch noch jede Masturbationshandlung behördlich genehmigen lassen.«

Lautes Lachen schallte durch die Runde und verscheuchte den aufgestauten Ärger, ein Schluck gekühltes Bier half ebenfalls, gänzlich verschwinden wollte der schale Nachgeschmack jedoch nicht. Markus, der Rauschgiftermittler, ergriff wieder das Wort: »Tja, die nächsten Jahre werden für die Höllenengel kein Zuckerschlecken werden, so viel steht fest. Dieses Engagement, diese finanziellen und personellen Ressourcen würde ich mir bei der Verfolgung von türkisch-arabischen Familienclans wünschen, die den harten Rauschgiftmarkt in Deutschland seit Jahrzehnten beherrschen. Doch da herrscht Flaute, eine wirkliche, eine kompromisslose Polizeiarbeit wird dort verhindert. In Berlin dominieren sechs arabische Großfamilien den Drogenhandel, das sind libanesisch-kurdische Familien mit jeweils bis zu 500 Mitgliedern. In der Hauptstadt sind 64 000 Menschen aus Staaten der Arabischen Liga gemeldet plus über 160 000 Bewohner türkischer Abstammung. In den betroffenen Familienclans liegt die Kriminalitätsrate deutlich über jedem Vergleichswert. Obwohl die schwer kriminellen Clans überwiegend über kein geregeltes Einkommen verfügen, scheinen die Einnahmen abseits von Sozialtransfers kostspielige Autos und namhafte Berliner Strafverteidiger zu ermöglichen. Der SPD-Innensenator gibt noch zu, dass sich Teile dieser Familien durch totale Abschottung der Integration entzogen hätten, aber sein dringendster Appel richtet sich darauf, diese arabischen Familienclans nicht unter einen pauschalen Generalverdacht zu stellen.

Die Berliner Kollegen sind davon überzeugt, dass die Clans ihre Haupteinnahmen mit Drogen- und Waffenhandel, Prostitution und Schutzgelderpressung erzielen. Der spektakuläre, millionenschwere Einbruch im Luxuskaufhaus KaDeWe und der Diebstahl von Juwelen und Uhren wird genauso diesen Kreisen angelastet wie der Überfall auf das Pokerturnier im ›Grand Hyatt Hotel‹. Die dilettantischen Jungkriminellen wurden zwar bald gefasst, aber dies gilt nicht für die Hintermänner und den Großteil der 242 000-Euro-Beute, die beide in einem türkisch-arabischen Familienclan vermutet werden. Doch trotz dieser Erkenntnisse spricht sich der Innensenator im rotrot regierten Berlin gegen eine schwerpunktmäßige Bekämpfung krimineller arabischer Großfamilien aus. Die CDU-Opposition wirft ihm zwar mangelndes Problembewusstsein und Realitätsverlust vor, aber wen kümmert das?«

Christian:»Das ist echt ein Trauerspiel, aber das passiert, wenn Realität auf Politik trifft, und dann noch in einer tiefrot regierten Stadt. Man weiß ja, in welchen Teestuben und Spielhöllen die kriminellen Clans ihre Hauptquartiere aufgeschlagen haben und Tag und Nacht anzutreffen sind. Und was passiert? Gibt es regelmäßig Razzien und Kontrollen, um die Familienstrukturen zu entschlüsseln und auf Zufallsfunde von Waffen und Rauschgift zu spekulieren? Nein, gar nichts. Es ist politisch nicht gewollt und wird genauso von den Politikern an der Spitze des Innenressorts an ihre Untergebenen kommuniziert. Armes Deutschland.«

»Tja, und im krassen Gegensatz dazu die Verfolgung von Rockern, wo dies alles ganz anders abläuft. Was glaubt ihr, wie ich meine Samstagnacht verbracht habe? Eine Razzia gegen die Hells Angels, aber immerhin habe ich Frank H. kennengelernt ...« Uwe unterbrach Christian:»Ach, erzähl mal, und wie sprechen eigentlich die Jungs vom Boxclub über den Big Boss?«

»Nur gut, einige haben ihn noch in seiner aktiven Zeit als Boxer erlebt, als er in Niedersachsen einige Hallen gefüllt hat. Er soll über Bärenkräfte verfügen und richtig Power in seine Schläge gesteckt haben. Zwei seiner vier Profikämpfe endeten mit einem vorzeitigen K.-o.-Sieg.

Er startete als Wirtschaftler im Bordell ins Milieu, und von da an hat er seinen Weg gemacht. Die Jungs sprechen von ihm als einem geraden, korrekten Mann, der sich durchgesetzt, der es geschafft hat. Heutzutage sieht man ihn nie mehr allein, er soll immer zwei, drei Jungs um sich herum haben.

Eine Geschichte aus der Zeit, als die Bones zu den Angels übergetreten sind – dem Patchover –, erzählt von einer Versammlung in Hannover, in deren Rahmen Mitgliedern die Möglichkeit eines Ausstieges angeboten worden ist. Da war ein Ausstieg für sie noch möglich, später nach einem Übertritt zu den Hells Angels würde es diese Möglichkeit nicht mehr geben. Mein Boxkumpel kannte einige Bones, darunter zwei, die einen Tattoo-Shop und einen Laden mit Szeneklamotten betrieben. Der Wechsel war ihnen zu heiß, und außerdem hatten sie sich ein berufliches Standbein aufgebaut, dachten sie zumindest. Gemeinsam entschlossen sie sich also auszusteigen wie die Hälfte der damals knapp 500 aktiven Bones. Die Entscheidung kam nicht besonders gut an. Sie durften zwar gehen, aber ihre Läden waren sie los. Die Shops verblieben in Rockerhand.«

»Raue Sitten ... aber wie war das jetzt mit Frank H.?«, bohrte Markus nach.

»Es war Samstagnacht, wir wurden in Einsatzbereitschaft gelegt, aber niemand erhielt nähere Informationen über den Anlass, die Führung hielt ihn geheim. Treffpunkt aller eingesetzten Kräfte war das Präsidium, und da kam einiges zusammen. Die komplette Einsatzhundertschaft, ein Trupp des Spezialeinsatzkommandos, vier Diensthundeführer mit Sprengstoff- und Drogenhunden, eine technische Einheit mit Flutlichtwagen, dem Lichtmastkraftwagen und einige Zivilkräfte, die bereits zur Überwachung vor Ort eingesetzt waren. Knapp 150 Mann tummelten sich im Innenhof. Erst gegen 22.00 Uhr setzte uns die Einsatzleitung in Kenntnis, gegen wen wir ins Feld zogen: Hells Angels und Red Devils.

Der Red Devils MC ist der weltgrößte Supporter Club der Angels, und genau diese schlugen nun ein Charter in unserer Stadt auf. Bei einer Red-Devils-Gründung kann es sich um zwei Varianten von Chartern handeln: einen reinen Unterstützerclub, der ab sofort unter dem Einfluss der Angels steht und angeordnete Aufgaben und Aufträge jeglicher Art ausführt, oder ein Kuckucksei, das noch eine bestimmte Zeit unter dem alten Namen firmiert und dann über Nacht zu einem offiziellen Hells-Angels-Charter ernannt wird. Ein Charter der Höllenengel zu werden ist oft langwierig, zutiefst anstrengend und kostspielig. Nach Aussagen von Aussteigern muss sich ein Prospect Charter bewähren, unbeliebte Arbeiten und Aufträge klaglos erledigen und bereits in diesem Stadium eine Menge Kohle einnehmen und nach oben abdrücken, um sich dann irgendwann einmal vielleicht so viel Respekt verdient zu haben, um schließlich die Kutte mit dem Deathhead tragen zu dürfen.

Die zweite Variante, das Kuckuckei-Modell, wird nur in Ausnahmefällen angewendet. Entweder handelt es sich bei den führenden Gründungsmitgliedern des neuen Charters um altbewährte Vollmitglieder eines bereits bestehenden Hells-Angels-Charters, oder die Stadt oder das Gebiet soll schnellstmöglich unter die territoriale Herrschaft der motorradfahrenden Bruderschaft fallen. Mit dieser aggressiven Expansionspolitik soll ein Gebietsschutz reklamiert und durchgesetzt werden. Am besten gestaltet sich eine Kombination aus beiden Varianten, denn nach nur einem Jahr Bewährungsfrist wächst aus diesem Supporter-Club dann ein vollwertiges Hells Angels Charter empor. Die sichtbaren Insignien der Macht an dem Vereinshaus und den Westen der Rocker verändern sich über Nacht. Dort prangt dann nicht mehr der lachende Teufel, sondern der Totenkopf mit dem Flügel, das Emblem der internationalen Motorradbande.

Genau diese Roten Teufel schlugen nun ihre Zelte in unserer Stadt auf. Zum ersten großen Sommerfest erwartete die Polizeiführung neben Angels aus den umliegenden Chartern auch eine große Abordnung aus Hannover und deren Präsidenten. Die Behördenleitung beabsichtigte, gleich zu Beginn von Rockeraktivitäten in der Stadt Entschlossenheit zu demonstrieren, und nutzte die Party als Anlass für diesen Großeinsatz. Nachdem der Großteil der erwarteten Gäste eingetrudelt war, schnappte die Falle zu. Bei vielen Kollegen herrschte Anspannung und eine innere Unruhe vor, sie kannten Hells Angels nur aus dem Fernseher oder von Geschichten der Kollegen. Die Einsatzleitung steuerte auch nicht viel zur Entspannung der Situation bei, da sie von Widerstandshandlungen der Rocker ausging und deswegen das SEK anforderte.

Mit einer gesteigerten Anspannung nahmen wir unsere Ausgangspositionen ein. Auch bei mir machte sich eine ungewisse Neugierde breit. Wie würde dieser Einsatz verlaufen? Würden die Rocker kooperieren? Hatten sie Waffen oder Drogen zur Party mitgebracht? Würden sie bei polizeilichen Maßnahmen Widerstand leisten, käme es vielleicht sogar zu einer handfesten Schlägerei? Und wie würde sich Frank H. verhalten? Um 23.00 Uhr erfolgte das Go. Das Vereinsheim und das gesamte umliegende Gewerbegebiet wurden hermetisch abgeriegelt und schlagartig besetzt. Jeder einzelne Rocker und ihre Fahrzeuge wurden durchsucht, die Personalien festgestellt und abgefragt. Insgesamt 67 Personen, darunter 19 Frauen, im Alter von 17 bis 59 Jahren. Von den sich erst einmal spektakulär anhörenden 13 vorläufigen Festnahmen entfielen zwölf lediglich auf eine Festnahme zur Identitätsfeststellung, da die Verhafteten keinerlei Ausweispapiere mitführten. Ein Rocker verdankte seiner Festnahme einem waffenscheinpflichtigen Messer, das war es schon. Insgesamt ein doch eher dürftiges Ergebnis dieses Großeinsatzes in einer Samstagnacht mit 150 Polizisten. Lediglich die Polizeicomputer erhielten Nahrung und wurden mit 67 Datensätzen über Personen gefüttert, die aber eh schon polizeilich bekannt gewesen sein dürften.«

Uwe: »Und, hast du Frank H. persönlich kennengelernt?«

»Na ja, kennengelernt ist sicher übertrieben. Ich habe darauf geachtet, dass ich während der Razzia so nah wie möglich an ihn rankomme, aber die Überprüfung durch andere Kollegen lief schon. Er ließ die Kontrolle zwar völlig ruhig über sich ergehen, seine Abneigung gegen die uniformierten Störenfriede war ihm aber deutlich anzusehen. Während seiner Personalienüberprüfung schweifte sein Blick umher, und unsere Blicke trafen sich. Seine Augen wirkten kalt und ablehnend, aber ich guckte neutral. Kurz darauf sprach ihn der Kollege an, und unsere Blicke trennten sich. Das war's.«

Uwe: »Wie, kein Smalltalk? Kein ›Coole Tätowierungen haben Sie‹? Oder ›Ich hab gehört, Sie schlagen einen hammerharten Uppercut?‹«

Alle lachten und malten sich diese irreale Szene aus. Sie alberten herum und spielten ein vermeintliches Gespräch zwischen Christian und dem Rocker-könig nach und prosteten sich dann mit dem nächsten Wodka zu.

»Tja, einer dieser Einsätze ist ja noch nachvollziehbar, doch das veranstalten wir jetzt jeden Monat, wenn auch vom Kräfteeinsatz in abgespeckter Form. Etwa alle vier Wochen findet in dem Vereinshaus eine Open-House-Veran-staltung statt. Eine Party am Wochenende mit Bier, Musik und Barbecue für Freunde und Unterstützer des Clubs oder solche, die es werden wollen. Wir bauen dann jedes Mal einen mit Flutlichtwagen komplett ausgeleuchteten Kontrollposten auf und winken jedes Bike und jeden Pkw in die Kontroll-stelle. Alle Autos und Personen werden durchsucht und anschließend die Daten durch das polizeiliche Fahndungssystem gejagt. Aber damit nicht genug, sämtliche erfassten Daten wandern ohne Wissen der Betroffenen an eine dafür extra eingerichtete Führungsstelle, die im Polizeipräsidium Müns-ter angesiedelt ist. Dort erfassen und werten Polizeibehörden alle Daten über Hells Angels in Nordrhein-Westfalen zentral aus und archivieren sie dort letztendlich.

Die Kontrollen verlaufen beinah zu 100 Prozent ergebnislos. Ein kleines Tüt-chen Marihuana für den Feierabendjoint und ein liegen gebliebener Teles-kopschlagstock waren schon die absoluten Highlights, und das bei Einsatz-stunden, die sich schnell in die Hunderte, wenn nicht Tausende summieren. Ansonsten herrscht hier aus polizeilicher Sicht tote Hose. Wir opfern unsere Wochenenden blankem Aktionismus.«

Ralfs Gesicht verfinsterte sich, und er setzte eine kritische Miene auf. Zum ers-ten Mal brachte er sich in die Diskussion mit ein. Er war schon immer der Vernünftigste, der Sachlichste von ihnen gewesen und durch und durch Poli-zist. Beim Thema Hells Angels deckten sich seine Meinung und seine Berufs-erkenntnisse nicht mit denen seiner Kollegen. Die scheinbar politisch gewollte nachlässige Verfolgung von organisierter Kriminalität türkisch-ara-bischer Familienclans empfand er wie seine Freunde als handfesten Skandal, doch die Hells Angels rechnete er ebenfalls eindeutig der organisierten Kriminalität zu, und er begründete seine Ansichten anhand von klaren Beispielen. Mit dem rasanten Aufstieg des Hannoveraner Charters und den enormen Geldflüssen im florierenden Geschäft der Prostitution im Hannoveraner Rotlichtviertel startete er seine Ausführungen. Informationen, die er aus erster Hand bezog, denn sein Lieblingscousin verrichtete seinen Dienst in diesem Bereich bei einem Landeskriminalamt, eine richtige Bullenfamilie.

Beim Charter in Hannover, einer Stadt mit 521 000 Einwohnern, rechnet das LKA inzwischen 60 bis 70 Vollmitglieder. Dazu gesellen sich Hangarounds, Prospects und zahllose Supporters, sodass die Zahl der wirklich verfügbaren Männer sich eher in den Hunderten bewegen dürfte. Was aber ist geschehen, dass eine Stadt in der niedersächsischen Provinz das seit Ewigkeiten weltweit größte Charter, den Hells Angels Motorcycle Club New York, aus einer Weltmetropole mit über acht Millionen Einwohnern an Mitgliedern überflügelt hat?

Bei der Auswertung von abgehörten Telefonaten innerhalb der Rockerszene fällt auf, dass dieser Aufstieg durchaus kontrovers diskutiert wird. Es zeichnet sich eine Unzufriedenheit ab zwischen eher traditionellen Bikern, die den Ursprungsgedanken des Clubs, den Easy-Rider-Mythos, bewahren wollen, und anderseits von Mitgliedern, denen es scheinbar ausschließlich um materielle Vorteile geht und die deswegen eine ungezügelte Expansion bevorzugen. Die innere Balance der Bruderschaft scheint bereits seit Langem gekippt zu sein. Der meistgenannte Vorwurf richtet sich gegen die massive Anwerbung und Rekrutierung neuer Mitglieder. Traditionalisten zufolge wird zu oft und viel zu schnell die Ehre des Kuttentragens verliehen. Der Profit des Charters oder der persönliche Nutzen Einzelner wird über das Gesamtwohl der Gemeinschaft gestellt. Ein schwer zu widerlegender Vorwurf bezieht sich auf die Aufnahme von Mitgliedern, die weder eine Harley, geschweige denn überhaupt einen Motorradführerschein besitzen! Immerhin nennt sich diese Vereinigung Motorcycle Club.

Der internationale Rockerclub scheint sich in Deutschland unwiderruflich verändert zu haben, weg vom ehemaligen Charme und Mythos der freien wilden Männern, die auf ihrer Harley von einer Party und Orgie zur nächsten donnern, und hin zu ausufernden kriminellen Aktivitäten von immer mehr Chartern in der gesamten Republik. Dieser Mythos, seinerzeit auch mitbegründet durch die Verankerung der Biker in der Subkultur der amerikanischen Hippie-Bewegung der 1960er- und 70er-Jahre, scheint unumkehrbar in dem Geist einer kriminellen Vereinigung aufgegangen zu sein, die tief im Rotlichtmilieu verstrickt ist.

Bei einigen abgehörten Gesprächen sind offener Neid und Missgunst besonders auf finanziell ertragreich agierende Charter spürbar. Manche Rocker verbringen Stunden mit dem hochrechnen der angeblichen Gewinne, die einzelne Charter erwirtschaften sollen. Doch auch in den LKA-Büros glühen die Taschenrechner bei der versuchten Rekonstruierung der Finanzströme des Hannoveraner Rotlichtviertels.

Jeden Tag fließt dort Geld, viel Geld. Die Damen sind verpflichtet, ihre tägliche Zimmermiete von 100 bis 120 Euro zu bezahlen – egal, ob ein Freier bedient wurde oder nicht. Der gut bezahlte Wirtschaftler, fest angestellt oder Arbeitnehmer einer bestimmten Security-Firma, kassiert die Mieten und reicht sie an den Betreiber des Etablissement weiter, der wiederum ein stattliches Entgelt monatlich an den Immobilienbesitzer bezahlt. In Hannover sollen praktischerweise Betreiber und Besitzer größtenteils identisch sein, auch wenn Immobilienverwaltungsfirmen und Strohmänner dazwischengeschaltet seien sollen. Der Immobilienbesitzer bleibt der größte Profiteur dieses Geldkreislaufes.

Im Steintorviertel reiht sich ein Bordell an das nächste, insgesamt 14 Eros-Center buhlen dort um Freier. Die Etablissements variieren in der Zimmeranzahl zwischen 20, 30 und 40 Betten. Nehmen wir für eine Beispielrechnung ein 30-Betten-Haus an, bei dem durchschnittlich 20 Zimmer belegt sind. Das ergibt eine Tagesmieteinnahme bei 120 Euro Miete pro Zimmer von 2400 Euro insgesamt. Rechnet man diesen Betrag mit 30 Öffnungstagen im Monat hoch, schlagen am Ende des Monats 72 000 Euro zu Buche. Hochgerechnet würde der Jahresumsatz für so einen Betrieb in dem

Bereich bei einer Million Euro liegen. Und dabei wird hier noch mit einer eher schwachen Zimmerauslastung gerechnet. Berücksichtigt man die Sommermonate, in denen sich Horden von betrunkenen Männern im Rahmen von Junggesellenabschieden durch das Steintor schieben, oder die Zeit im November/Dezember, wenn so manch eine Weihnachtsfeier ihr Ende in einem dieser Betriebe findet, entstehen schon bedeutend höhere Zahlen. Und der Umsatzbringer Nummer eins bleiben Männer auf Freigang, im Rudel, betrunken und mit der Firmenkreditkarte ausgestattet ... Messezeit in Hannover! Neben der weltweit führenden Messe für Informations- und Kommunikationstechnik, der CeBIT, und ihrem Pendant für Technologie der Hannover Messe finden jährlich über 40 weitere Ausstellungen in der Messestadt statt. Allein während der CeBIT strömen über 300 000 Besucher in die Stadt, dann herrscht in allen Hotels der Stadt und des gesamten Umlandes ein so reger Verkehr, dass kaum noch ein freies Laken zu buchen ist. Auch im Steintorviertel und seiner Bettenbelegung wird sich das zählbar niederschlagen.

Bei einer Kalkulation mit 30 belegten Betten erreicht man bereits einen Jahresumsatz von 1,3 Millionen Euro. Dabei wird von einen normalen Mietverhältnis ausgegangen, bei dem alle Liebesdamen ordentlich behandelt und nicht übervorteilt werden. Prostituierte, die zum Anschaffen verleitet, überredet oder gezwungen werden, erwirtschaften zusätzlich zur Mieteinnahme bis zu 100 000 Euro jährlich für ihre Zuhälter. Sollten Damen des Gewerbes aber beispielsweise regelmäßig Kokain konsumieren, um sich für ihre wahrlich nicht einfache Arbeit in Stimmung zu bringen, würde dies zusätzliche Geldströme und Gewinne auslösen.

Wem diese Zahlen zu hoch erscheinen, der sei auf den Rotlicht-Report des Berliner Tagesspiegels vom Januar 2011 verwiesen. Dieser berichtet von 400 000 Prostituierten, die deutschlandweit 1,2 bis 1,5 Millionen Männer beglücken – jeden Tag. Nach Informationen des deutschen Bundestages wird der Jahresumsatz in Deutschland im Bereich Prostitution auf 15 Milliarden Euro beziffert. Beinahe 90 Prozent des Geldes werden nicht mehr auf der Straße verdient, sondern in Bordellen und Clubs.

Diese Umstände verschaffen einem Bordell eine wahrlich üppige Rendite, zumal meist für ein eher heruntergekommenes Gebäude in einem weniger bevorzugten Viertel einer Stadt. Dazu wechselt das Geld häufig bar, ohne jeglichen elektronischen Bon oder eine Quittung, die Hände. Halleluja! Ein gut gehender Puff scheint lukrativer zu sein, als wenn man die europäische Notenpresse besäße.

Zugegebenermaßen versuchen die Strafverfolgungsbehörden schon seit zehn Jahren, den Höllenengel gerichtsfest zu beweisen, dass es sich bei ihnen um eine kriminelle Vereinigung handelt, bis auf wenige Ausnahmen jedoch ergebnislos. Und das trotz des immensen Verfolgungsdruckes des Staates, mit welchem wohl keine andere Gruppierung der zurückliegenden Dekade überzogen wurde. Dies lässt nur zwei Schlüsse zu: Die erhobenen Anschuldigungen sind unzutreffend, oder der Staat agiert zu wehrlos.

Die internationale Bruderschaft scheint voneinander zu lernen und zu profitieren. Fehler, die schwerwiegende strafrechtliche Konsequenzen nach sich ziehen, begeht die Organisation nur einmal. Die Höllenengel reagieren schnell und flexibel auf polizeiliche Ermittlungsansätze und Taktiken, so als ob sie anhand von Interna aus den Ermittlungsakten ihrer Rechtsanwälte und der Polizeibehörden informiert und geschult würden. Schon seit geraumer Zeit werden Handys, Navigationsgeräte, Street View oder Map 24 nur für das Nötigste verwendet. Niemand ist scharf darauf, sein Bewegungs- und Kontaktprofil der letzten Monate in der nächsten Akte zu lesen. Diese lassen sich problemlos anhand der GPS-Signale von den sich permanent einwählenden Handys oder Navi-Geräten in den Funkzellen erstellen.

Für heikle, geheime Informationen wird das Benachrichtigungssystem der Angels aktiviert: der Pony-Express. Dabei fährt ein vertrauenswürdiger Rocker persönlich zu dem nächstliegenden Charter und überbringt die Nachricht. Von dort reist die Botschaft zum nächsten Charter. Bei besonders dringenden Meldungen werden parallel mehrere Boten beauftragt, und die Mitteilung erreicht in kürzester Zeit den entferntesten Winkel

Deutschlands oder Europas. Wie soll man in dieser abgeschotteten Welt noch ermitteln?

Der Staatsanwaltschaft Hamburg gelang es schon 2001 nicht, Frank H. in die Nähe der organisierten Kriminalität zu rücken, jetzt, 2012, scheint der Zug für immer abgefahren zu sein. Die Hells Angels scheinen das Drei-Phasen-Modell perfektioniert zu haben, was ihnen auch das Landeskriminalamt Hannover bescheinigt.

Die erste Phase ist gewissermaßen ein Nebenprodukt vom wilden Rockerleben. Mit der Gründung eines Charters werden Gebietsansprüche für ganze Landstriche und Städte reklamiert und durchgesetzt. Macht und Stärke werden demonstriert, vorgelebt und taktisch kalkuliert eingesetzt.

Phase zwei umfasst die Einflussnahme und/oder Übernahme der Security-Tätigkeiten von Einlasskontrollen und Lokalitäten im Rotlichtmilieu und zunehmend auch von normalen gastronomischen Objekten und zementiert die weitere Etablierung im gewünschten Gebiet.

Die letzte Entwicklungsstufe ist der Schritt in die Welt der Wirtschaft, der Schritt in Richtung Legalität. Immobilien werden gekauft, Sicherheitsunternehmen gegründet, Getränkehandel aufgezogen und sogar eigene Bier-, Schnaps- und Zigarettenmarken neu auf dem Markt eingeführt.

Das Charter kümmert sich um seine Männer und ist nun in der Lage, ihnen offizielle sozialversicherungspflichtige Jobs anzubieten – neben den vermuteten illegalen Geldquellen. Dadurch erhöhen die Rockerführer gleichzeitig die Abhängigkeit ihrer Member vom Motorradclub entscheidend. Denn nun ist aus einem gelebten Lifestyle ein damit untrennbar verbundener Job geworden, der einen späteren, sowieso schon schwierigen Ausstieg nahezu unmöglich erscheinen lässt.

Und die Justizbehörden sind kaum noch in der Lage, zwischen legalem Gelderwerb und unrechtmäßigen Einkünften aus dem Rotlichtgewerbe zu unterscheiden. Grundbucheintragungen von Immobilien, Mietverträge, Firmen-beteiligungen und Beratungsvereinbarungen entschwinden in einem undurchschaubaren Firmengeflecht, konstruiert von den besten Rechtsan-wälten und Steuerberatern, die man sich für Geld kaufen kann.

Zum Ende eines Jahres werden die Bilanzen der zahlreichen Firmen beim Finanzamt eingereicht und abgesegnet. Und selbst wenn diese errichteten Bollwerke zu durchbrechen drohen, in den Papieren erscheinen die führen-den Member nicht mehr selbst. Tarnfirmen oder austauschbare Handlanger haben ihren Platz eingenommen.

Sollten dennoch Straftaten nachgewiesen werden, Gefängnisstrafen folgen und weitere staatliche Konsequenzen bevorstehen, etwa in Richtung eines gefürch-teten Vereinsverbots, wird die Straftat als persönliche Handlung des Betroffe-nen deklariert. Der Club als Ganzes hat mit strafbaren Handlungen natürlich nichts zu tun, schließlich wird so ein Verhalten nicht durch seine Statuten abge-deckt. Welche Vereinigung in ihre Statuten Prostitution, Drogenhandel und Schutzgelderpressungen explizit aufnehmen würde, sei mal dahingestellt.

Eine Inszenierung, die selbst Pontius Pilatus vor Neid erblassen lassen würde. Rechtsanwälte werden dann bezahlt, und dem Betroffenen wird nach verbüßter Haft ein lukrativer Neustart ermöglicht.

Man benötigt wenig Fantasie, sich auszudenken, in welchem Anwaltsbüro der Großteil des erwähnten Vertragsnetzes gesponnen worden sein soll. Die Kanzlei von Götz v. F. residiert in einer weißen Villa an der piekfeinen Ade-nauerallee. Von einer Wand blickt aus einem Ölgemälde ein langjähriger Freund des Hannoveraner Staranwaltes in die Räume der Kanzlei, Bundes-kanzler a. D. Gerhard Schröder.

Die Geschäftsaktivitäten des Hannoveraner Charters schienen einem Wirt-schaftsleitfaden der Cosa Nostra entsprungen zu sein. Diese hatte in ihrer 150-jährigen Geschichte viel Zeit gehabt, um ihr Geschäftsmodell zu perfek-tionieren.

Die Rocker aus Hannover benötigten für diese Metamorphose keine zehn Jahre.

Der Hells Angels MC hat sich mittlerweile weltweit zu einer Marke etabliert mit besonders gefestigtem Ruf in Deutschland. Ein Mythos ist entstanden, der das Bad-Boy-Image der Rocker geschäftlich und ökonomisch in bare Münzen umwandelt. Hart, brutal, archaisch und kompromisslos. Wer ein Geschäft mit den Hells Angels eingeht oder sich diesem verweigert, weiß, auf welches Risiko er sich einlässt. Das wie ein Unternehmen agierende Hells Angels Charter erhebt, nach Auskünften von Ex-Membern, bei jedem seiner Mitglieder eine monatliche Lizenzgebühr zwischen 150 bis zu 400 Euro und zum Teil eine zusätzliche Jahreszahlung von 1500 Euro. Das Eintrittsgeld, um mit dem geflügelten Totenkopf auf der Kutte Geld zu verdienen, und die Lizenz dafür, alles tun zu können, was man will. Der Träger des Deathhead symbolisiert seiner Umwelt, sich durchgesetzt zu haben, unangreifbar geworden zu sein.

Auch die vermutete geforderte »Provision« in unbekannter Höhe bei allen Geschäften, auch illegalen, an das eigene Charter wird zu verkraften sein. Der Charter-Treasurer, der Kassenwart, verwaltet die Finanzströme und bildet Rücklagen für Anwaltskosten, Haftüberbrückungen, Feierlichkeiten und Beerdigungen. Des Weiteren wird immer noch ein Anteil in anonymer Höhe in das Gründungsland der Höllenengel überwiesen, nach Amerika!

Nach polizeilichen Erkenntnissen hat das Kölner Hells Angels Charter Rotlichtkonkurrenz verdrängt und den Wohnwagenstrich der Stadt übernommen. Eine ihrer ersten Handlungen war die Erhöhung der täglichen Standmiete bei den überwiegend osteuropäischen Frauen von 70 auf 100 Euro. Ist die Differenz zwischen 70 und 100 Euro Tagesmiete, also eine über vierzigprozentige Steigerung, geschäftliches Verhandlungsgeschick oder Schutzgelderpressung?

Wenn viele Gastronomiebetriebe einer Stadt zu einem neuen Getränkelieferanten wechseln und ihren bisherigen zuverlässigen Haus- und Hoflieferanten von einem Tag auf den anderen fallen lassen, basiert dieser Wechsel dann auf Marketing und diplomatischem Talent, oder gründet der wirtschaftliche Erfolg auf Angst, Macht und Stärke?

Erkauft sich so manch ein Betrieb beim neuen Getränkehändler Frieden, Ruhe und ein sorgenfreieres Leben?

Kneipen, Bars und Diskotheken trennen sich von langjährigen, partnerschaftlich verbundenen Sicherheitsdiensten und wechseln alle zu einer bestimmten Security-Firma. Der abgerechnete Stundensatz dürfte dabei wohl kaum der ausschlaggebende Grund sein. Ein kompletter Mitarbeiteraustausch – ist der allein einem organisatorischem Umbau geschuldet, oder gründet sich dieses Verhalten auf der Dominanz einer Gruppe, einer Firma?

Wenn eine Gruppierung gar keine Gewalt mehr zur Durchsetzung ihrer Ziele einsetzen muss, sondern jedem Beteiligten unausgesprochen bewusst ist, dass dies jederzeit auch bei geringstem Anlass möglich und wahrscheinlich ist, hat sie ihren Gipfel erreicht.

Straftaten werden nicht mehr nach dem Gesetzesblatt definiert, sondern unterliegen der Interpretationsmöglichkeit gewiefter Anwälte. Diese Vereinigung ist zu einem Mythos geworden, gesetzlich unangreifbar und im legalen Wirtschaftskreislauf angekommen.

Hells Angels MC, das perfekte Franchisesystem der organisierten Kriminalität!

5. CASTOR-TRANSPORT
Ist Claudia Roth farbenblind?

*»Gegen die Regierung
mit allen Mitteln zu kämpfen
ist ja ein Grundrecht und Sport
eines jeden Deutschen.«*

Otto von Bismarck

Marius war zum sechsten Mal im Wendland dabei. Seine individuelle Eröffnung des Großeinsatzes begann mit einem persönlichen Ritual. Ein Blick auf
etwas Unwirkliches, eine Szenerie, die noch kein Zivilistenauge zu sehen
bekommen hatte. Beim ersten Anblick im Jahr 2003, in der Abenddämme-
rung, hatte es irreal und gespenstisch gewirkt, beinahe so, als ob diese Kulisse
einem Science-Fiction-Film entsprungen wäre. Doch der zweite Blick belehrte
dann eines Besseren, da blieb von einem stylischen, coolen Ambiente nichts,
aber auch gar nichts übrig, vielmehr weckte das Ganze Assoziationen mit
einer Zigeunersiedlung in der rumänischen Provinz. Das Innenministerium
hatte 2003 Tausende Container gekauft und in drei Lüneburger Bundeswehr-
kasernen dauerhaft aufgestellt. So waren riesige Containerdörfer entstanden,
die schon regelrechten Kleinstädten glichen. So weit das Auge blicken konnte,
Container über Container. Diese wurden in Blöcken installiert und mit A1, A2,
A3 usw. durchnummeriert. Es gab Aufenthaltscontainer, Besprechungscon-
tainer, Schlafcontainer, Dusch- und Toilettencontainer.

Eine Kleinstadt mit eigenen Wegen und Straßen war entstanden. Allein in
dieser Bundeswehrkaserne und Containersiedlung wurden 3000 Polizeibe-

amte untergebracht, und dies war nur eines von drei Containernestern in Lüneburg. Doch in dieser künstlich geschaffenen Kolonie herrschte nur an vier, fünf Tagen im Jahr, wenn überhaupt ein Castor-Transport stattfand, Betriebsamkeit. Den Rest des Jahres verfiel das Dorf in einen Dornröschenschlaf und verwaiste.

Der zwölfte Castor-Transport warf seinen Schatten schon lange vor dem November 2010 voraus. Die Grünen veröffentlichten eine Demo-Fibel, und auch die Protestinitiative »X-tausendmal quer« verteilte ihre neue Blockadebroschüre. Dort wurden praktische Tipps erteilt, unter anderem eine »Anleitung zum Sitzenbleiben«. Doch es blieb nicht nur bei reiner Theorie, die Initiative trainierte potenzielle Demonstranten und Blockierer auch im richtigen Demonstrieren und vor allem im wirkungsvollen Blockieren. Die Protestierer machten keinen Hehl aus ihren Absichten: Sie wollten den Atommülltransport verhindern oder zumindest so lange wie möglich aufhalten und gleichzeitig die Sicherheitskosten des Einsatzes in astronomische Höhen treiben. Die erst kurz vorher von der Bundesregierung beschlossene Laufzeitverlängerung deutscher Atomkraftwerke und die daraus resultierenden zusätzlichen Milliardengewinne der vier großen Energiekonzerne dienten nicht gerade einer Beruhigung der Lage.

Die Autonomen aus dem linksradikalen Spektrum gingen wie so oft einen Schritt weiter, unverhohlen riefen sie auf einschlägigen Internetseiten zum Schottern auf. Dies bedeutet das Aushöhlen von Bahngleisen, um ein Passieren des Castor-Transports zu verhindern, wobei jedoch das Risiko eines Entgleisens des Zuges in Kauf genommen wird. Juristisch stellt allein diese Aufforderung eine Straftat dar, weil Schottern ein strafrechtlich relevanter Eingriff in den Bahnverkehr bedeutet. Trotz der angedrohten juristischen Konsequenzen verbreiteten diese Internetseiten aber ihre Appelle weiter.

Doch nicht nur Atomkraftgegner tummelten sich in diesen Foren, auch Verfassungsschutz und Bundeskriminalamt registrierten diese Appelle. Die Behörden überwachten die einschlägigen Internetforen und Newsletter und erstellten daraus und mit zusätzlichen Erkenntnissen ihrer V-Männer in der Szene Strategie- und Lagebeurteilungen über das Mobilisierungs- und Gewaltpotenzial der diesjährigen Anti-Atom-Bewegung.

Diese Lagemeldungen erreichten über das Landesinnenministerium auch Marius und seine Kollegen in der Einsatzhundertschaft. Die Meldungen häuften sich und trafen in immer kürzeren Abständen in den Dienststellen der eingeplanten Einheiten ein. Diese wurden über die voraussichtliche Anzahl der erwarteten Demonstranten im Wendland und die Reisebewegungen der Autonomen speziell aus den Städten Berlin und Hamburg informiert. Nach Marius' Erfahrungen waren diese Zahlen oft zu hoch angesetzt und bewahrheiteten sich im Einsatz nicht, doch diesmal lagen die Sicherheitsbehörden mit ihrer Einschätzung sehr nah an den späteren realen Zahlen. Es wurde mit 30 000 Demonstranten gerechnet, davon 5000, die sich erklärtermaßen an Störaktionen beteiligten wollten, und 300 gewaltbereite Autonome.

Auch die Einsatzhundertschaften bereiteten sich wieder einmal gewissenhaft auf diesen Großeinsatz vor. Übungen und Trainingseinheiten füllten jede freie Minute der Dienstpläne, ein Teil der Übungen fand draußen im freien Gelände statt und beinhaltete Räumungen und das Wegtragen von Blockierern. Der zweite Teil wurde in der Trainingshalle unterrichtet mit dem Schwerpunkt auf Selbstverteidigung, Stock-, Griff und Tragetechniken. Die Nahkampfausbilder frischten alte Kenntnisse auf und vermittelten neue gezielte Kniffe, falls ein Blockierer nicht so funktionieren wollte, wie die Polizisten es wollten. Die Mittel und Wege, dieses »Funktionieren« zu erreichen, waren einfach, aber sehr effektiv. Speziell anzuwenden bei extrem klammernden Blockierern, die partout nicht ihren Nebenmann oder das Gleis loslassen wollten.

Oft und leicht anzuwenden ist das schmerzhafte Hochreißen der Nase. Mit einer Hand drückt der Beamte die empfindliche Nasenspitze des Betroffenen gegen seinen Schädelknochen nach oben – der Nasenhebel. Der entstehende starke und sehr unangenehme Schmerz lässt den Demonstranten sogleich die Anordnungen des Polizisten befolgen. Der Beamte sollte allerdings darauf achten, die unteren Finger seiner Hand für diesen Griff zu benutzen, um es dem Störer nicht zu ermöglichen, kraftvoll in die Finger über seinem Mund zu beißen.

Nummer zwei der effektivsten Griffe nutzt die Nervenstränge, die im Schädelknochen hinter den Ohren verlaufen. In diese Nervenbahnen bohrt der einschreitende Polizist seine beiden Zeigefinger so lange, bis seine Anweisungen befolgt werden. Die Nervendrucktechnik.

Abseits von Fernsehkameras und Pressefotografen können der Schmerz und die Wirksamkeit beider Griffe mithilfe eines Kugelschreibers, anstatt der Finger der Polizisten, um ein Vielfaches erhöht werden. Offiziell ist dies natürlich nicht erlaubt.

Durch den neuen, extrem harten Einsatz-Mehrzweckstock, den Tonfa, wurde eine Vielzahl von neuen Hebel- und Grifftechniken möglich. Zum Beispiel wenn der Polizist den Tonfa im Kreuzgriff führt und damit den hockenden Blockierer umklammert. Durch das Heranziehen des Tonfa mit Muskelkraft entsteht Druck auf den Knochen des polizeilichen Gegenübers, der Knochen und die darüber befindlichen Nerven werden damit zu einem schmerzhaften Hebel umfunktioniert.

Für diese Art des Einschreitens eignet sich so ziemlich jeder Knochen eines Störers. Arm-, Handgelenk-, Schienbein- oder Oberschenkelknochen erlauben eine Vielzahl von Varianten, je nachdem, welche Extremitäten gerade am besten zu greifen sind. Dieses Vorgehen führt zu enormen Schmerzen, die jeglichen Widerstandswillen sofort brechen. Diese Eingriffstechnik verfügt über eine Menge von Vorteilen: Außenstehende nehmen diesen Griff und seine Auswirkungen kaum wahr, selbst vor einer kritischen Fernsehkamera sieht dieses Vorgehen unspektakulär und angemessen aus, nichtsdestotrotz fügen diese Griffe große Schmerzen zu, jedoch ohne grobe sichtbare Verletzungen zu hinterlassen.

Polizisten und Atomkraftgegner waren also gleichermaßen motiviert, trainiert und kampfbereit, der Showdown 2010 konnte beginnen. 19 992 Beamte, 11 836 Landespolizisten und 8156 Bundespolizisten standen bereit und waren mit Hubschraubern, Wasserwerfern und Räumfahrzeugen im Einsatz. Allein Nordrhein-Westfalen entsandte neun Einsatzhundertschaften, drei Diensthundestaffeln, zwei technische Einheiten, einen Trupp samt Lichtwagen und Marius. Der 39-jährige, in zweiter Ehe verheiratete Mann bestritt seit nunmehr 18 Jahren seinen Dienst bei der Landespolizei und verfügte über reichhaltige Einsatzerfahrung.

Donnerstag, der 4.11.2010, ein regnerischer Tag, bewölkt mit zwischenzeitlichen Schauern und Höchstwerten von elf Grad, war der vorgegebene Anreisetag der Polizeikräfte. Gegen Mittag verließen sie ihre Dienststellen und reisten aus ganz Deutschland in die vorgesehenen Unterkünfte. Diesmal waren aber beinahe keine Polizisten aus Rheinland-Pfalz und Baden-Württemberg vertreten, denn sie wurden geschont. Die Polizeiführung verschaffte ihnen so eine dringend benötigte Verschnaufpause. Wegen der eskalierenden und lang anhaltenden Demonstrationen, Blockaden und Proteste um das Großprojekt Stuttgart 21 waren die südlichen Einsatzhundertschaften an ihre Belastungsgrenze gelangt oder sogar darüber hinausgegangen.

Die Folge davon war, dass jeder Mann und jede Frau, der oder die eine Uniform trug und nicht absolut unabkömmlich war, seinen Marschbefehl in das Wendland erhalten hatte. Wie an einem Spinnennetz gezogen, reisten Tausende Einsatzkräfte in ihre Einsatzabschnitte. Allein im Großraum Lüneburg wurden 10 000 Polizeibeamte untergebracht. Somit dürfte die 73 000 Einwohner zählende Hansestadt für kurze Zeit zu der Stadt mit der höchsten Polizeidichte weltweit aufgestiegen sein.

Nachdem Marius für einen Moment den Anblick dieser künstlich geschaffenen Kolonie in sich aufgesogen hatte, galt es nun, schnell zu handeln, denn die wichtigste Entscheidung des Einsatzes stand an. Von ihr hing ein Großteil des eigenen Empfindens und Wohlergehens der nächsten fünf Tage ab. Die Bettenwahl!

Nach der Zuteilung der Container hieß es, möglichst schnell, aber nicht zu offensichtlich zu seinem neuen Zuhause zu eilen. Die Raumcontainer der Firma eines deutschen Weltmarktführers waren alles, nur keine Platzwunder. Jeder einzelne hatte eine Länge von 5,85 Metern, eine Breite von 2,24 Metern und eine Höhe von 2,50 Metern, doch von innen wirkten sie ziemlich eng. Durch die Außentür betrat man einen kleinen Vorraum von nicht mal zwei Metern mal einem Meter, an dessen Wand eine Kleiderstange montiert war, die erfolglos wohl so etwas wie eine Garderobe darstellen sollte. Ein billiger Bürotisch und zwei Stühle raubten den Platz, den die zwei Etagenbetten noch übrig gelassen hatten. Die Container waren so eng, dass sie trotz vier Betten nur von drei Mann belegt wurden. Es gab so wenig Platz, dass die Polizisten sich nur nacheinander umziehen und ihre Einsatzkleidung anlegen konnten. Mangels Alternativen – es fehlten jegliche Schränke oder Regale – wurde ein oberes Bett als Ablage für mitgeführte Privatsachen, Koffer, Taschen und sämtliche Einsatzausrüstungen genutzt.

Und nun hieß es schnell zu sein, um das beliebteste Bett des Containers zu erlangen, das Bett unterhalb der zur Ablage umfunktionierten Matratze. Dieser Schlafplatz war dadurch quasi zu einem Einzelbett geworden und ermöglichte einen besseren Schlaf. Das doppelt belegte Etagenbett ächzte und quietschte nämlich bei jeder Bewegung des jeweiligen Bettnachbarn, keine guten Voraussetzungen für einen erholsamen Schlaf.

Die Matratzen waren dünn, durchgelegen und unappetitlich. Zudem musste jeder sein privates Bettzeug durch halb Deutschland mitschleppen, denn dieses fehlte komplett. Fernseher, Radio oder sonstige Unterhaltungs- und Ablenkungsmöglichkeiten waren ebenfalls nicht vorhanden. Ein Neon-Flackerlicht erhellte die Behausung. Die fest installierte Heizung, ein Elektrokonvektor 2,5 kW mit Thermostat, kannte offenbar nur zwei Einstellungen: brühend heiß oder eiskalt. Die Folge war, dass die Container nach einem kräftezehrenden, achtzehnstündigen Dienst auf gefühlte 100 Grad erhitzt waren und die Containerbewohner die Heizung ausstellen und lüften mussten, um überhaupt schlafen zu können. Dies wiederum führte dazu, dass der Container in kürzester Zeit komplett auskühlte, und dies bei Nachttemperaturen um die null Grad. Eine doch sehr gewöhnungsbedürftige Unterkunft.

Nun, am ersten Tag des für fünf oder sechs Tage geplanten Einsatzes, begann auch schon die Langeweile. Denn der Donnerstag war nur als Anreisetag vorgesehen, und das Einzige, was erledigt werden musste, war bereits geschehen. Taschen in den Container schleppen, Bett beziehen, mehr gab es nicht zu tun. Dabei zeigte die Uhr erst 15 Uhr an oder taktisch ausgedrückt: 1500, »eins fünfhundert«. Also gammelte jeder auf seiner Matratze herum oder warf einen Blick in ein Buch.

Um 1800 wurde die Langeweile von dem Tageshighlight unterbrochen, dem Abendbrot. Marius suchte mit seinen Kollegen innerhalb der Bundeswehrkaserne den riesigen, zur Kantine umgewandelten Saal auf. Er hoffte inständig auf keine böse Überraschung, sondern den gleichen Cateringservice wie letztes Jahr. Beim Eintreten in den Saal war er kurz angespannt, denn gutes oder schlechtes Essen war entscheidend für die Stimmung der Beamten und würde das Gelingen oder Scheitern eines mehrtägigen Einsatzes beeinflussen. Erleichtert erkannte er einige Gesichter wieder und freute sich darüber, das gleiche nette und gute Personal wie beim letzten Einsatz in Gorleben anzutreffen. Auch die einzelnen Verpflegungsstationen standen wie 2009 bereit.

»Na«, dachte er erfreut, »das ist doch schon die halbe Miete.«

Marius war niemand, der jammerte, er erfüllte bestmöglich und motiviert seine Aufträge, ohne ein Heißsporn zu sein, wie es sie gerade in geschlossenen Einheiten wie Hundertschaften durchaus gab. Seine Gruppenkollegen und er waren wie Prototypen aus dem Polizeihandbuch, Lamentieren und Klagen über Vorgesetzte oder Politiker und deren Entscheidungen gab es bei ihnen nicht. Diskussionen über Atompolitik, Laufzeitverlängerungen oder einen Atomausstieg überließen sie Gewerkschaftsvertretern von GdP (Gewerkschaft der Polizei) und DPolG (Deutsche Polizeigewerkschaft).

Der Castor-Transport fand noch Monate vor der Atomkatastrophe in Fukushima statt, bevor ein neuer, breiter gesellschaftlicher Konsens über einen Atomausstieg bestand. Somit war Gorleben nur ein Einsatz von vielen, der über die Bühne gebracht werden musste wie jeder andere Einsatz auch. Es interessierte sie genauso wenig, ob es gegen Rechts- oder Linksextreme oder Fußball-Hooligans ging. Der Job musste erledigt werden. Auftrag blieb Auftrag.

Politiker und hohe Polizeiführer schwadronierten zwar gerne öffentlich wirksam über den mündigen Beamten, den Staatsbürger in Uniform, doch dies hatte mit der Realität in einer Polizeidienststelle wenig zu tun. Eine geschlossene Einsatzhundertschaft war kein Debattierclub, sondern eine streng hierarchisch organisierte Behörde, hier herrschten Befehl und Gehorsam.

Am Freitag, den 5.11.10, startete für Marius und seine Kollegen der diesjährige Gorleben-Einsatz. Ihr Vorbefehl hatte sich nicht geändert: ab 0700 Streckenschutz der Gleisanlagen in ihrem Einsatzabschnitt. Dies bedeutete Wecken um 0500. Die drei Polizisten legten nacheinander ihre Einsatzuniformen an und bepackten ihr Einsatzfahrzeug, das eigentlich für bis zu neun Beamte vorgesehen war. Danach ging es in die Kantine, Essen fassen und auf Vorrat speisen, denn niemand konnte mit Bestimmtheit sagen, ob und wann sie heute noch eine weitere Mahlzeit bekommen würden. Das Frühstücksbüfett war lecker, reichhaltig und ließ keine Wünsche offen. Nur eines konnte das aufmerksame Servicepersonal leider nicht verhindern, die langen Warteschlangen vor dem Essenssaal.

Von der Einsatzführung wurden zwar Essenszeiten für die unterschiedlichsten Einheiten vorgegeben, um das erwartete Chaos zu vermeiden, dies misslang aber wie fast immer. Hunger ließ Polizisten alle Vorschriften vergessen, und außerdem überschnitten sich Einsatzzeiten bei Einsätzen dieser Größenordnung. Für fast alle der 3000 Polizisten in diesem Containerdorf startete der Gorleben-Einsatz in den frühen Morgenstunden. Daher wurden bereits vor Wochen sorgfältig ausgetüftelte Essenspläne obsolet, und es hieß wieder Schlange stehen, Planung hin oder her. Dies bedeutete aber, dass alle

Kräfte wegen der unumgänglichen Schlange eine halbe Stunde eher aufstehen mussten, um auch sicher frühstücken zu können. Aber das Warten lohnte sich: Rührei, Wurst, Käse, Lachs, Joghurt, Müsli, Brot, Brötchen, Kaffee und Orangensaft, das Essen war top. Marius und seine Kollegen waren sich sicher, dass dies das beste Einsatzessen war, das sie in ihrer fast zwanzigjährigen Laufbahn je verzehrt hatten.

Nach dem Frühstück ging es dann daran, den Einsatzverpflegungsbeutel für den Tag – und schlimmstenfalls auch die Nacht – zu packen. Auch hierfür gab es ein reichhaltiges Angebot, und jeder konnte sich an verschiedenen Stationen das Gewünschte einpacken. Zuerst einmal konnte man sich das gute alte Butterbrot schmieren oder aus dem vielfältigen Angebot an Aufschnitt einen Brotbelag auswählen. Dazu Obst und unterschiedliche Sorten Fleisch, die man mittags mit einem Brötchen aß, und zum Nachtisch lagen Süßigkeiten bereit, besonders Schokolade, die Nahrung für die Seele, der Ruhigmacher und ein vielfach bewährtes Antistressmittel für Einsatzkräfte.

Bevor es endgültig an die Front ging, wartete eine weitere Schlange auf die Männer und Frauen, die unbeliebteste Schlange, die Kack-Schlange. Marius hatte sich schon lange daran gewöhnt, sein großes Geschäft nicht zu verrichten, wenn sich die unteren Körperregionen meldeten, sondern dann, wenn sich die Gelegenheit bot, eine ordentliche Toilette zu besuchen. Auch wenn dies bedeutete, morgens um fünf so lange seinen Darm anzuspannen und zu malträtieren, bis er sich endlich entleerte. Der große Toilettengang wurde präventiv ausgeführt, denn niemand vermochte vorauszusehen, ob die Polizisten heute überhaupt noch einmal Gelegenheit bekämen, eine Toilette zu besuchen. Ein Toilettenbesuch erst nach Aufforderung des Darmtraktes war ein Luxus, der in Einsätzen mit 15- bis 20-Stunden-Schichten einfach nicht drinlag.

Die Toilettencontainer bestanden aus vier Klos, vier Pissoirs und einem kleinen Waschbecken und waren von Neonlicht beleuchtet. Der Boden war aufgrund der vielen Besucher und ihrer schmutzigen Stiefel feucht und dreckig, und es war kalt und ungemütlich. Natürlich konnte diese WC-Blechbüchse nicht mit *home sweet home* konkurrieren, aber es herrschten auch keine Zustände wie in einem Flüchtlingslager auf Haiti, es war relativ sauber, es war okay.

Deutlich erleichtert, starteten Marius und seine Kollegen dann endlich in Gorleben 21.

Der Vorbefehl ließ sie bereits erahnen, was in den nächsten Tagen auf sie zukommen würde. Zuerst musste die 54 Kilometer lange Schienenstrecke zwischen Lüneburg und Dannenberg geschützt und frei gehalten werden. Dort wurden die Castor-Behälter dann auf Transport-Lkws umgeladen und über 19 Kilometer Straße zum Zwischenlager Gorleben transportiert, dem in der Vergangenheit am erbittertsten umkämpften Abschnitt. Sollte dieses anscheinend unumgängliche Ritual etwa auch dieses Jahr wiederkehren?

Beinahe das gesamte östliche Niedersachsen wurde in Einsatzabschnitte und Einsatzräume gegliedert. Diesen Einsatzabschnitten waren je nach erwartetem Einsatzaufkommen Hunderte oder Tausende Polizeibeamte zugeteilt. Die Zuteilung berücksichtigte die landsmännischen Ursprünge der Polizeikräfte, daher entstanden so Abschnitte, in denen nur Kräfte aus Thüringen, Niedersachsen oder NRW operierten. Die Einsatzführung erhoffte dadurch eine reibungslosere Zusammenarbeit der unterschiedlichen Kräfte und wollte ein Sprach- oder Kommunikationsproblem erst gar nicht aufkommen lassen.

Diese nicht beeinflussbare Einteilung in die jeweiligen Abschnitte hatte für jeden Beamten ganz persönliche Konsequenzen und Auswirkungen. Blieb es in einem Abschnitt ruhig? Lag der persönliche Einsatzort nah genug an der Kaserne, um warmes Essen fassen und eine ordentliche Toilette benutzen zu können? Wurden die Verbindungsstraßen blockiert? War man dadurch abgeschnitten von Verstärkung, Essen und warmen Getränken? Hielten sich in dem jeweiligen Abschnitt gewalttätige Autonome oder nur harmlose Öko-Demonstranten auf? Dies alles war entscheidend dafür, wie für jeden Beamten die nächsten Tage verlaufen würden, lag aber außerhalb seines eigenen

Einflussbereichs. Wie anstrengend, wie kräftezehrend dieser 12. Castor-Transport für jeden ganz persönlich verlaufen würde oder ob im schlimmsten Fall womöglich eine Verletzung durch Gewalttätigkeiten drohte, dies alles lag außerhalb der Planung eines Polizisten, sondern würde sich erst spontan und plötzlich im Einsatzverlauf herauskristallisieren. Fast ohne die Möglichkeit für den Einzelnen, dies individuell zu steuern, denn Befehl blieb Befehl.

Die Halbgruppe um Marius nahm pünktlich um 0700 ihren zugeteilten Posten ein, der Streckenschutz hatte begonnen. Training, Planungen und Übungen waren nun endgültig vorbei. Der Zug mit dem Atommüll sollte schon heute das französische La Hague verlassen und sich den Weg zu ihnen und durch ihren Einsatzabschnitt bahnen.

Dass laut Greenpeace bei diesem Transport durch den langen Einsatz der Brennstäbe die Konzentration der radioaktiven Strahlung extrem hoch war, löste auch bei den Einsatzkräften keine Jubelsprünge aus, änderte aber nichts an ihrer Order: Streckenschutz, um die Bahngleise zu bewachen, um ein Schottern oder Blockieren zu vermeiden oder ein Zerstören von Signal- und Gleisanlagen zu unterbinden. Die Zufahrtsstraßen und Brücken wurden besetzt und für den öffentlichen Verkehr gesperrt. Ganze Waldgebiete wurden abgeriegelt und mit Polizeiposten gesichert.

Streckenschutz konnte unterschiedlich durchgeführt werden und richtete sich nach den Gegebenheiten vor Ort. Eine Einheit, die Glück hatte und einen ruhigen Abschnitt zugeteilt bekommen hatte, konnte den Sicherungsauftrag einigermaßen bequem aus dem Gruppenwagen heraus ausführen. Sie konnte den Luxus einer Standheizung genießen, von Musik und Nachrichten aus dem Radio und einer Handyverbindung nach Hause zu Frau und Familie. Mussten Brücken oder Wege zu Fuß besetzt werden, blieb immer noch die Möglichkeit, die eingesetzten Polizisten durchwechseln zu lassen. Die Betroffenen konnten sich dann nacheinander im Einsatzfahrzeug aufwärmen oder abwechselnd in die Kaserne fahren, um etwas Warmes zu essen und einen Toilettengang außerhalb der Stoßzeiten durchzuführen.

Andere Einheiten traf es da bedeutend schlechter, besonders die, die direkt an den Gleisen eingesetzt waren, die tief im Wendland und in Waldgebieten lagen. Je näher sich deren Einsatzabschnitte (EA) an der Umladestation Dannenberg befanden, desto umkämpfter waren diese Abschnitte. Durch Blockaden und aufgetürmte Sperren schnitten die Demonstranten sie vom Nachschub ab. Für diese Beamten standen auch keine Wagen zum Aufwärmen bereit, niemand brachte ihnen regelmäßig, wie bei Marius' Einheit, warme Getränke und Verpflegung vorbei, und auch eine Fahrt zu einer ordentlichen Toilette war unmöglich. Und dies zwölf, 15 Stunden und länger, Tag und Nacht, bei eisiger Kälte.

Zu den Strapazen und Entbehrungen gesellte sich dann noch etwas, das die eigene Stimmung auch nicht gerade verbesserte, die Langeweile. Denn es war nicht besonders spannend und abwechslungsreich, zehn Stunden allein auf einer verlassenen Brücke zu stehen und auf einen Zug zu warten, der in ein oder zwei Tagen kommen sollte und den Abschnitt in wenigen Minuten durchfahren würde. Auch zwölf Stunden abseits allein im Wald Posten zu beziehen und in die Landschaft zu starren, war nicht wirklich unterhaltsam-Streckenschutz halt.

Genau dies erwartete heute auch Marius und seine Halbgruppe – vier Mann. Sie erreichten ihren Einsatzraum und bewachten ein Gebiet von 300 bis 400 Meter Länge und 50 Meter Breite. In ihrem Bereich befanden sich zwei Kreuzungen und etwas Waldgebiet. Links und rechts von ihnen bezogen weitere Einheiten in Sichtweite Position, und sie einte alle das gleiche monotone Dilemma – es gab nichts zu tun. Weit und breit kein Demonstrant, kein aufgebrachter Öko-Aktivist, nicht mal ein nach medialer Inszenierung eifernder Grünen-Politiker kreuzte ihren Weg. Pure Eintönigkeit machte sich breit, und der zweite Tag schien dem ersten zu gleichen.

Sie verbrachten größtenteils ihre Zeit zusammen auf dem Polizeibulli, nur unterbrochen von einzelnen Streifengängen und abgelenkt durch Gerede, dummes Zeug, was einem gerade so durch den Kopf schoss. Zwischendurch wurde jede Halbgruppe nacheinander rausgelöst, um es den Einsatzkräften zu ermöglichen, zum Essen in die Kaserne zu fahren und die Toilette zu besuchen. Zu essen gab es heute Kassler, Kartoffelpüree und Sauerkraut, köstlich, das einzige Highlight und Ablenkung in zehn Stunden Streckenschutz am Arsch der Welt. Gegen 1800 gab es dann endlich etwas zu tun: Demonstrationsbegleitung in Dannenberg. Die Demo verlief allerdings absolut friedlich und unspektakulär. Einige hundert Demonstranten teilten ihre konträr zur herrschenden Politik verlautende Meinung mit, verhielten sich aber anständig. Genauso respektvoll und angemessen wurden sie von den eingesetzten Hundertschaften behandelt. Wie man in den Wald hineinruft, so ...

Nach 22.00 Uhr erreichten die Hundertschaften schließlich wieder ihr Containerdorf und ließen nach 17 Stunden Dienst in der 24 Stunden am Tag geöffneten Küche bei aufgewärmtem Kassler-Braten und Sauerkraut den Einsatztag ausklingen. Danach ging es in den völlig überhitzten Wohncontainer, dort mussten sie lüften und konnten dann endlich schlafen. Allerdings nur bis Samstagmorgen 0500, dann hieß es wieder abwechselnd anziehen, Frühstücksschlange, Kack-Schlange und erneut Posten beziehen. Zurück in die Ödnis, Langeweile und Eintönigkeit. Gegen Mittag kursierte ein Gerücht, dessen Ausbreitung die Einsatzführung unbedingt verhindern wollte. Es gelang ihnen zwar, dieses Vorkommnis vor der Öffentlichkeit und der Presse zu verheimlichen. Intern, unter den Polizisten, misslang das Totschweigen jedoch. Die Nachricht war in der Welt und sprang von Einsatzabschnitt zu Einsatzabschnitt, nicht über Funk, da alle Polizisten wussten, dass sämtlicher Funkverkehr abgehört und aufgezeichnet wurde. Patrouillen hielten kurz an, private Handys tauschten SMS aus, und ältere Kollegen, die die Einheiten mit warmem Tee versorgten, bestätigten letztendlich widerwillig die Meldung.

Es hatte einen Toten gegeben. Einen Kollegen, einen 50-jährigen Polizeihauptkommissar der Bundespolizei aus einer bayrischen Kaserne.

Gegen 1000 hatte er sein Büro in Dannenberg verlassen, war auf die Toilette gegangen, hatte seine Dienstpistole gegen den Kopf gerichtet und sich erschossen.

Niedergeschlagenheit und Ratlosigkeit breiteten sich bei den Einheiten aus. Da war es wieder, ein Thema, mit dem man sich nicht beschäftigen wollte, das man vermied, wenn es nur irgendwie ging. Die hohe Selbstmordrate von Polizeibeamten. Offiziell werden Selbsttötungen nicht nach Berufen erfasst, statistisch dokumentiert und ausgewertet. Es sind darüber keine Daten zu erfahren, weder bei Polizeibehörden direkt noch bei Gewerkschaftsvertretern. Und dies im Statistikland Deutschland!? Wahrheit oder eine gewollte Vertuschung?

Doch Marius und seine Kollegen waren sich sicher, dass ihr Beruf einen der vordersten Plätze einnehmen würde, wenn es solche Ranglisten irgendwo in den Hinterzimmern der Bürokratie gäbe.

Die Belastungen bei Einsätzen, die Gewalterfahrungen, der Stress, der Schichtdienst, die alles überlagernde Bürokratie und eine hohe Scheidungsrate ergaben eine tödliche Melange. Dazu kam eine immer verfügbare und geladene Pistole.

Im Jahr 2010 nahmen sich allein neun Bundespolizisten das Leben. Vier von ihnen stammten alle aus der gleichen Kaserne im Bayerischen Wald. Ein 20-Jähriger, ein 28-Jähriger und ein ebenfalls 50-jähriger Polizist wählten alle den gleichen Freitod. Sie erschossen sich mit ihrer Dienstwaffe.

Die Einsatzleitung entschied sich dafür, den Selbstmord in Gorleben vor der Öffentlichkeit und der Presse zu verheimlichen. Schließlich hatte die den Castor-Transport und den Polizeieinsatz sowieso schon in den Fokus einer deutschlandweiten Berichterstattung gestellt. Geschah dies aus Rücksichtnahme auf die Angehörigen? Oder trieb die Bürokraten lediglich die Sorge um ihr öffentliches Ansehen um? Passten die beunruhigend zahlreichen Selbsttötungen von Polizisten nicht zum selbst verpassten Image einer funktionierenden Behörde und eines attraktiven Arbeitgebers? Die Führung verhinderte mit dem Verschweigen des Todesfalles auf jeden Fall ein unausweichlich scheinendes negatives Presseecho und eine womöglich folgende Diskussion über unbestreitbare Missstände in den Polizeibehörden.

Marius kam das alles sehr bekannt vor und erinnerte ihn schlagartig an seine Ausbildung. In der Kaserne hatte sich damals ein 22-jähriger Lehrgangsteilnehmer wegen Liebeskummer erschossen, denn seine Freundin hatte ihn verlassen. Ein Ausbilder, ein gestandener Polizeihauptkommissar, hatte daraufhin seine sarkastischen Lebensweisheiten und Kommentare vor der Klasse der jungen Polizeianwärter abgegeben, die sich dauerhaft in Marius' Gedächtnis gebrannt hatten:

»Wenn Sie schon meinen, sich erschießen zu müssen, dann machen Sie das bitte richtig, und belasten Ihre Angehörige nicht mit einem Pflegefall in der Familie. Ein Kollege von mir hatte bei einem Selbstmordversuch die Waffe zu dicht an seinen Augen angesetzt. Der Schuss verfehlte den Großteil seines Gehirns, und er überlebte schwer verletzt, erblindete jedoch komplett und ist zeitlebens pflegebedürftig.

Erschießen Sie sich bitte aus Rücksicht auf Ihre Angehörigen auch nicht zu Hause. Den Anblick eines aufgeplatzten Schädels mit all dem Blut, Gehirn und den Knochensplittern ersparen Sie Ihren Familien besser, und schließlich muss die Sauerei ja später noch jemand wegmachen. Erschießen Sie sich also nicht zu Hause, sondern suchen Sie sich am besten einen gefliesten Raum, eine Toilette oder besser noch einen Duschraum. Dann kann später der ganze Dreck einfach weggespült werden.

Wenn Sie schon meinen, sich erschießen zu müssen, dann gehen Sie bitte auf Nummer sicher. Füllen Sie Ihren gesamten Mund- und Rachenbereich mit Wasser. Danach stecken Sie sich die Pistole in den Mund und drücken ab. Wegen der Wasserverdrängung, ausgelöst durch die hohe Mündungsgeschwindigkeit des Projektils, zerplatzt Ihr Kopf wie eine Wassermelone nach dem Fall aus dem 12. Stock. Aber denken Sie an den gefliesten Raum.«

Der Polizeialltag lässt sich anscheinend nur mit einer Überdosis Zynismus bewältigen.

Ja, die Ausbildung war kein Zuckerschlecken gewesen. In dem riesigen Polizeikomplex waren Hunderte Ausbildungsteilnehmer für den gehobenen und höheren Polizeidienst sowie eine Einsatzhundertschaft kaserniert, und Fortbildungskurse wurden durchgeführt. Völlig unterschiedliche Menschentypen trafen in der Kaserne aufeinander, und die Ausbildungsverordnung der Polizei verknüpfte ihr Schicksal untrennbar miteinander.

Die Öffentlichkeit lässt sich in ihrer Wahrnehmung und Meinung über Polizisten zu leicht und vorschnell von stereotypen Ansichten leiten. Alle Polizisten tragen die gleiche Uniform, üben den gleichen Beruf aus, haben den gleichlautenden Amtseid geschworen und kämpfen mehr oder minder motiviert gegen das Verbrechen. Polizisten werden daher oft nur als funktionierende, gleichgeschaltete anonyme Masse wahrgenommen. Ein Leben als Individuum wird ihnen nicht etwa per se abgesprochen, weite Teile der Medien und der Bevölkerung ziehen solche Gedankengänge nicht einmal in Betracht, so abwegig scheinen ihnen diese Überlegungen zu sein.

Doch diese Vorstellungen spiegeln nicht das reale Leben in einer Polizeibehörde mit über 1500 Bediensteten wider. In Marius' Ausbildungslehrgang blieben beispielsweise immer mehr Stühle frei: zuerst die der Polizeischüler, die wegen schlechter Leistungen vom Unterricht entbunden wurden, danach folgten schon die Klassiker der Entlassungsgründe während der Ausbildungszeit: Trunkenheit am Steuer oder die Ermittlungen infolge einer Disco-Schlägerei überführten einen Polizeischüler der Täterschaft. Einer seiner Kumpels wurde nach Beendigung der Polizeiausbildung bei einem Pkw-Aufbruch festgenommen, drei Wochen später musste er bereits seinen Spind räumen. Zwei junge Burschen hängten einer unbeliebten farbigen Mitschülerin vergammelte Bananen über die Türklinke ihres Zimmers in der Polizeikaserne. Ihr Adoptivvater, ein hohes Tier in der Landespolitik, schaltete sich in diesen Vorfall ein. Die Polizeischüler wurden noch in der Phase der Abschlussprüfungen aus dem laufenden Unterricht geholt und umgehend aus dem Dienst entfernt. Von all diesen Vorgängen bekommen Medien und Öffentlichkeit nichts mit, es wird intern geregelt und verheimlicht, wann immer es geht. Die schmutzige Wäsche und die unangenehmen Geschichten im Innersten der Polizeiwelt behandelten die Führungsbeamten einzig und allein nach ihrem Gusto. Nichts, aber wirklich auch nichts sollte den Ruf der Polizeibehörde in der Öffentlichkeit beflecken und einen Makel auf den Staatsdienst werfen. Während seiner Laufbahn führte Marius ein langes Gespräch mit einem ranghohen Beamten des Landeskriminalamtes, über dessen Schreibtisch viele dieser als geheim klassifizierten Vorgänge wanderten. Und dieser meinte:»Es gibt keine Straftat in Deutschland, die nicht auch schon von einem Polizeibeamten begangen worden ist. Ganz egal, ob Mord, Totschlag, Vergewaltigung, Erpressung, Banküberfall, Kindesmissbrauch oder der klassische Ladendiebstahl für zwei Euro zehn. Es ist alles dabei. Prozentual gesehen, sicherlich weniger häufig als in einer Vergleichsgruppe mit anderen Berufen, aber doch ist jeder Straftatbestand Polizisten vor Gericht schon nachgewiesen worden. Das ist ja auch verständlich. Polizisten sind in erster Linie nun mal Menschen, und Menschen machen Fehler und begehen Straftaten. Polizist hin oder her.«

In dem riesigen eingezäunten und von der Außenwelt abgeschotteten Polizeiareal fanden sich unterschiedlichste Cliquen von Polizisten zusammen. Manche einten die gleichen Hobbys, der ähnliche Musikgeschmack oder übereinstimmende politische Ansichten, andere waren vollkommen unterschiedlich wie in jedem anderen Großbetrieb auch. Abends, nachdem der verwaltungstechnische Wasserkopf die Kaserne verlassen hatte und nur einzelne Aufsichtsbeamten zurückgeblieben waren, hockten diese Gruppen junger Polizisten zusammen. Es gab zutätowierte Kollegen, die jetzt zwar gesittet ein kurzärmeliges Hemd trugen, am Wochenende aber im Ecstasy- und Kokainrausch auf Techno abtanzen. Es gab eine Heavy-Metal-Fraktion, und genauso hallten auch deutsche Schlager und Lieder der Böhsen Onkelz durch die Korridore der Kaserne. Die Hits der 80er-Jahre erfreuten sich jedoch der größten Beliebtheit.

Einige Lehrgangsteilnehmer kifften mehr oder weniger regelmäßig, und auch Marius und seine Clique sammelten ihre ersten Drogenerfahrungen innerhalb der Polizeikaserne. Doch mit Joints konnten sie nichts anfangen und kämpften beim Inhalieren eher gegen den Husten als eine berauschende

Wirkung an. Sie probierten als Alternative in heißem Tee aufgelöstes Haschisch, bevor sie sich in das Rotlichtviertel der nächsten Stadt stürzten, aber auch diese Erfahrung enttäuschte sie. Also blieben die jungen Polizeischüler bei Bier und anderem Alkohol.

Die Programme sämtlicher politischer Parteien hatten ihre Anhänger in dieser Mammutbehörde, inklusive der Ränder des politischen Spektrums. Von dem ökologisch korrekten Typen bis hin zum konservativen Hardliner war alles vertreten. Umfrageergebnisse innerhalb von Polizeikasernen würden aber sicherlich von den Wahltrends einer Vergleichsgruppe in »Freiheit« deutlich abweichen. Dazu waren das Berufsbild und die Arbeitsrealitäten dieser Männer und Frauen zu speziell, als dass sie als repräsentativ gelten könnten.

Nachdem sich bis zur Mittagszeit der Selbstmord des Kollegen in Dannenberg herumgesprochen hatte, war vielen der Appetit auf den überbackenen Nudelauflauf gründlich vergangen, doch sie würgten ihn dennoch wortlos hinunter, denn Reserven zu schaffen war wichtiger als das persönliche Empfinden. Nach einem kurzen Besuch des Toilettencontainers ging es wieder zurück in den Einsatzabschnitt. Bei Marius und seinen Kollegen war immer noch nichts los, das änderte sich auch nicht bis 1900. Nach zwölf Stunden ermattendem Streckenschutz hieß es dann endlich zurück in die Behausung. Der Container wartete schon, doch geredet wurde heute nur das Nötigste. Und wieder hieß es essen, Toilette, Container lüften und schlafen.

Doch um 0130 klingelte plötzlich das Diensthandy und übermittelte die sofortige Alarmierung. Der Vorgesetzte drängte zur Eile und befahl die unverzügliche Besetzung und Sicherung des zugeteilten Einsatzabschnittes. Zusätzlich ordnete die Einsatzführung das Anlegen der vollen Schutzmontur an: eine Körperweste mit Metalleinlagen und Kunststoffprotektoren an den Armen zur Abwehr und zum Schutz vor Messerattacken, Schlägen und Wurfgeschossen aller Art und Beinschoner aus hartem Kunststoff, die weit über die Knie reichten. Abgerundet wurde die Schutzausrüstung von robusten Lederhandschuhen mit Protektoren auf der Außenseite und dem Einsatzhelm. Dieser bestmögliche Schutz von Polizisten wurde allerdings schwer erkauft, genauer gesagt zehn Kilogramm schwer, denn dieses Gewicht trug nun jeder Beamte zusätzlich mit sich herum. Zwei, drei Stunden bei einem Fußballeinsatz war das leicht zu verkraften, aber in Gorleben bei 15, 20 und mehr Einsatzstunden überstieg die körperliche Qual das gesteigerte Sicherheitsempfinden deutlich.

Das Anlegen kostete Zeit, Minuten, die nicht eingeplant waren, verstrichen, und dies verringerte die für das Frühstück verbleibende Zeit, die so wichtig war, um Vorräte im Körper anzulegen, auf die er im Notfall zurückgreifen konnte.

Die Alarmierung wurde von den Vorgesetzten – was nicht immer geschah – folgendermaßen begründet: Der Castor-Transport hatte die deutsche Grenze überschritten, und es hatten sich erste Blockadeaktionen von Aktivisten ereignet. Zusätzlich meldeten Aufklärungskräfte, dass Tausende Demonstranten im Wendland zu den Gleisen liefen, um diese zu besetzen. Dies galt es unter allen Umständen zu verhindern.

Über welche Möglichkeiten die Einsatzleitung mittlerweile verfügte, um an Informationen zu gelangen und diese auszuwerten, sollten Öffentlichkeit, Demonstranten, Polizisten und Medien erst zwei Wochen nach dem Einsatz erfahren. Die empörten Reaktionen darauf pendelten zwischen »ein Verstoß gegen den Grundsatz der Verhältnismäßigkeit der Mittel« und ein »skandalöser Generalverdacht« hin und her. Auslöser der Aufregung war ein nur 91 Zentimeter großes technisches Hilfsmittel, eine Minidrohne. Die zuerst vom US-Militär eingesetzten Drohnen zur Terroristenjagd auf al-Qaida & Co. feierten bei diesem Einsatz ihre Premiere in der niedersächsischen Provinz. Die fast lautlose 47 000 Euro teure Drohne wurde viermal, so die offizielle Stellungnahme, zur Straftataufklärung und Beweissicherung sowie zur Einsatzführung und Aufklärung eingesetzt. Kritiker bemängelten anschließend die Verwendung des fliegenden Auges und warfen den Verantwortlichen den »Verstoß gegen das Persönlichkeitsrecht der Demonstranten« vor. Aber wie auch immer die zukünftige Einsatzverwendung der Drohne bei polizeilichen

Lagen aussehen wird, beim Castor-Transport 2010 konnten die Polizeiführer auf diese Daten zurückgreifen, und sie taten es.

Die ermittelten Störerbewegungen betrafen zwar noch nicht direkt Marius' Einsatzabschnitt, nahmen ihn und seine Männer aber keineswegs von der nächtlichen Alarmierung aus, da das Ziel der Demonstranten den nächstliegenden Einsatzraum betraf und ein Überspringen der Blockierer auf Marius EA nicht auszuschließen war. Somit wurde vorsorglich alarmiert, und die eigentlich fest eingeplante Ruhezeit fiel ins Wasser.

Der Castor-Zug fuhr weitestgehend nachts, um auf so wenig Demonstranten wie möglich zu treffen. Denn es war doch ein erheblicher Unterschied, ob jemand nachmittags um 15 Uhr seinen Arbeitsplatz ein, zwei Stunden eher verlassen musste, um ein wenig mitzudemonstrieren, oder ob er sich für dieses Engagement extra zwei oder drei Tage freinehmen und sich etliche eiskalte Nächte um die Ohren schlagen musste. Doch auch diese Demonstrationserschwernis hatte lediglich begrenzten Erfolg und hielt Berufs-, Event- und wirkliche Demonstranten nur in geringem Maße ab. Gegen Mittag erreichte eine etwa 700 Mann starke Demonstrantengruppe schließlich Marius' Abschnitt. Das Ganze verlief fast ohne Zwischenfälle, bis sich aus dem größtenteils bürgerlichen Publikum zwei Dutzend Althippies und junge Burschen lösten, denen es kurzfristig gelang, sich auf die Gleise zu setzen und sie zu blockieren. Doch Marius, seine Kollegen und Unterstützungskräfte trugen sie kurzerhand weg, setzten sie abseits der Gleise ab und erteilten ihnen einen Platzverweis, an den sie sich auch hielten. Niemand wurde ausfallend oder gewalttätig. Noch befolgten die Demonstranten polizeiliche Anordnungen. Noch.

Bei einigen teilnehmenden jungen Burschen wirkte das Engagement nicht wie ein politisches Statement, sondern eher wie ein Räuber-und-Gendarm-Spiel, eine Mutprobe, bei der es galt, sich mit der Polizei zu messen. Bei vielen schien der eigentliche politische Anlass in den Hintergrund geraten zu sein. Event-Demonstranten, die dabei waren, um dagegen zu sein. Diese Gruppe umfasste nach Marius' Ansicht ausdrücklich auch die zahlreich anwesenden Grünen- und Linken-Politiker. Der populäre und medienwirksame Protest gegen Stuttgart 21 hatte sein norddeutsches Pendant gefunden: Gorleben 21.

Jeder EA versuchte grundsätzlich, erst einmal mit eigenen Kräften entstehende Blockaden und Probleme selbst zu lösen. War dies nicht möglich, wurden über die Einsatzleitstelle weitere freie Kräfte angefordert, insbesondere die elitäreren BFE-Hundertschaften, die Beweis-, Sicherungs- und Festnahmeeinheiten.

Über diese Einheiten kursieren zurzeit viele Gerüchte innerhalb der Polizei. Einige Kollegen erzählten von einer sensiblen Anfrage, die im deutschen Innenministerium in Berlin vorliegen soll. Wegen befürchteter Hooligan-Ausschreitungen während der Fußball-Europameisterschaft 2012 in Polen und der Ukraine und der damit überforderten einheimischen Kräften soll das polnische Innenministerium in Deutschland nach hundertfacher tatkräftiger Unterstützung angefragt haben. Deutsche Polizeihundertschaften in Warschau, Danzig und Lodz??

Sollte sich das bewahrheiten, dürfte auf viele Polizisten ein heißer Sommer 2012 warten, denn dieser Einsatz wäre äußerst brisant, einmal wegen des Aufeinandertreffens von englischen, polnischen und deutschen Krawallbrüdern und dann wegen der historisch sicherlich nicht einfachen Vergangenheit.

Aber diese noch nicht offiziell bestätigte Anfrage spielte in Gorleben keine Rolle, hier ging es darum, den reibungslosen Transport des verstrahlten Atommülls zu gewährleisten. Diesen Einsatz nahmen die vielen Polizisten ganz unterschiedlich wahr. Während es an einer Stelle absolut ruhig bleiben konnte und man seine Langeweile mit Blödeleien oder einer Tasse Kaffee zu vertreiben versuchte, knallten Hundertschaften mit Blaulicht und Sirene an einem vorbei, als ob der 3. Weltkrieg ausgebrochen wäre. Staunend blickte man diesen hinterher und fragte sich: »Was wissen die, was ich nicht weiß? Wo geht die Reise hin?«

Da die riesigen Einsatzabschnitte und Hundertschaften unterschiedliche Funkkanäle zugeteilt bekamen, hinkte der eigene Wissensstand den aktuellen Geschehnissen oft hinterher. Eine schnelle und umfangreiche Informationsweitergabe der Einsatzleitung an alle Kräfte scheint generell nicht weit vorne auf der Prioritätenliste von Polizeiführern zu stehen. So erfuhren Marius und seine Kollegen erst im Containerdorf von den aktuellen Vorkommnissen. Die Aktion »Castor-Schottern« war gestartet worden. Über 1000 Aktivisten, die ihre Attacke wochenlang im Internet koordiniert hatten, hatten angegriffen. Doch die eingesetzten Polizeikräfte hatten entschlossen dagegengehalten und Unterstützung durch zu Hilfe eilende BFE-Hundertschaften erhalten. Abseits von Fernsehkameras und den meisten Pressefotografen war die Situation eskaliert und hatte ihren Tribut gefordert. Neben zahlreichen durch Stein- und Flaschenwürfe verletzten Beamten gab es nach eigenen Angaben 950 militante Aktivisten, die durch Pfefferspray und Tränengas Augenverletzungen erlitten hatten, und zudem wurden 29 Kopfplatzwunden, 16 Knochenbrüche und drei Gehirnerschütterungen beklagt. Doch dies sollten nicht die letzten Verwundeten bleiben.

Die Polizeiführung verteidigte nach Vorwürfen in der Presse ihr Einschreiten mit Wasserwerfern, Schlagstöcken und Pfefferspray. Der Lüneburger Polizeipräsident meinte dazu, die Polizei könne nicht zusehen, wie Atomkraftgegner Schienen verbögen und Steine aus den Gleisen räumten. Straftaten könnten nicht geduldet werden. Außerdem seien Polizisten attackiert und mit Steinen beworfen worden. Die Lage eskalierte.

Der Zug mit den elf Castoren und 123 Tonnen hochradioaktivem Atommüll passierte Marius' Einsatzabschnitt ohne Probleme. Nach 17,5 Stunden Streckenschutz wurden sie daher aus ihrem jetzt nicht mehr schützenswerten Abschnitt entlassen, aber weiterhin in Einsatzbereitschaft gehalten. Sie durften allerdings in die Kaserne fahren und etwas essen. Die Kantinenköche gingen auf Nummer sicher und servierten das Lieblingsgericht vieler Einsatzkräfte: Currywurst und Pommes.

Jetzt gegen 2200 sehnte sich jeder nach seiner Schlafblechbüchse, aber der Tag nach über 21 Stunden Dienst war noch nicht zu Ende, noch lange nicht. Die angeordnete Schutzausrüstung drückte auf Rücken, Schulter und Beine und schien mit jeder verstreichenden Stunde schwerer zu werden.

Marius und seine Hundertschaft wurden alarmiert und mit Blaulicht und Martinshorn nach Harlingen beordert. An der Bahnstrecke zwischen Lüneburg und Dannenberg war es zu Zusammenstößen mit der Polizei gekommen, als über 3000 Demonstranten die Schienen gestürmt und diese dauerhaft besetzt hatten. Dabei war eine Atomkraftgegnerin unter ein Pferd der Reiterstaffel gerutscht und hatte schwere Verletzungen erlitten. Um Harlingen wurden daraufhin Tausende Polizeikräfte für die notwendig gewordene Mammuträumung zusammengezogen. Denn die Blockierer hatten ihr Ziel erreicht – der Castor-Zug musste stoppen.

Um einen Blockierer abzuarbeiten, wurden in der Regel vier oder fünf Beamte benötigt. Zwei, drei Polizisten, die ihn wegtrugen, Polizisten für eine äußere und eine innere Absperrung, die Sicherung der Befehlsstelle, Fahrer für die Einsatzfahrzeuge und Beamte, die die Gefangenensammelstelle – GESA – bewachten, um sicherzugehen, dass die, die hierhingetragen wurden, nicht einen Kilometer entfernt die nächste Blockadeaktion starteten.

Dieser riesige Polizeiaufmarsch wurde durch Hunderte renitenter Landwirte erheblich erschwert, die durch Traktorenblockaden das ganze Wendland stilllegten. Die seit über 20 Stunden eingesetzten Beamten vor Ort waren so von den Nachschublinien vollkommen abgeschnitten. Sie erreichten weder die mobilen Küchen, um sich mit warmem Essen und Getränken zu versorgen, noch gelangten Ablösekräfte zu ihnen durch, noch befanden sich irgendwelche Toiletten in ihrer Nähe, nicht mal Dixi-Klos. Auch dort machten die doch sonst so politisch korrekten Blockierer keinen Unterschied zwischen Mann und Frau. Jeder, auch Polizistinnen, mussten ihre Notdurft im Wald verrichten.

Marius' Einheit blieb ihr Einsatzglück erhalten, denn sie wurde eingeteilt, um die Gefangenensammelstelle zu sichern. Vom kräftezehrenden Wegtragen blieben sie also weitestgehend verschont. Die Demonstranten hatten eine strategisch gut geeignete Stelle für ihre Blockade gewählt, eine Bodensenke. Die Einsatzkräfte gelangten so nicht direkt an die Blockierer, da diese links und rechts von einer hohen Böschung und vorne von einer Brücke eingeschlossen waren. Nachdem alle polizeilichen Vorbereitungen abgeschlossen waren und Tausende Beamte ihre Bereitstellungspositionen besetzt hatten, positionierten sich starke Polizeikräfte in Doppelreihe, die Räumungseinheiten. Auch nach der dritten Aufforderung über Lautsprecher, die Gleise freiwillig zu verlassen, regte sich kaum einer der über 3000 Demonstranten. Nachdem die Ansagen ergebnislos verhallt waren, begann die Räumung um 0200.

Egal, ob eine eher zierliche Polizistin einen dicken Bauern abbekam oder nicht. Alle Polizisten schleppten ihr Gegenüber, ohne zu jammern oder zu klagen, und erledigten ihren Job. Jeder Blockierer wurde zunächst persönlich angesprochen und zum Aufstehen und Weggehen aufgefordert. Viele kamen dieser individuellen Ansprache nach und begleiteten die Polizisten selbstständig zur Gefangenensammelstelle. Doch fast 1000 Demonstranten widersetzten sich dieser Weisung und blieben sitzen. Die besonders Energischen verkeilten sich in ihre Nachbarn und machten den Polizisten ihre Aufgabe so schwer wie möglich. Dann hieß es, erst die aufgefrischten Jiu-Jitsu-Griffe anzuwenden und danach die Person wegzuschleppen. Und dies nach nunmehr 22 Stunden Dienst ohne Essen und Pause, nachts bei Temperaturen von mittlerweile minus einem Grad, mit einer zusätzlichen Schutzausrüstung von zehn Kilogramm belastet.

Die Tortur für die Einsatzkräfte wollte einfach nicht enden. Die Einheiten, die mit dem Wegtragen der Blockierer beschäftigt waren, mussten nichts sagen, um ihren Gemütszustand und ihre körperliche Verfassung zu verdeutlichen. Der kräfteraubende Einsatz war ihnen deutlich ins Gesicht geschrieben.

Die Tragestrecke betrug anfangs 400 Meter, bis sich die Räumung durch die Blockade fraß, danach erhöhte sich die Distanz um weitere 200 bis 300 Meter. Die Polizisten schleppten die Blockierer die Böschung hoch, übergaben sie der Gefangenensammelstelle, gingen zurück, stellten sich wieder in der Polizeireihe an und schleppten den Nächsten weg. Niemand war mehr in der Lage, einen klaren Gedanken zu fassen, jeder dachte nur noch: »Hoffentlich ist es bald vorbei.«

Doch der eigene Schlafcontainer war noch weit entfernt, obwohl bereits seit drei Stunden Demonstranten in der GESA erfasst wurden. Friedliche Blockierer blieben dort, bis der Castor-Zug vorüber war, und konnten danach gehen, meist ohne Bußgeld oder andere staatliche Sanktionen. Vermummte oder besonders renitente Aktivisten wurden zuerst einer Identitätsfeststellung unterzogen. Danach wurde entschieden, ob sie einem Richter vorgeführt wurden, um eine längere Gewahrsamnahme anzuordnen. Konnten Straftaten eindeutig zugeordnet werden, wurden in der Regel eine erkennungsdienstliche Behandlung durchgeführt und die passende Strafanzeige gefertigt.

Nach sechs Stunden schweißtreibenden Schleppens war es schließlich vollbracht, die Blockade war aufgelöst, und der Castor-Transport konnte sich wieder in Bewegung setzen. Doch der Einsatz war noch nicht für alle Einheiten beendet. Die fast 1000 Blockierer wurden stundenlang in der provisorischen GESA festgehalten, bis der Zug mit 24 Stunden Verspätung den Verladebahnhof Dannenberg erreicht hatte. Dementsprechend zahlreich war das immer noch im Einsatz befindliche Polizeiaufgebot

Marius' Hundertschaft wurde nach 28 Stunden Dienst entlassen. Die Beamten waren am Ende ihrer Kräfte und fuhren wortlos in die Kaserne zurück. Selbst auf ein Auskühlen des überhitzten Containers verzichteten sie diesmal. Sie wollten nur noch schlafen.

Der Wecker klingelte um 1500. Aufstehen, aufrüsten, essen und Toilette, ab 1800 wartete die Hundertschaft in Einsatzbereitschaft auf neue Befehle. Der erste Befehl erreichte sie unmittelbar beim Aufstehen – Schutzmontur anlegen.

In der Zwischenzeit wurden die Castor-Behälter auf Lkws umgeladen. Jetzt drohte die Auseinandersetzung endgültig zu eskalieren, denn die 19 Kilometer zum Zwischenlager Gorleben stellten immer den am schwersten umkämpften Streckenabschnitt dar.

Der neue Befehl erreichte die Einheit um 1700 und sollte unverzüglich ausgeführt werden. Es existierten zwei verschiedene Straßen, die zum Atommülllager führen. Jedes Jahr aufs Neue startete ein großes Katz-und-Maus-Spiel zwischen Polizei und Blockierern, bei dem es darum ging, welche Straße letztendlich für den Castor-Transport benutzt wird. Finten werden gelegt und Gerüchte gestreut in der Hoffnung, die größtmögliche Verwirrung zu stiften. Eine der 19 Kilometer langen Strecken wurde komplett mit Kontrollposten besetzt, mit allem, was an Polizei vorhanden war. Lichtmastwagen der Polizei leuchteten jede Stelle der Strecke in der einbrechenden Dunkelheit taghell aus. Reiterstaffeln, Technische Züge, Mannschaftswagen und Streifenwagen, endlose Kolonnen von Hundertschaften und Wasserwerfern standen bereit, sicherten jeden Meter dieser Strecke ab. Alle paar hundert Meter wurden Kontroll- und Durchlassstellen eingerichtet. Die gesamten 19 Kilometer waren gesperrt. Alles deutete auf diese eine Strecke als Transportroute für die elf Castoren hin, aber das Ganze sollte sich als eine Finte der Einsatzführung erweisen. Denn der Transport rollte über die Alternativroute. Es war alles nur eine Riesenshow. Die völlig abgesperrte Strecke war menschenleer und wurde doch nicht genutzt. Eine Fehlentscheidung?

Marius, seine Kollegen und Tausende Leidensgenossen sollten von 1800 über Nacht bis zum nächsten Morgen, geschätzte 17 Stunden, eine Straße bewachen und absperren, die nicht benötigt wurde. Ihre nervtötende, langweilige, eiskalte Nachtschicht diente einzig und allein der Irreführung von Demonstranten. Diese Erkenntnis löste nicht gerade einen Motivationsschub bei allen eingesetzten Kräften aus, glich jedoch vielen Großeinsätzen in der Vergangenheit.

Am späten Abend, als die letzten Anrufe zu Hause bei den Liebsten getätigt waren, steuerte die eigentliche, die verborgene Hauptbeschäftigung von

Polizisten bei eintönigen Einsätzen ihrem Höhepunkt entgegen – dummes Zeug labern! Erwachsene Männer entwickelten sich zu pubertierenden Teenagern zurück und versuchten, sich fortlaufend mit neuen Äußerungen, Mutmaßungen und Diffamierungen zu überbieten. Das Themenspektrum war weit gefächert und verschonte niemanden. Zuerst wurden Eigenarten, Aussehen, Sprachweisen und vermutete sexuelle Vorlieben von eingesetzten Kollegen, ganz besonders den weiblichen, thematisiert und abgearbeitet.

Als Nächstes kamen die unbeliebten und vorgesetzten Beamten dran, wobei der eindeutige Schwerpunkt hier auf unterstellten abartigen Sexualpraktiken lag. Die zahlreichen und bildhaft geschilderten Variationsmöglichkeiten von Sodomie stellten nicht einmal die perversesten der angedichteten Praktiken dar. Als alle mehr oder minder Beteiligten der letzten Tage besprochen waren, nahmen sich Marius und seine Kollegen der wichtigsten Zielgruppe an, der Politiker. Vordergründig war die Beschäftigung mit bestimmten Politikern und Parteien nicht als politisches Statement gedacht, oder na ja, ehrlich gesagt, doch.

Während die Uhr 0200 anzeigte, näherten sich ihre Blödeleien und ihr satirischer Showdown, in einer Mischung aus Louis de Funès und dem fiesesten Harald Schmidt, ihrem Zenit. Die Erste, die es traf, war Claudia Roth. Klar: Nervig, stets oberlehrerhaft und zudem vom lieben Gott rein äußerlich nicht besonders bevorzugt ausgestattet, bot sie eine mehr als breite Angriffsfläche.

»Hast du im Internet schon das Bild von deiner Lieblingspolitikerin in Gorleben gesehen?«

»Ist ja logisch, dass diese Trulla hier nicht fehlen durfte. Ein Bild beim Gorleben-Protest ist ja in jedem 68er-Poesiealbum Pflicht.«

»Die frisch gefärbten Haare der Frau schreien geradezu nach Aufmerksamkeit in der Hoffnung, dass auch kein Fotograf sie übersieht – hallo, ich bin's, ich bin wichtig. Fotografiert mich!«

»Ich glaube, sie ist die selbst ernannte Betroffenheits- und Empörungsbeauftragte aller deutschen Gutmenschen.«

»Absolut. Wenn diese hoch dotierte Planstelle oder am besten gleich ein ganzes Ministerium noch nicht existiert, wird es bestimmt bald von den Grünen ganz allein für sie geschaffen werden, vielleicht auf EU-Ebene. Finanzkrise hin oder her. Diese Stelle ist natürlich für Deutschland und Europa von einer so existenziellen Bedeutung, da darf der schnöde Mammon nicht entscheidend sein.«

»Aber, aber, gemach, mein Freund, ich vernehme da einen feindlichen, ablehnenden Unterton in deinen Äußerungen. Das hat sie nicht verdient. Wie ich gelesen habe, kann sie ja immerhin auf zwei Semester Theaterwissenschaften zurückblicken, bevor sie das Studium geschmissen hat. Ist doch keine schlechte Voraussetzung, auf so ein Wissen kann man doch als 55-Jährige wunderbar aufbauen.«

»Natürlich, du hast ja vollkommen recht, außerdem verfügt sie noch über so einen reichen Fundus an Lebenserfahrung, zum Beispiel aus ihrer Tätigkeit als Managerin der linksalternativen Rockgruppe Ton Steine Scherben.«

»Oh, wie konnte ich das nur vergessen, der Titel ihres größten Hits ›Macht kaputt, was euch kaputt macht‹ schmückt noch heute linksradikale Bekennerschreiben.«

»Nur schade, dass sich diese Kommunenzottels drei Jahre nach ihrem Dazustoßen wegen Verschuldung aufgelöst haben.«

»Du meinst, das würde sich in ihrer Vita als steter Besserwisser eher schlecht machen?«

»Genau, rein betriebswirtschaftlich betrachtet, natürlich. Aber diese Betrachtungsweise ist einer Grünen-Politikerin ja eh fremd. Dafür sorgen schon unsere sauer verdienten Steuergelder, die als Bezahlung ihrer Abgeordnetentätigkeit und angehäuften immensen Pensionsansprüche herhalten müssen.«

»Meinst du eigentlich, dass sich die grüne Lady Gaga für die Teilnahme an den Blockaden ein oder zwei Tage Urlaub nehmen muss? Vielleicht hat sie sich ja krankgemeldet. Sozusagen Steine schmeißen auf Rezept!«

»Interessanter Einwurf. Ich glaube aber nicht, dass Gorleben auch nur einem Politiker zwei Tage persönlichen Urlaub wert ist. Kann ich mir wirklich nicht vorstellen, das zählt bestimmt als politisch wertvolle Veranstaltung, somit als Arbeitszeit.«

»Dann zahle ich also mit meinen Steuergeldern ihre Diät und über ihre Abgeordnetenpauschale wahrscheinlich noch ihre Anreise nach Gorleben, wo sie an Sitzblockaden teilnimmt und so einen Polizeieinsatz behindert und erheblich verteuert, der ebenfalls durch Steuergelder bezahlt werden muss. Dies alles, um einen Polizeieinsatz zu erschweren, der eine unumgängliche demokratische Entscheidung absichern muss.«

»Tja, und dabei geht es ausschließlich um deutschen Atommüll, den wir aus dem Ausland zurückholen müssen. Dieser wurde nur nach La Hague und Sellafield transportiert, weil linke Chaoten mit Krawallen und Chaos in den 80er-Jahren eine Wiederaufbereitungsanlage in Wackersdorf verhindert haben, wenn du dich erinnerst.«

»Klingt nach der Quadratur des Kreises.«

»Die linken Krawallmacher beschäftigen sich also schon seit Jahrzehnten ausschließlich mit sich selbst, eigentlich geschickt eingefädelt. Nur dass wir die Scheiße ausbaden müssen und es den Steuerzahler 50 Millionen Euro kosten wird – allein dieser Transport.«

»Erinnerst du dich noch an den Castor-Transport November 2002, da waren wir auch hier. Weißt du noch, wie der damalige verantwortliche Umweltminister hieß?«

»Na klar, unser aller Freund Jürgen Trittin, der damals alle Grünen dazu aufrief, weder sitzend, stehend, singend oder tanzend gegen den Castor-Transport zu demonstrieren.«

»Ja, ja, Opposition trifft auf die raue Welt der Regierungswirklichkeit. Und heute lässt er sich vernehmen mit ›Es ist richtig, an diesem Wochenende in Gorleben zu demonstrieren‹.«

»Der Jürgen, so ist er halt. Seminare über Prinzipientreue beim Kommunistischen Bund – während seiner Studienzeit – muss er wohl geschwänzt haben.«

»Tja, aber jetzt mal eine ernste Frage zwischendurch. Das Bild auf Focus.de von der Roth, kupferne oder wie auch immer gefärbte Haare, ein grüner Kapuzenpullover und das alles gekrönt von einem schreiend neongelben Schal, die muss doch farbenblind sein, oder?«

»Ja, das habe ich mich auch schon Dutzende Male gefragt. In den Nachrichten erscheint sie plötzlich mit einem roten, schwarzen, orangefarbenen oder grünen Umhang oder was auch immer das sein soll. Einmal bin ich vor Schreck richtig zusammengezuckt und hab dadurch meine Frau geweckt. Dass sie darauf keiner ihrer Kofferträger aufmerksam macht – unverständlich. Oder ignorieren die Grünen bewusst die Erfindung des Farbfernsehens?«

»Wahrscheinlich hängt in der Parteizentrale ein politisches Manifest aus, dass mit Verbannung nach Nordkorea bestraft wird, wer die Individualität und Unfehlbarkeit der Parteivorsitzenden infrage stellt.«

Marius konnte sich nicht mehr länger zurückhalten, sein Lachen donnerte laut durch das nächtliche Wendland. Sein Kollege fiel lautstark ein. Nur durch gegenseitiges Stützen schafften sie es halbwegs, gerade auf ihrem Posten stehen zu bleiben. Manche Kollegen schauten neidisch herüber und hätten gerne mitgelacht, andere warfen ihnen missbilligende Blicke zu und waren verärgert wegen der Störung ihres Dämmerschlafes. Zu einem tadelnden Ruf an die lachenden Unruhestifter konnte sich jedoch keiner aufraffen. Sie kannten schließlich nur zu gut den Anlass für dieses alberne Verhalten: Einsatzkoller!

Diese Gespräche, diese Blödeleien, der über viele Jahre entstandene Einsatzzynismus halfen dabei, diese Art von monotonen, kräfteverschleißenden Aufgaben leichter und besser zu überstehen. Dieses alberne Benehmen diente unterbewusst der Bewältigung und Verdrängung des Einsatzfrustes. Die Spannung, die sich in einem mehrtägigen Einsatz aufbaute, erhielt von vielen unterschiedlichen Faktoren Nahrung: Eintönigkeit und sinnlos erscheinenden Befehlen, Dauer des Einsatzes, tagelangem Streckenschutz mit 15 bis 20 Stunden Dienst, Art der Unterbringung, Verpflegung, Wetter, den gegnerischen Kontrahenten und der eigenen Gemütsverfassung.

Dazu kam dann noch der eigene Partner, der wegen der vielen Einsätze der letzten Zeit zu Hause maulte, nach mehr Aufmerksamkeit und mehr gemeinsamer Zeit verlangte. Aber das Einsatzaufkommen für Hundertschaften, die geleisteten Stunden erreichten dieses Jahr einen Höchstwert und waren mit einem normalen Familienleben kaum zu vereinbaren. Der eskalierende Rockerkampf zwischen den Hells Angels und den Bandidos forderte einen hohen zeitlichen Tribut bei allen Polizeieinheiten. Die stetige Zunahme der islamistischen Gefährder und deren Rund-um-die-Uhr-Bewachung wurden zunehmend auf die Schultern der Einsatzhundertschaften gelegt zuzüglich der allwöchentlichen Termine in Deutschlands Fußballarenen.

Nicht um jede Partnerschaft stand es daher zum Besten, und ein dringend benötigtes gemeinsames Wochenende fiel oft den Einsätzen zum Opfer.

Doch nun wurde die Langeweile endlich verdrängt. Jetzt, um 0300, war ein erhöhtes Aufkommen an Funksprüchen zu bemerken, und Hundertschaften brachten sich in Stellung. Die vorerst letzte Blockade, die die Einfahrt des Zwischenlagers Gorleben sperrte, stand kurz vor der Räumung. Tausende

Polizeikräfte wurden zusammengezogen, um wieder eine ganze Nacht lang Demonstranten von A nach B zu tragen. Sie hatten alle weiß Gott schon angenehmere Einsätze erlebt. Doch Marius und seine Kollegen hätten gerne mit ihnen getauscht. Alles, meinetwegen auch stundenlanges Schleppen, dachte sich Marius, nur nicht weiter endlos Posten stehen an einer Straße, die niemand benötigte. Doch seine Bitte wurde nicht erhört, denn auch an der zweiten Großräumung von bis zu 4000 Atomkraftgegnern war seine Gruppe nicht beteiligt. Die Blockierer harrten teilweise bereits bis zu 40 Stunden auf Strohsäcken und Isomatten aus. Aber Marius und seine Kollegen bekamen diesen weiteren Großeinsatz nur per iPhone, Laptop oder Anrufen von zu Hause berichtet.

Um 0325 startete die Räumung, und die nächtliche Schinderei Tausender Polizeikräfte ging in die Verlängerung. Der Lkw-Transport der Castor-Behälter würde nicht eher starten, bis alle Hindernisse auf der 19 Kilometer langen Strecke beseitigt waren.

0515, die Räumung fraß sich nur langsam durch die Blockade, und Polizeieinheiten kämpften noch an anderen Fronten. Greenpeace war es gelungen, einen als Bierlaster getarnten Lkw auf die Transportstrecke zu bringen. Dort hatten sich zwei Aktivisten mit Armen und Beinen in einem Betonblock und den Lkw mit einer ähnlichen Vorrichtung im Straßenasphalt verankert. Diese Sperrung dauerte seit über zwölf Stunden an. Technischen Einheiten mit Bohrhämmern und schwerem Räumgerät gelang es erst um 0735, diese Lkw-Blockade zu entfernen. Die Finte mit der falschen Strecke war also offenbar fehlgeschlagen, die Einsatzleitung hatte sich verspekuliert. Es wäre wohl doch besser gewesen, die komplett gesicherte und abgesperrte Route zu befahren, aber jetzt war es zu spät.

Auch das kräftezehrende Schleppen und Tragen hatte irgendwann einmal ein Ende. Der letzte Aktivist wurde um 0750 eingehakt und fortgetragen. Dann konnte der Polizeiführer die Strecke endlich für die elf Tieflader freigeben. Die Wagen rollten ab 0835.

Marius' Einheit und Tausende andere Polizisten sperrten immer noch eine Straße ab, die niemand befuhr außer einigen den Transport parallel begleitenden Einheiten. Um 0920 erfüllte das Dröhnen von Hubschraubern die Luft und kündigte die Durchfahrt des Atommülls durch Marius' Einsatzabschnitt an. Diese Art der Luftabsicherung und den ohrenbetäubenden Lärm brachte Marius eher mit einer Dokumentation über den Vietnamkrieg in Verbindung als mit einem Polizeieinsatz, aber der Castor-Einsatz sprengte schließlich jeden normalen Rahmen.

Marius hatte sich die letzten Tage einen Blick auf eine Kommandoeinheit der GSG 9 erhofft, die ihm bei einem der letzten Einsätze im Wendland über den Weg gelaufen war. In Lüneburg sollten zwei Einheiten von Spezialeinsatzkommandos operieren, sie blieben aber für den Großteil der eingesetzten Polizeikräfte unsichtbar, ihre genaue Verwendung wurde gehütet wie ein Staatsgeheimnis. Jetzt glaubte er zu wissen, wo sie waren. Denn da oben in den Hubschraubern, direkt über den Castoren, wäre taktisch die beste Position für die begleitenden Elitepolizisten. So wäre einem Kommando der »Neuner« oder einem Spezialeinsatzkommando eines Landes der schnellste Zugriff bei einem schweren Zwischenfall möglich. Denn auch ein Terroranschlag auf den Atommülltransport gehörte zu den ausgearbeiteten Worst-Case-Szenarien der Einsatzleitung.

Terroranschlag. Dieses Wort war heute jedoch tabu, darauf achteten die Polizeiführung und die Pressekontaktbeamten penibel. Die Öffentlichkeit war durch Begriffe wie Atommüll, Strahlungsschäden, Langzeitfolgen und erhöhtes Krebsrisiko schon beunruhigt genug. Spekulationen über einen möglichen Anschlag waren da das Letzte, was man jetzt noch zusätzlich wollte. Doch so abwegig waren diese Gedankenspiele nicht. Mit etwas Vorstellungskraft konnte man einen Castor-Transport als den wichtigsten Bestandteil einer schmutzigen Bombe bezeichnen. Es gab zwar zahlreiche Sicherheitsprüfungen, die ein Castor-Behälter überstehen musste, z. B. einen Sturz aus neun Meter Höhe oder ein dreißigminütiges Feuer bei 800 Grad. Aber ein Anschlag mit einer Panzerfaust, den deutsche und amerikanische Behörden durchgespielt haben, zählt nicht zu dem Anforderungen, die ein Atombehälter bestehen muss. Die Ergebnisse der Tests waren erschreckend, schon eine relativ kleine Panzerfaust konnte ein Loch in die Castor-Hülle schlagen. Der Transportausschuss der Internationalen Atomenergiebehörde IAEA teilte dazu auf Anfrage mit: »Kein Castor-Behälter ist dafür ausgelegt. Es gibt auch keine Vorschriften, weder von der internationalen Atomenergiebehörde noch abgeleitet aus nationalen Gesetzen.«

Ein solcher Anschlag würde bereits ausreichen, um einen Teil des Inhaltes verdampfen und Radioaktivität austreten zu lassen. Experten für ein geplantes Atommüllendlager im US-Bundesstaat Nevada wiesen ausdrücklich auf die Terrorgefahr hin und erörterten weitere schwerwiegende Szenarien.

»Es gibt realistische Umstände, unter denen die Folgen eines Anschlages schlimmer werden ... So könnte ein Selbstmordattentäter viel stärkere Sprengsätze benutzen.«

Auch ein Professor der Universität Duisburg, der Ingenieure unterrichtet, die Castor-Behälter bauen, warnte vor katastrophalen Szenarien:

»Da muss man Folgendes bedenken, dass, wenn eine Granate auftrifft, ja nur ein Teil des radioaktiven Inventares freigesetzt wird. Sollte aber ein Angriff mit vielen Granaten erfolgen, dann wird ja ein erheblicher Teil des Inventars freigesetzt. Sodass im allerungünstigsten Fall mit einem Zehntel der Aktivität zu rechnen ist, die bei Tschernobyl freigesetzt wurde.«

Seine weiteren Gedankenspiele lesen sich wie Endzeitprophezeiungen. Ein großer Teil des hochradioaktiven Inhaltes würde nach einem solchen Beschuss auf Tausende Grad aufgeheizt und verdampfen. Die Strahlung wäre im Umkreis von mehreren Hundert Metern tödlich. Man könnte nichts dagegen unternehmen, und noch Tage nach dem Anschlag würde ungehindert Radioaktivität austreten. Der Professor begründete seine Aussagen wie folgt: »Das Hauptproblem ist, dass man wegen der starken Kontaminierung an den unmittelbaren Bereich um den Castor herum nicht herankommt, um das Loch zu stopfen oder eine Abschirmung anzubringen.«

Einen Bericht über diese Ergebnisse und Szenarien brachte das ARD-Magazin *FAKT* bereits vor Jahren, doch er verschwand wieder aus dem Bewusstsein der Öffentlichkeit. Verwunderlich in einer Zeit, in der schon geringe Mengen Industriesprengstoff in einer Frachtmaschine weltweit für erhebliche Behinderungen und Ausfälle von Flügen ausreichen. Dieser Vorfall füllte Nachrichten- und Sondersendungen auf dem gesamten Globus, doch die Gedankenspiele um den Atomtransport scheinen offenbar zu abwegig und unwahrscheinlich zu sein. Oder stecken Politiker und Polizeiführungen hinter dieser medialen Zurückhaltung?

Im Oktober 2011 schlug die NATO wegen des Verschwindens von bis zu 10 000 Boden-Luft-Raketen während des libyschen Bürgerkrieges Alarm. Die aus russischer Produktion stammenden, einfach zu bedienenden, schultergestützten Raketen waren aus den vollgestopften Magazinen Gaddafis nach Plünderungen durch Rebellen auf die Schwarzmärkte für Waffen im Nahen Osten gelangt. Auf diesen tummeln sich sämtliche aktiven islamistischen Terrororganisationen. Durch ein Überangebot der Raketen sei deren Preis laut Geheimdienstinformationen von anfänglich 15 000 Dollar auf 4000 Dollar gefallen. Der Vorsitzende des NATO-Militärausschusses, Admiral di Paola, bescheinigt diesen leicht zu transportierenden Waffen ein enormes Bedrohungspotenzial und warnt, dass diese praktisch überall wieder auftauchen können. Diese Waffenbasare und Kontinentaleuropa – und damit auch Gorleben – trennt aber lediglich das Mittelmeer.

Den Castor-Transport als rollende schmutzige Bombe zu benutzen hätte für terroristische Anschläge einen entscheidenden Vorteil. Dieses verstrahlte Material, der Atommüll, müsste nicht erst aus einer militärisch streng gesicherten Anlage gestohlen werden. Und auch ein schwieriger verdeckter Transport, womöglich Hunderte Kilometer über penibel bewachte Ländergrenzen hinweg, wäre damit überflüssig. Denn das Atommaterial wäre ja schon da, wo es eine ganze Reihe islamistischer Terrorgruppen erklärtermaßen zur Detonation bringen wollten. In einem Land, das spätestens seit der Teilnahme am Afghanistankrieg zum legitimen Angriffsziel erklärt wurde – die Bundesrepublik Deutschland.

Wer die gewissenhaften Planungen des Bundesministeriums des Inneren kennt, kann sich kaum vorstellen, dass es keine Pläne für solche Worst-Case-Szenarien gibt. Evakuierungspläne von ganzen Landstrichen und die Bereitschaft von Strahlenschutzkommandos inklusive. Diese Kräfte wurden aber, wenn überhaupt, weit weg von Öffentlichkeit und Pressekameras einsatzbereit gehalten, und auch Marius' Hundertschaft erfuhr nichts. Denn dass die öffentliche Diskussion in diese Richtung schwenkte, sollte auf jeden Fall vermieden werden. Das T-Wort war tabu.

Der eigentliche Straßentransport auf der Alternativroute wurde direkt mit starken Polizeikräften gesichert, wobei die Vorhut allein mehrere Hundertschaften umfasste. Wenn Blockaden und Hindernisse bestanden, stoppte der ganze Transport, und die Blockaden wurden beseitigt. Dies geschah mehrfach.

Für die restlichen Polizisten war es schwer, etwas Offizielles über den aktuellen Standort des Castors und eventuelle Zwischenfälle zu erfahren. Die Beamten behalfen sich wie in ähnlichen Situationen auch, sie improvisierten.

Das Internet stellte einen steten Informationsfluss über iPhone und Laptop sicher. Oder es gab einen Anruf zu Hause bei der Familie, die gespannt die Livenachrichten verfolgte, um sich zu vergewissern, dass mit dem Partner, Sohn oder Bruder alles in Ordnung war und er wieder unbeschadet zurück nach Hause kommen würde. Oft waren die Angehörigen am Heimatort besser und schneller über den Einsatzverlauf und den Standort des Castors informiert als die Polizisten vor Ort. Die Weitergabe von Behördeninformationen an untergeordnete Einheiten hatte gegen die Aktualität der Liveberichterstattung der Medien keine Chance. Der Konvoi wurde für Marius und seine Einheit nur für kurze Zeit, unter ohrenbetäubendem Lärm der rotierenden Hubschrauber-Rotorblätter, am Horizont sichtbar. Das war's.

Der Castor-Transport erreichte am Dienstag, den 9. November 2010, das Zwischenlager Gorleben, wo sich um 0952 die Tore schlossen.

Wie immer war damit der Einsatz aller Beamten jedoch noch nicht beendet. Die Nachaufsicht des Atommülltransportes zog sich über zwei Stunden hin. Die Einsatzführung wollte zu 100 Prozent sichergehen, dass keine Einheiten mehr benötigt wurden.

Sie wollte ausschließen, dass es weitere spontane Demonstrationen oder Gewaltentladungen gegen das Zwischenlager gab. Gegen 1200 nach 20 Stunden Dienst erreichte Marius' Hundertschaft der lang ersehnte Funkspruch der Einsatzführung: »Wir bedanken uns für Ihren Einsatz, und entlassen Sie aus dem Einsatzraum. Kommen Sie gut nach Hause.«

Aber nach Hause ging es noch lange nicht. Nach Erreichen ihrer Containerbehausung hatten Tausende Beamte erst einmal das gleiche Bedürfnis – ein warmes Essen. Nach den unvermeidlichen 30 Minuten des Wartens erhaschten sie einen freien Platz und verschlangen Grünkohl, Kartoffeln und Wurst, lecker wie die Tage zuvor. Dann wartete, nur 200 bis 300 Kilometer von dem eigenen Bett, Wohnung und Familie entfernt, ein letzter Befehl auf sie, der unbeliebteste Befehl des gesamten Einsatzes: Schlafen!

Alles Zaudern half nichts, der Befehl war eindeutig, sie mussten acht Stunden schlafen. Danach konnten sie ihre Klamotten packen, Autos beladen, eine letzte Mahlzeit zur Stärkung einnehmen und dann Richtung Heimatdienststelle aufbrechen.

Vor einigen Jahren hatte sich noch niemand darum gekümmert, dass die Beamten ausreichend schliefen. Sobald ein Einsatz beendet war, gab es für viele, egal, wie viele Stunden die Fahrer schon wach und im Einsatz gewesen waren, nur eines: die Fahrt Richtung Heimat. Deshalb hatte es in der Vergangenheit einige schwere Unfälle gegeben, sodass dieses Verhalten von der Führung nicht länger geduldet wurde.

Die unverantwortliche und gesetzeswidrige Übermüdung von Fahrern wurde aber in keinem Unfallbericht explizit aufgeführt, denn den Unfall nahmen natürlich Polizisten auf, Kollegen.

Kollegen, die ihre Zeit in den Einsatzhundertschaften und Großeinsätzen schon hinter sich hatten und dieses Verhalten nur zu gut kannten. In Polizeikreisen ist schließlich bekannt, dass kaum ein Verkehrsteilnehmer mehr Verstöße gegen das Tempolimit begeht als eine Polizeieinheit auf dem Rückweg von einem mehrtägigen Einsatz. Denn alle wollen nur schnellstmöglich nach Hause zu der wartenden Familie, den Freunden, der Frau oder der Geliebten.

Gegen 0030 erreichte Marius' Gruppe die Heimatdienststelle. Dort musste der Wagen entladen, jedes Einsatzfahrzeug randvoll betankt, Verlust- und Reparaturmeldungen auf den Weg gebracht und Einsatzmittel für einen neuen Einsatz vorbereitet werden, insbesondere zählte dazu das Aufladen von Handys und Akkus der Funkgeräte. Denn eine alte Polizeiweisheit besagt zutreffend: »Nach dem Einsatz ist vor dem Einsatz!«

Weit nach Mitternacht konnte Markus dann seine Frau in den Armen halten, küsste seine schlafende fünfjährige Tochter, duschte und konnte endlich wieder in seinem eigenen Bett schlafen.

Im Gorleben-Einsatz wurden 131 Polizisten verletzt, davon 78 durch Gewalttäter (meist durch Stein- und Flaschenwürfe). Während der Protestaktionen nahm die Polizei 1316 Aktivisten in Gewahrsam und sprach 306 Platzverweise aus. Die Beamten leiteten 172 Strafverfahren ein und stellten 117 blockierende Traktoren sicher. Die Castor-Behälter benötigten von der Wiederaufbereitungsanlage La Hague in Nordfrankreich bis zum Zwischenlager Gorleben 92 Stunden. So lange wie nie zuvor.

Die Kosten des Gesamteinsatz werden nach ersten Schätzungen 50 Millionen Euro übersteigen.

Im November 2011 wurden weitere elf Atommüllbehälter aus La Hague abgesandt.

Und ab 2014 warten 21 Container aus dem britischen Sellafield auf ihren Transport zum Zwischenlager Gorleben.

Der eilig beschlossene Atomausstieg nach der Katastrophe in Fukushima bedeutet nicht etwa das Ende der umstrittenen Castor-Transporte, im Gegenteil. Experten rechnen mit einem hohen Anstieg des Verbringens der radioaktiv verstrahlten Brennelemente aus den abgeschalteten Atomkraftwerken. Diese müssen zuerst mindestens fünf Jahre im Abklingbecken abkühlen, bevor sie überhaupt in einem Castor-Behälter zwischengelagert werden können. Bis zur Endlagerung der Hinterlassenschaften der 17 deutschen Atomkraftwerke werden weitere Jahre vergehen, denn zuerst müssen die glühenden Brennstäbe überhaupt erst transportfähig werden, und es fehlt nach wie vor ein offizielles Endlager.

Eines ist allerdings sicher: Marius und seinen Kollegen wird ihr Containerdorf in Lüneburg noch bei vielen Einsätzen Unterschlupf gewähren müssen.

»The same procedure as every year!«

6. NICHT PRESSEFREI
Der Zensur zum Opfer gefallen

»Wer die Wahrheit nicht weiß,
der ist bloß ein Dummkopf.
Aber wer sie weiß und sie eine Lüge nennt,
der ist ein Verbrecher.«

Bertolt Brecht

Das Telefon läutete. Der Wachhabende registrierte mit geschultem Blick auf dem Display den Anrufer. Internes Netzwerk. Dienstgruppenleiter der Einsatzleitstelle. Der höchste weisungsbefugte Polizeibeamte der Frühschicht dieser Großstadt. Es gab drei Möglichkeiten für diesen Anruf: ein harmloser Plausch unter Kollegen, Nachfragen zu einem abgeschlossenen Einsatz oder die Erteilung eines neuen heiklen Auftrages. Denn dazu vermeiden Polizeibeamte die Nutzung ihrer hoffnungslos antiquierten Zwei- und Vier-Meter-Funkgeräte, wann immer es möglich ist. Denn in Internetforen tauschen sich interessierte Funkexperten und solche, die es werden wollen, über polizeiliche Rufnamen, ihre verwendeten Kanäle und technische Möglichkeiten, den Polizeifunk abzuhören, seit Jahren aus. Funkrufnamen der unterschiedlichen Polizeibehörden wie beispielsweise »Union« für Dortmunder Einheiten und »Gruga« für Essener Polizeikräfte sind dort nachzulesen.

Vor einigen Jahren ordnete eine Kommission sämtliche Polizeirufnamen um. Einsatzhundertschaften eines Bundeslandes erhielten alle denselben Rufnamen und unterscheiden sich nur noch durch ihre zugeteilte Nummerierung (z. B. Jupiter 17/10, wohinter sich der Hundertschaftsführer der Münsteraner

Kräfte verbirgt). Bei allein 18 bestehenden Hundertschaften in NRW nimmt diese Regelungswut schnell chaotische Züge an. Andere Bundesländer bekamen die Rufnamen »Venus«, »Mars« oder »Planet« verordnet. Die Spezialeinsatzkommandos (SEK) behielten auch bei der Namenszuteilung ihren besonderen Status. Die sechs SEK-Teams aus NRW teilen sich beispielsweise den Rufnamen »Titan«. Ob die GSG 9 von dieser bürokratischen Regulierung verschont wurde und ihre zutreffende Funkkennung »Wotan« gemäß dem germanischen Kriegsgott behielt, ist nicht bekannt.

Im Internet werden oftmals die zugewiesenen Kanäle gleich mitveröffentlicht sowie Bezugsquellen von Funkscannern mitgeteilt, technische Manipulationen an Radiogeräten erläutert und neu entstandene Abhörmöglichkeiten durch das World Wide Web diskutiert.

Die hoffnungslos veraltete analoge Funktechnik der BOS-Systeme (Behörden und Organisationen mit Sicherheitsaufgaben) sollte ursprünglich zur Expo 2000 von einem abhörsicheren, digitalen bundesweiten Funknetz abgelöst werden. Der nächste anvisierte Termin betraf die Fußball-Weltmeisterschaft 2006. Doch auch diese Großlage mussten Tausende Polizeibeamte mit teilweise 30 Jahre alten Funkgeräten bewältigen. Ersatzteile dafür sind so gut wie nicht mehr vorhanden, die Tüftler in den Polizeiwerkstätten sind daher dazu übergangen, aus zwei, drei kaputten Geräten ein funktionierendes Gerät zusammenzuschrauben und -zulöten. Diese Flickschusterei wird irgendwann an ihre Grenzen stoßen. Hoffentlich nicht bevor die Übergangszeit zu einem nun endlich im Aufbau befindlichen Digitalnetz abgeschlossen ist.

Innenminister und Polizeiführer lassen sich indessen gerne öffentlich feiern für das neu entstehende Netz, das momentan stückchenweise in ersten Abschnitten und Städten verwendet wird. Eingesetzte Polizisten berichten währenddessen von städtischen Funklöchern und einem Komplettausfall bei Überlastung der Funkzellen wie bei dem großen Testversuch, dem Castor-Transport 2010 in Niedersachsen.

Derweil geben Hamburger Kollegen viel positives Feedback über ihr neu verfügbares Kommunikationsführungsmittel. Das bundesweite Netz befindet sich aber immer noch im Aufbau mit einem jahrelangen zeitlichen Verzug und daraus resultierenden schwerwiegenden Konsequenzen. Einzig und allein auf eine vorhersehbare Tatsache in diesem behördlichen Beschaffungsalbtraum war Verlass: Die Kosten explodierten von ursprünglich kalkulierten fünf Milliarden Euro auf über zehn Milliarden.

Alle europäischen Nachbarn verwenden bereits seit Jahren einen flächendeckenden polizeilichen Digitalfunk, selbst der Pleitestaat Griechenland. Albanien war der letzte Staat, der seine Beamten mit diesem modernen Kommunikationsmittel ausstattete. Aktuell verfügen nur deutsche Polizisten nicht über diese technischen Fähigkeiten.

Vielleicht wäre sogar die Tragödie der Loveparade mit 21 Toten, über 500 Verletzten und Tausenden traumatisierten Menschen mit einem funktionierenden Polizeifunknetz zu verhindern gewesen ...

Die Realität in deutschen Streifenwagen stellt sich folgendermaßen dar: Es gibt ein veraltetes analoges Funkgerät, daneben befindet sich bereits die Vorrichtung für die digitalen Geräte, die jedoch noch nicht funktionstüchtig sind, und seit einiger Zeit ein dienstliches Handy, mit dem mittlerweile der Großteil der polizeilichen Arbeiten bewältigt wird.

Wie dem auch sei, das Festnetztelefon des Wachhabenden der Polizeiinspektion klingelte, und er griff zum Hörer. Der Dienstgruppenleiter der Einsatzleitstelle war nicht zum Scherzen aufgelegt, wie der Wachhabende unschwer am Tonfall seines Vorgesetzten bemerken konnte. Fassungslos und angeekelt ließ er die Schilderung des Tatablaufs über sich ergehen und verzichtete auf jede weitere Nachfrage. Auch die vorgeschriebenen Kommunikationswege und die strikte Geheimhaltung leuchteten ihm ein. Mit einem angewiderten Kopfschütteln und einem genuschelten »Das gibt's doch nicht« beendete er das Gespräch. Am liebsten hätte er entgegen der erteilten Anordnung den Einsatz allgemein zugänglich über das polizeiliche Funknetz verteilt und so diesen Vorgang einem Haufen vermuteter Lauscher, darunter wie immer die örtlichen Polizeireporter von Tageszeitungen und Radiostationen, offenbart. Aber die berufliche Lethargie und seine im Laufe der Jahre entstandene Gleichgültigkeit behielten die Oberhand bei dem 53-jährigen Führungspolizisten und verscheuchten dieses kurze Aufblitzen von Widerstandswillen gegen eine von oben verordnete politische Korrektheit. Über Verlogenheit und falsche Rücksichtnahme war er schon zu oft in seiner Beamtenlaufbahn gestolpert, als dass er sich darüber noch nachdrücklich echauffieren konnte.

Im Küchenraum der Dienststelle saßen noch zwei Streifenwagenbesatzungen der Frühschicht einträchtig bei Filterkaffee und belegten Brötchen zusammen. Darunter der erst kürzlich zu ihnen versetzte 25-jährige Stefan und eine alt eingespielte Crew. Nach kurzem Zögern entschied er sich gegen den jungen Kollegen und verschonte ihn mit so viel Realität an einem Montagmorgen um 9.30 Uhr. Er winkte den älteren Streifenführer Frank mit einem Kopfnicken aus dem Raum. Nach kurzer Zeit kehrte Frank zurück, trank seinen letzten Schluck Kaffee im Stehen und bedeutete seinem Kollegen, das Frühstück abzubrechen.

»Was liegt an?«, fragte sein Streifenkollege neugierig.

Frank schüttelte missmutig den Kopf, mehrmals. Sein Kollege unternahm im Aufstehen einen weiteren, schon leicht angesäuerten zweiten Versuch. »Aber wo es hingeht, werde ich wohl noch erfahren dürfen?«

»Wir fahren zum Pferdehof, den Rest erzähl ich dir unterwegs. Los jetzt.«

Stefan und sein Bärenführer, oder neudeutsch Tutor, schauten sich ratlos an und wunderten sich über diese Geheimniskrämerei. Auch dem wiedereintretenden Wachhabenden konnten sie keine zusätzlichen Informationen entlocken. Stattdessen schickte er sie wortkarg in die nächste Karstadt-Filiale, wo ein Ladendieb ohne Papiere den Hausdetektiven Probleme bereitete. Im Fahrzeug meldete Stefan der Einsatzleitstelle per Funk den Grund und Ort ihres Einsatzes an und startete den Motor. Die unmittelbar vor ihnen fahrenden Kollegen mit dem ominösen Auftrag unterließen diese Statusmeldung. Aus Versehen oder bewusst?

Der Ladendieb hielt sie nicht allzu lange auf. Sobald sie das Warenhaus verlassen hatten, beschwatzte Stefan seinen Kollegen, auch zum Pferdehof zu fahren, um etwas Licht ins Dunkel zu bringen. Seinen chronisch neugierigen Bärenführer brauchte er nicht lange zu überreden, außerdem war es ansonsten eine ruhige, geradezu langweilige Frühschicht. Also machten sie sich auf den Weg.

Gegensätzlicher hätten ihre beiden Zielorte nicht sein können. Gerade noch hatten sie in einem heruntergekommenen Hinterhof gestanden, der vollgeschmiert war mit Graffiti und in dem ein durchdringender Gestank nach altem Urin in der Luft hing, und nun gondelten sie durch eine sattgrüne Landschaft, immer tiefer in ein nahes Waldgebiet und immer weiter von dem betonierten Moloch Stadt weg. Der Pferdehof lag herrschaftlich auf einer Anhöhe, umgeben von einer mondänen und perfekt gepflegten Parklandschaft. Sie fuhren über ein Rondell und parkten ihren Wagen neben einigen Edellimousinen. Der fein gerechte Kies knirschte unter Stefans dicken Stiefeln. Das ganze Anwesen strahlte eine englische, aristokratische Landhausatmosphäre aus. Augenblicklich legte sich eine kaum für möglich gehaltene Entspannung über die Polizisten, und sie genossen ihren »Kurzurlaub«. Die Stille wurde nur von zwitschernden Vögeln und dem Rauschen der Baumgipfel unterbrochen. Welch eine Idylle, welch ein Gegensatz zu dem Ort, den sie gerade erst verlassen hatten. Mit einem Wink in Richtung der geparkten Luxuslimousinen bemerkte Stefan:

»Ganz schön viel los für einen Montagvormittag. Muss hier niemand arbeiten?«

»Wenn ich mir die Autos so anschaue, dann muss von den Besitzern wohl niemand mehr arbeiten, auf jeden Fall nicht die Frauen auf diesem Pferdehof«, entgegnete sein Kollege spöttisch.

Auf diesem Pferdehof mieteten sich gut situierte Familien ein, genauer gesagt, sie pachteten Boxen für ihre Pferde, um sie artgerecht zu halten und ihnen die bestmögliche Versorgung und Unterbringung angedeihen zu lassen. Auf den ausgedehnten Weiden und Parcours konnten die Hengste und Stuten nach Herzenslust geritten und dressiert werden. Ein menschlich geschaffenes Paradies für Pferd und Reiter. Der gesamte Bereich schien verlassen, doch in einiger Entfernung entdeckten sie eine Menschenansammlung direkt vor den Stallungen. Dort parkte auch der Streifenwagen ihrer Kollegen. Sie näherten sich dem guten Dutzend Anwesenden, ausnahmslos Frauen. Eine unnatürliche Ruhe, geradezu eine Grabesruhe, umhüllte die großzügig angelegten Stallungen. Kein Lachen, kein Smalltalk, kein Zuruf, nichts.

Stefan und sein Kollege spürten die Veränderung der Lage buchstäblich körperlich, ein bedrückendes Gefühl überkam sie. Obwohl sie die Vorgänge noch nicht kannten, signalisierte ihnen ihr polizeilicher Instinkt, dass hier etwas Böses Einzug gehalten hatte. Als sie sich der Personengruppe bis auf 50 Meter genähert hatten, kamen ihnen offensichtlich Mutter und Tochter entgegen, beide blond, hübsch, schick und teuer gekleidet. Beide heulten und schluchzten, die Tränen hatten das Make-up und den Lidstrich verwischt und ihre äußere Fassade zerstört. Sie umarmten sich im Gehen, und man konnte nicht mit Sicherheit bestimmen, wer wen stützte. Sie stützten einander. Die etwa 20-jährige Tochter vergrub ihren Kopf an der Schulter der Mutter und weinte hemmungslos mit offenem Mund. Ihre Mutter streichelte ihr beruhigend durch die Haare, während die linke Hand ihre eigene Stirn massierte. Fassungslosigkeit lag in ihrem Ausdruck, sie wirkte, als ob sie mit der Stirnmassage ihren Kopf, ihr Gehirn zwingen wollte, das soeben Erlebte zu begreifen und zu verarbeiten. Doch offenbar misslang ihr das. Als sie aneinander vorbeigingen, kreuzten Stefans Blicke die der Mutter. Ihre Augen versprühten keinerlei Lebensfreude oder Hoffnung, sie waren verheult, leblos. Stefan meinte aber etwas wie Mitleid in ihrem Blick zu erkennen, was ihm und seiner Berufswahl zu gelten schien, aber warum? Die einsatzführenden Kollegen verabschiedeten sich gerade mittels Handschlag von einer Tiermedizinerin. Hier gab es nichts mehr für sie zu tun, sie beendeten ihren Auftrag.

Per Blickkontakt verabredeten sich die Polizisten am Rondell, zu dem Frank nun den Streifenwagen steuerte. Trotz seiner brennenden Neugier wartete Stefans Bärenführer, bis sein Kollege, der aufgewühlt schien, erzählen konnte. Er zündete sich eine Zigarette an. Nach den ersten tiefen Atemzügen Nikotin in seiner Lunge normalisierte sich sein Zustand wieder:»Dem Mitarbeiter, der heute als Erster in den Stallungen war, fielen am Morgen zwei verletzte Pferde auf. Beide wiesen Verletzungen an den unteren Vorder- und Hinterbeinen auf. Eine Stute blutete aus der Vulva und dem Anus, die zweite wies dort ebenfalls Verletzungen auf, die von stumpfer Gewalteinwirkung resultierten.«

Der Stressraucher – eineinhalb Schachteln am Tag – nahm einige tiefe Züge, und seine Stimme, die sich beim Sprechen überschlagen hatte, normalisierte sich wieder halbwegs. »Die Tierärztin hat festgestellt, dass die Verletzungen oberhalb der Hufe durch Fesselungen verursacht wurden, danach oder vorher wurden die Pferde umgeworfen und vaginal und anal schwer verletzt. Die eine Stute ist so schwer verwundet und leidet so große Schmerzen, dass sie sofort eingeschläfert werden musste. Die zweite wird noch untersucht, wird aber wahrscheinlich auch nicht mehr zu retten sein.«

Stille breitete sich unter den Polizisten aus, nur das Ausstoßen des Rauches war zu hören, aber Franks Ausführungen waren noch nicht beendet. »Die Tierärztin hat einen Verdacht geäußert. Sie hat derartige Verletzungen und Tatabläufe schon einige Male gesehen. Insgesamt dreimal. Die Vorgänge konnten in diesen Fällen rekonstruiert werden, da eine Tätergruppe ermittelt wurde. Mehrere Männer hatten damals die Beine der Pferde straff gefesselt und quälend fest zusammengebunden. Bei dem folgenden Martyrium wanden sich die Pferde und versuchten dadurch, die Fesseln abzustreifen. Dies misslang aber, und die Stricke schnitten sich durch die hektischen Bewegungen der panischen Tiere immer tiefer ins Fleisch. Die umgeworfenen Stuten wurden dann fixiert und von einem der Männer vergewaltigt.«

»Vergewaltigt?!« Stefan war fassungslos. »Wer vergewaltigt denn ein Pferd?«

Frank benötigte zum Stressabbau eine höhere Konzentration von Nervengift in seinem Körper und nahm etliche tiefe Züge, bevor er weitersprach. »Die damals ermittelten Täter gehörten einem albanischen Familienclan an. Ein Heranwachsender sollte durch dieses Machoritual seine Manneskraft beweisen und danach in ihrem Manneskreis aufgenommen werden. Im Anschluss an diesen Akt verletzten sie das Pferd mit den Holzstielen von Mistgabeln und abgebrochenen Ästen anal und vaginal. Dies führte zu erheblichen inneren Verletzungen und Blutungen. Die Tierärztin ist sich sicher, dass hier genau das gleiche Vorgehen stattgefunden hat, da sie die gleichen Verletzungsspuren gefunden hat.«

Stille. Niemand sprach.

Stefan ging einige Schritte zur Seite und starrte in die vom Wind bewegten Baumgipfel. Sein Gehirn ratterte, und er murmelte vor sich hin: »Aber warum dann diese Geheimniskrämerei? Keine Funksprüche. Keine Anmeldung. Keine Statusberichte.«

Frank zog tief an seiner Zigarette.

»Tja, die Leitstelle hat mich angewiesen, direkt nach dem Einsatz in die Dienststelle zu fahren und telefonisch Bericht zu erstatten. Den schriftlichen Bericht darf ich nicht in die normale Tagesablage heften, sondern er wird in einem verschlossenen Umschlag zum Präsidium geschickt.«

»Wem soll denn diese behördliche Vertuschung nutzen?«, bohrte Stefan aufgebracht nach.

»Die Bürokraten in den Amtsstuben treibt wohl die Sorge um, dass dieser Vorfall Vorurteile und Ressentiments gegen bestimmte ethnische Gruppen schüren und verstärken könnte. Außerdem könnten rechtspopulistische Parteien und Initiativen diese Meldung nutzen, um Stimmung gegen Gruppen von Migranten zu schüren, und zusätzlich fällt diese Art von Report wohl nicht unter die politisch korrekten Vorgaben der Führungsbeamten im Hinblick auf die Pressearbeit.«

»Die Realität ist also entweder politisch korrekt oder wird verheimlicht«, bemerkte Stefan lakonisch.

»So ist es, diese Vergewaltigung und die Verstümmelung werden in keinem Polizeibericht erscheinen, kein Journalist wird darüber aufgeklärt, und du wirst in keiner Zeitung jemals davon lesen. Am besten, junger Kollege, gewöhnst du dich ganz schnell an Political Correctness, Zensur und Vertuschung, darauf wirst du nämlich ständig stoßen.«

Die Kollegen verharrten eine Zeit lang wortlos.

Weitere Frauen gingen weinend und verstört zu ihren Fahrzeugen. Einige verließen fluchtartig den Ort, andere waren nicht in der Lage zu fahren und ließen sich schluchzend in ihre Autositze fallen. Die anwesenden Pferdebesitzer waren offensichtlich finanziell gut situiert, lebten in Straßenzügen mit Einfamilienhäusern am Rand der Großstadt und abseits von Gewalt, Kriminalität und Brutalität. Diese Idylle hatten sie auch für ihre Pferde erhofft und sie aus diesen Gründen hier untergebracht. Doch der Albtraum, die Schattenseiten einer Großstadt hatten sie doch noch eingeholt.

Auf der Wache telefonierte Frank mit der Leitstelle, informierte die Vorgesetzen über seine Erkenntnisse und den geäußerten Verdacht der Tierärztin. Die Leitstelle forderte daraufhin, den Bericht unverzüglich anzufertigen und den Bericht vorab mittels Fax zu übermitteln. Dies tat er auch. Keine zehn Minuten später spuckte das Faxgerät das Antwortschreiben seiner Vorgesetzten aus. Frank nahm es an sich, betrachtete es, schüttelte den Kopf und zuckte mit den Schultern. Natürlich, was hatte er auch sonst erwartet. Er ging in den Küchenraum, wo Stefan und sein Bärenführer die liegen gebliebenen Frühstücksutensilien verstauten, und hielt beiden Männern das Schriftstück unter die Nase. Stefan erkannte den Bericht von Frank, doch die Einsatzleitstelle hatte den Bericht nicht unkommentiert gelassen. Oben rechts prangte ein Stempelaufdruck, über dessen bloße Existenz ihn niemand während seiner Ausbildungszeit unterrichtet hatte. Der Befehl der Vorgesetzten war eindeutig und unmissverständlich formuliert. Der Bericht war gekennzeichnet und klassifiziert als »nicht pressefrei!«.

Stefan quälte sich durch die nächsten beiden Schichten. Er war sich nicht sicher, worüber er sich mehr aufregen sollte, die eigentliche Tat oder die behördliche Vertuschung derselben.

Die Vertuschung gelang. Es folgten keinerlei Presseartikel und keine Berichterstattung. Die Bevölkerung wurde von der Polizeiführung weder über das Geschehnis informiert noch über die erkennbaren Übereinstimmungen vieler Tatabläufe, und das bei über 250 weiteren Tatorten und 900 Pferdeattacken deutschlandweit. Dieses abartige, seit Anfang der 90er-Jahre auftretende Vorgehen, das sich hauptsächlich in den Nächten um die Vollmondphase abspielt, wird allgemein mit dem Begriff »Pferderipper« umschrieben.

Die zweite Stute musste später ebenfalls aufgrund der Schwere der zugefügten Verletzungen eingeschläfert werden. Die Täter wurden nie ermittelt.

7. ELITEPOLIZISTEN
Die geheime Bruderschaft Gaddafis

»Was in der Jugend ein Abenteuer war,
wird in den späteren Jahren nur noch ein teurer Abend.«
Fritz J. Raddatz

»Sie sind offen für außergewöhnliche Aufgaben? Sie suchen Herausforderung
in einem staatlichen Unternehmen, das für Recht und Gesetz, Gleichberechti-
gung, Offenheit, Verantwortung, Verlässlichkeit und Vertrauen steht? Wollen
Sie Unmögliches möglich machen? Dann starten Sie Ihre Karriere bei uns!

Viele Einsatzsituationen werden Sie an die Grenze Ihrer Belastbarkeit führen.
Sie sollten daher über gute sportliche Fähigkeiten und Fertigkeiten in Ausdauer,
Kraft, Schnelligkeit, Beweglichkeit und Koordination verfügen. Stressresistenz
und Konfliktfähigkeit helfen, psychische Belastungen aufzufangen.« »Spezi-
aleinheiten werden zur professionellen Bewältigung schwierigster Konfliktla-
gen oder zur Festnahme bewaffneter oder besonders gewaltbereiter Straftäter
eingesetzt. Dabei sind keine ›Rambos‹ gefragt – Einzelkämpfer sind out.«

Ministerium für Inneres des Landes NRW

Dieses Anforderungsprofil lässt erahnen, wie sich Politiker und Behördenführungen ihre idealen Elitekämpfer vorstellen. Selbstverständlich sollen
mit dieser politisch korrekt formulierten Anwerbungsbotschaft nur heran-

gereifte und sozial verantwortlich handelnde junge Männer für Spezialeinheiten angesprochen werden. Trotz der geforderten Fähigkeiten wie Kraft, Stressresistenz und Konfliktfähigkeit entspricht der gewünschte Prototyp eines Elitepolizisten eher den Vorstellungen eines Schwiegermutterlieblings. Aber sind das wirklichkeitsnahe Einschätzungen eines Ministeriums oder realitätsfernes Wunschdenken? Ist nicht vielmehr zu erwarten, dass die Aussicht auf ein gnadenlos hartes Training, auf die Festnahmen von Al-Qaida-Terroristen, Mafiakillern und skrupellosen Raubmördern eine ganz andere Art von Männern anzieht, als es die Richtlinien offiziell vorgeben? »Hänschen Müller« dürfte jedenfalls Schwierigkeiten damit haben, wenn er mittwochabends per Alarmierung und Hubschraubertransport zu einer Bankfiliale beordert würde, dort eingetroffen auf Befehl den Geiselnehmer oder einen Amokläufer mit einem finalen Rettungsschuss liquidieren und danach zu seinem normalen Leben, zu seiner Familie zurückkehren müsste.

Aber ein Rechtsstaat ist auf derartige Männer angewiesen. Männer, die dafür trainiert werden, jeglichen Widerstand zu brechen und in letzter Konsequenz auch zu töten.

Aufträge, Erlebnisse und Geschehnisse dieser Art schweißen solche Kerle ein Leben lang zusammen. Sie werden nicht nur Kollegen oder Kameraden, sie bilden eine Bruderschaft.

Ziehen solche Einsätze nicht unweigerlich Abenteuer, Draufgänger und Hasardeure an? Burschen, die auf Adrenalin, Nervenkitzel und Pulverdampf stehen und täglich neue Herausforderungen suchen? Dem Staat ist dieser Balanceakt bewusst, auch wenn dem administrativ mit aller Inbrunst widersprochen wird. Die Behörden bilden diese Männer an den neuesten und durchschlagkräftigsten Schusswaffen aus, vermitteln ihnen Wissen über Sprengstoffe und alle Möglichkeiten von Sprengungen, über die neuesten Taktiken im Häusersturm und -kampf und das effizienteste Ausschalten ihres polizeilichen Gegenübers. Nach Durchlaufen aller Ausbildungsmodule sind diese Männer dann zu absoluten Experten gereift.

Eliteeinheiten sind untereinander global vernetzt und durch regelmäßige Vergleichswettkämpfe über alle Ländergrenzen hinweg eng miteinander verbunden. Ohne Probleme würden diese Spezialisten einen hoch bezahlten Job in jeder Krisenregion der Welt erhalten. Die Bundesrepublik Deutschland vergütet ihnen diese besonderen Fähigkeiten mit einem Gefahrenzuschlag von 153 Euro pro Monat. Gleichzeitig fallen aber oftmals durch ihre Verwendung andere polizeiliche Zulagen wie die Schichtzulage für den Streifendienst weg. Die Gefahrenzulage wird daher häufig nur durch die höheren Beiträge für Versicherungspolicen zur Absicherung der Familien aufgefressen.

Obwohl diese Einheiten für einen ganz bestimmten Männertyp eine erhöhte Anziehungskraft besitzen und eine entsprechende Kaltblütigkeit antrainiert wird, verlangt der Dienstherr ein tadelloses Privatleben ohne Auffälligkeiten und Probleme. Ihre Befähigungen und ausgebildeten Qualifikationen beansprucht die Behörde ausschließlich für ihre Problemlösungen. Privat, in ihrer Freizeit, soll aus den hoch trainierten Elitekämpfern dann wieder »Hänschen Müller« werden. Aber ist dieses Szenario realistisch?

Rotlichtparty. Es stand eine coole Party in dem szenigsten Club der Stadt an. Die sowieso schon scharfen und aufgestylten Barkeeperinnen trugen Lackstiefel und Lederkorsagen, und der gesamte Club wurde von einem ausgeklügelten Lichtsystem in sündiges Rotlicht getaucht. Die Motto-Party fand wegen des großen Zuspruches quartalsweise statt. Unter den regelmäßigen Besuchern befand sich eine Gruppe durchtrainierter Männer, die eines einte: ihr Beruf. Die meisten waren Angehörige des städtischen Spezialeinsatzkommandos (SEK), andere dienten in der Einsatzhundertschaft. Zwei Jungs der Clique mussten diesmal kurzfristig absagen, da es Stress mit ihren Frauen gab. Sie hatten einen Aufstand veranstaltet, weil sich ihre Partner mit dieser Gruppe von Draufgängern und Womanizern die Nacht um die Ohren schlagen wollten. Schweren Herzens hatten die Männer ihren Kumpels abgesagt. Ohne es zu ahnen, sollte das ihre beste Entscheidung seit Jahren gewesen sein.

Einige Kolleginnen verschiedener Dienststellen stießen zu der Gruppe hinzu, schließlich müssen die weitverbreiteten Polizeipärchen irgendwo ihren ersten Körperkontakt herstellen. Doch für solches Vergnügen sollte es heute Nacht keine Zeit geben ...

Die Männer des Spezialeinsatzkommandos feierten und tranken, sie tranken viel, wie es üblich war, wenn sie zusammen um die Häuser zogen. Doch einem Gast missfiel offenbar das Verhalten dieser Männer. Er stellte sich demonstrativ mit angriffslustiger Körperhaltung in ihre unmittelbare Nähe. Die Männer des SEK bemerkten ihren Herausforderer sofort, zu provokativ blickte er in ihre Richtung, als dass sie ihn übersehen konnten. Sie schauten sich an und schüttelten langsam ihre Köpfe während sich ein breites Grinsen auf ihren Gesichtern bildete. Ohne Zweifel, da war er schon, sie hatten mit ihm gerechnet, aber jetzt schon, so kurz nach Mitternacht, das war selbst für ihre Verhältnisse früh. Sie trafen häufig auf solche Typen, andere behaupteten, sie würden sie geradezu magisch anziehen und keinerlei Anstalten unternehmen, ihnen aus dem Weg zu gehen. Burschen, die sich mit ihnen messen wollten, die meinten, sie wären der stärkste und abgezockteste Wolf im Revier, oder, wie sie die SEKler nannten: Gefahrensucher. Sechs Mann des Spezialeinsatzkommandos standen mit ihren Drinks in der Hand dem Gefahrensucher gegenüber. Testosteron und Adrenalin berauschten die Männer. Der Gefahrensucher legte es wirklich darauf an, er griff die Männer zwar nicht an, doch sein Blick ließ keinen Zweifel an seinen Absichten: Er suchte den Kampf.

Aus den Gesichtern der Elitepolizisten verschwand das spitzbübische Grinsen, und es bildete sich ein harter, angespannter Gesichtsausdruck. Mark, ein dreißigjähriger Kommissar, nahm die Sache in die Hand. Er war am kürzesten in der Einheit und schien sich vor seinen Kameraden profilieren zu wollen. Er machte zwei Schritte auf den Widersacher zu, beugte seinen Kopf und schrie gegen die hämmernde Musik an: »Freundchen, tu dir selbst einen Gefallen, und verschwinde von hier, solange du noch allein laufen kannst!«

Der Gefahrensucher blickte Mark direkt in die Augen, danach schweifte sein Blick zu der lauernden Männerrunde und wieder zurück. Er schien zwar immer noch einen Kampf zu suchen und seine Chancen auszuloten, aber lebensmüde war er augenscheinlich auch nicht. Ohne eine Miene zu verziehen, visierte er Marks Augen an, ging zwei Schritte zurück und sagte seinen Abschiedsspruch auf, während er unterstützend mit dem Kopf nickte:

»Wir sehen uns noch ...«

Immer noch rückwärtsgehend, verschwand er in der Menge und tauchte schließlich in ihr unter.

Mark drehte sich um und kehrte triumphierend zu seinen Jungs zurück, während er freudig die Schulterklopfer und zustimmenden Kommentare einheimste. Christian nahm ihn freundschaftlich in den Schwitzkasten, rubbelte ihm über seinen gegellten Kurzhaarschnitt und zerrte ihn zur Theke, um zwei Wodkas zu ordern. Mark bewunderte Christian, der einen beeindruckenden Werdegang im Polizeidienst vorweisen konnte. Erst sechs Jahre bei der GSG 9, bevor er seit nunmehr sieben Jahren beim hiesigen Spezialeinsatzkommando seine Fähigkeiten einbrachte. An zahlreichen Großeinsätzen aus der kriminellen Vergangenheit Deutschlands, die Mark nur aus der *Tagesschau* oder von *Spiegel*-Titelgeschichten kannte, war Christian persönlich beteiligt gewesen und hatte sein Leben für seine Kameraden und sein Land eingesetzt. Auch Christian war sein neuer Kamerad sympathisch, er nahm ihn daher unter seine Fittiche, protegierte ihn und fühlte sich für ihn verantwortlich.

Die Männer widmeten sich wieder ihren Getränken und den weiblichen Gästen, den Gefahrensucher verloren sie aus den Augen und dem Sinn. Ein verhängnisvoller Fehler, der das Leben einiger Beteiligter dieser Nacht nachhaltig verändern sollte.

Der Gefahrensucher dachte gar nicht daran, sich von seinem Vorhaben abbringen zu lassen, im Gegenteil, das Vorgeplänkel hatte ihn zusätzlich angespornt. Eine Stunde später, gegen halb zwei in der Vollmondnacht, wurde sein Lauern belohnt, und er erhielt seine Chance für ein Scharmützel.

Marks Handy vibrierte. Seine Freundin war dran und wollte sich vergewissern, dass alles okay war und er nicht zu heftig herumflirtete. Mark verließ die Disco und entfernte sich ein paar Schritte vom Eingang, um ungestört telefonieren zu können. Doch er war nicht allein, ein Schatten folgte ihm, der Gefahrensucher. Als sich Mark während des Telefongesprächs umdrehte, erblickte er seinen Widersacher. Der schien sich seiner Sache sicher zu sein, denn ein triumphierendes Grinsen umspielte seinen Mund. Mark würgte die Unterhaltung kurzerhand ab und verstaute das Handy in seiner Hosentasche. Er spürte, dass er bald beide Hände brauchen würde. Ihm schossen mehrere Gedanken gleichzeitig durch den Kopf, es war ihm nicht einmal mehr bewusst, wie der Ärger angefangen hatte, durch eine Rempelei oder eine abfällige Bemerkung? Egal, es würde keine Rolle mehr spielen. Die Schlägerei schien unausweichlich bevorzustehen. Der SEK-Beamte dachte kurz an berufliche Konsequenzen und die Folgen einer strafrechtlichen Ahndung seines Verhaltens, hakte dann aber diese Bedenken in Sekundenschnelle ab. Der Typ war ja selbst schuld an dem, was ihm gleich geschehen würde, schließlich kam ein Großteil der Aggressionen vom Gefahrensucher selbst. Mark verschaffte sich mit einem kurzen Rundumblick eine Übersicht über die Situation. Mist, es befanden sich viel zu viele Leute und somit Zeugen im Gastronomieviertel der Stadt. Er nahm sich nur einen kurzen Schlagabtausch vor, und danach hieß es schnellstmöglich verschwinden, damit ihn seine uniformierten Kollegen nicht erwischten. Mark war körperlich robust und hatte außerhalb des Dienstes schon so manche Schlägerei siegreich bestritten. Er taxierte seinen Gegner und schätzte ihn körperlich etwa gleichwertig ein. Sein Blick blieb an der Nase hängen, die verformt und verknorpelt war. Eine Boxernase, schoss es ihm alarmierend durch den Kopf. Den ersten Schlag sah Mark nicht kommen. Mit einer unvorstellbaren Geschwindigkeit und Präzision hämmerte der Gefahrensucher eine linke Faust auf Marks Nase. Bevor er den Schlag verkraftet hatte, landete eine rechte Gerade auf seinem linken Jochbein. Erst beim dritten Schlag, der klassischen Links-rechts-links-Kombination, gelang es Mark, seine Hände schützend vor sein Gesicht zu reißen. Sein reflexartiger

Konter traf zwar seinen Widersacher, aber die Schläge waren nur halb kraftvoll. Zu überraschend, zu kräftezehrend waren die harten Treffer gewesen, die er hatte einstecken und verdauen müssen. Doch sein Kontrahent setzte nach, den ersten Schlag wehrte Mark ab, aber der folgende rechte Schwinger knallte an seine Schläfe. Die Hiebe waren massiv und schmerzvoll. Doch noch bevor die Schlägerei richtig begonnen hatte, war sie vorbei, denn die Security-Männer der Disco stürmten dazwischen. Dem SEK-Mann blieb keine Gelegenheit mehr, einen Konter zu setzen und sich für die Schläge und die eingesteckten Prügel zu revanchieren. Er blutete aus der Nase und auf seinem Jochbein bildete sich schlagartig eine Schwellung inklusive einer blauvioletten Verfärbung. Erst jetzt stießen weitere SEK-Polizisten zu der Gruppe, aber die Schlägerei war bereits beendet, und einer der Ihren war durch blutende Kampfspuren im Gesicht gezeichnet. Das konnten sie nicht so hinnehmen, sie verlangten nach Rache. Immer mehr Schaulustige gesellten sich zu den in einem Knäuel verkeilten Männern. Auf der einen Seite Christian, Mark und ihre Kameraden, auf der anderen Seite der Gefahrensucher und dazwischen eine Handvoll breitschultriger Türsteher. Einer der Schaulustigen zückte unbemerkt von den Schreienden und pöbelnden Kerlen sein Handy und wählte die 110. Das Unglück nahm seinen Lauf.

Das Unheil näherte sich mit 60 Stundenkilometern der Discomeile. Ein Streifenwagen mit eingeschaltetem Blaulicht fuhr direkt auf die Menschenmenge zu, in der sich mittlerweile ein halbes Dutzend SEK-Beamter aufhielt. Privat, angetrunken, aufgebracht und offensichtlich in eine Schlägerei verwickelt. Christian schaltete als Erster, zog den verletzten SEK-Kameraden aus der Traube weg und sprach leise, aber eindringlich auf ihn ein: »Mark, beruhige dich. Ein Streifenwagen ist da, du musst sofort verschwinden.«

Die ahnungslosen Kollegen aus dem Streifenwagen hatten die Menschenmenge erreicht, parkten den Wagen, stiegen aus und steuerten auf den Tumult zu. Christian nahm Marks Kapuzenjacke an sich, drehte sein blutverschmiertes Gesicht aus dem Blickwinkel der uniformierten Kollegen und wischte ihm sein Blut aus dem Gesicht. Eindringlich ermahnte er ihn, sich endlich zu beruhigen und keine Racheschwüre mehr zu brüllen. Nur mit viel

Mühe brachte Christian seinen Schützling unter Kontrolle und führte ihn unter Protesten vom Aufruhr und der Streifenwagenbesatzung fort. Christian legte seinen Arm um Mark, und von Weitem wirkte es, als ob jemand seinen betrunkenen Kumpel stützte. Sie zwangen sich, langsam zu gehen, um jegliche Aufmerksamkeit zu vermeiden. Mark war noch sehr aufgebracht und realisierte immer deutlicher seine eindeutige Niederlage. Außerdem wich langsam das Adrenalin aus seinem Körper, und der Schmerz in seinem Gesicht meldete sich nachdrücklich. Die Gefahr einer Anzeige wegen Körperverletzung, eines Disziplinarverfahrens, einer Strafversetzung oder im schlimmsten Fall einer Kündigung aus dem Polizeidienst waren ihm im Moment scheißegal. Alkohol und kaum zu bändigende Rachefantasien rasten durch seinen Kopf und verhinderten vernünftige Gedankengänge. Er fühlte sich in seiner Ehre gekränkt, und das alles vor seinen Kameraden, vor seiner neuen Familie.

Christian verstand Mark, auch er galt als Heißsporn in dem Kommando, und es juckte ihn ebenfalls in den Fäusten, dem Gefahrensucher eine Lektion zu erteilen. Aber erst galt es seinen Kameraden aus der Gefahrenzone zu bringen. Marks Mentor setzte diesen in ein Taxi und verabschiedete sich mit einem folgenschweren Versprechen: »Keine Sorge. Beruhig dich. Ich kümmere mich darum.«

Niemand durfte ein Kommandomitglied vermöbeln und ungeschoren davonkommen, der ehemalige GSG-9-Kämpfer versprach, Rache zu nehmen.

Einen Häuserblock entfernt traten die beiden Streifenpolizisten der Männeransammlung entgegen, aus der sich mittlerweile auch der Gefahrensucher unauffällig entfernt hatte. Der Streifenführer kannte ein SEK-Mitglied und sprach ihn direkt an: »Hallo, feiert ihr heute ein bisschen? Weißt du, was hier los war?«

Der Angesprochene versuchte seinen Kollegen möglichst glaubhaft anzulügen: »Nee, keine Ahnung. Bin gerade erst hierhergekommen.«

Das schlechte Gewissen stand ihm dabei ins Gesicht geschrieben, was dem im Dienst befindlichen Kollegen nicht entging. Doch es gab nichts mehr zu tun für sie. Keine Schlägerei, kein Verletzter, niemand, der Anzeige erstatten wollte, nur ein Haufen angetrunkener Kollegen, die sich auffällig unauffällig benahmen. Er nahm daher Blickkontakt zu seinem Streifenkollegen auf, und sie verständigten sich wortlos abzuziehen. Mit einem vorwurfsvollen Blick richtete er sich an den SEK-Kollegen: »Na, dann wünsche ich noch eine schöne, friedliche Nacht.«

»Ja, wünsch ich auch, tschüss.«

Die Streifenwagenbesatzung verließ verärgert den Discobereich. Es gab nun wahrlich genügend Idioten, um die sie sich in einer Wochenend-nachtschicht kümmern mussten. Da brauchten sie nicht noch Kinder-mädchen für alkoholisierte Elitepolizisten zu spielen. Der Streifenwagen rollte davon, und der Streifenführer überlegte kurz, was er der Leitstelle melden sollte.

Um sich der Zustimmung seines Kollegen sicher zu sein, schaute der Strei-fenführer seinem Kollegen während des Funkspruches direkt in die Augen – getreu dem Motto »Hör mir gut zu, falls du mit meiner Vorgehensweise nicht einverstanden bist, wäre das auch okay für mich, nur dann mach jetzt den Mund auf.«

»11/01 für 11/33, keine Schlägerei mehr bei Eintreffen. Kein Geschädigter. Kein Anzeigenerstatter. Für uns Einsatzende. OB.«

Der Fahrer nickte zustimmend.

OB, »ohne Bericht«, offiziell, aus polizeilicher Sicht hatte diese Schlägerei heute nicht stattgefunden. Wie weit würde der Korpsgeist in der Polizeibe-hörde diese Nacht noch gehen? Denn die Nacht war noch nicht vorbei. Noch lange nicht.

Christian sah den Streifenwagen wegfahren, als er zu seinen Kameraden aufschloss. Er scannte die Umgebung ab, aber der Gefahrensucher schien spurlos verschwunden zu sein. Doch ein Kollege erkundigte sich bereits bei einem ihm bekannten Türsteher, der im gleichen Kampfsportzentrum trainierte. Dem Türsteher war der Gefahrensucher bekannt, und nun wussten die SEKler auch, warum er sich seiner Sache so sicher gewesen war und vor Selbstbewusstsein nur so gestrotzt hatte. Er war kein Niemand, sondern ein halb professioneller Boxer, der regelmäßig in einer Boxliga seine Kräfte und Kampfkünste unter Beweis stellte. Auch privat war er dafür bekannt und berüchtigt, keiner Schlägerei aus dem Weg zu gehen.

Christian übernahm die Führung und teilte mehrere Zweiergruppen zur Suche des Boxers ein. Zwei Elitekämpfer sollten für einen Boxer reichen, jetzt, da sie wussten, mit wem sie es zu tun hatten. Ein zweites Mal würde sich keiner überrumpeln lassen. Jeder steuerte seinen Beitrag zu einer vollständigen Personenbeschreibung bei, und dann schwärmten sie aus.

Niemand schlug ungestraft einen Kameraden ihres Kommandos. Niemand. Angetrunken, aggressiv aufgeladen und von Rachegedanken besessen, starteten sie ihre Suche.

Dieses Vorgehen konnte kein gutes Ende nehmen, oder? Aber die weitere Abfolge der Geschehnisse dieser verhängnisvollen Nacht vermochte sich auch jemand mit viel Fantasie beim besten Willen nicht vorzustellen. Die Bestrafungsaktion nahm ihren fatalen Lauf.

Zwei Kilometer entfernt lief die Nachtschicht von Melanie und Gerold schon seit drei Stunden. Beide waren Angehörige der Einsatzhundertschaft und seit geraumer Zeit abgeordnet für einen Spezialauftrag. Ausländische Banden, insbesondere osteuropäische Gruppierungen, trieben in ihrem Bereich ihr Unwesen und sorgten für einen dramatischen Anstieg einer noch relativ neuen Verbrechensvariante: Skimming, zu Deutsch Abschöpfen, verursachte einen immer erheblicheren finanziellen Schaden in ihrer Stadt. Auch die Hauptfiliale der Sparkasse war bereits mehrfach von diesen Betrügern heimgesucht worden. Am häufigsten platzierten sie über dem Einschiebeschacht des Geldautomaten ein unentdecktes Lesegerät. Mit den ausgelesenen Daten von den Magnetstreifen wurde anschließend ein Duplikat der EC-Karte gefertigt. Um an die erforderliche PIN der EC-Karte zu gelangen, waren der kriminellen Energie der Täter keinerlei Grenzen gesetzt. Es wurden Tastenfeldattrappen über die vorgesehene Eingabefläche geklebt oder mit einer Minifunkkamera gearbeitet. Diese konnten direkt oberhalb der Tastatur in einer Kunststoffleiste verborgen sein oder unterhalb der Raumdecke, zum Beispiel in einem unverdächtig wirkenden Rauchmelder installiert sein. Solch betrügerisches Vorgehen war relativ gefahrlos und nur schwer zu unterbinden. Die Täter mussten sich nur einmal einer hohen Gefahr der Entdeckung aussetzen. Bei der Installation ihrer Verbrechensutensilien und vielleicht noch bei dem Abbau der angebrachten Vorrichtungen, um Spuren zu beseitigen, wenn sie nicht das Risiko scheuten und die kriminellen Hilfsmittel einfach vor Ort beliessen. Nach kurzer Verweildauer zogen die Betrüger dann weiter und befielen eine andere Stadt, während Komplizen in einem undurchschaubaren, länderübergreifenden Geflecht von Konten Geldbeträge abbuchten.

Deswegen lagen Melanie und Gerold schon eine Woche nachts auf der Lauer, um verdächtige Personen im Bankumfeld zu erspähen. Sie benutzten für ihre polizeilichen Ermittlungen eine »KW«, eine konspirative Wohnung, und observierten aus dieser die gegenüberliegende Sparkassenfiliale. Bereits der erste angesprochene Immobilienbesitzer hatte der vertraulichen Anfrage der Dienststelle zugestimmt und unentgeltlich eine leer stehende Wohnung zur Verfügung gestellt. Er wollte seinen Beitrag dazu leisten, dass das Gute siegte.

Den beiden Polizisten der Einsatzhundertschaft half ihr entfachtes Jagdfieber gegen die Monotonie nächtelanger Observationen. Sollte ihnen das Jagdglück endlich heute Nacht hold sein?

Unterdessen streiften Christian und Markus, ein weiterer SEK-Mann, durch die Nacht. In Kneipen, Bars und Discos erkundigten sie sich bei befreundeten Türstehern, aber niemand hatte den Mann gesehen, auf den die abgegebene Personenbeschreibung passte. Die aufgestauten Aggressionen verflogen dadurch aber nicht, im Gegenteil, sie steigerten sich noch. Ihre »Search-and-destroy-Mission« führte sie aus dem Gastronomieviertel in die Einkaufszone der Großstadt. Die verwaiste Anreihung von Schaufensterfronten hatte ihre tägliche Metamorphose schon seit Stunden abgeschlossen. Wo tagsüber Mütter mit Kindern und ein bürgerliches Klientel die Kassen der Geschäfte füllten, spülte es im Schutze der Dunkelheit lichtscheues Gesindel an die Oberfläche. Alkoholiker, Kriminelle, Obdachlose, Drogenhändler und -süchtige. Zu letzterer Gruppe schien auch der Kerl zu gehören, der Christian und Markus entgegenkam. Es verwunderte sie nicht besonders, da der Bereich um die Bankfiliale als Drogenumschlagplatz der städtischen Heroinszene bekannt war. Der jahrelange Drogenkonsum hatte den Kerl stark gezeichnet, aber was fiel ihm ein, sie so feindselig anzustarren? Die beiden SEK-Kämpfer und der Junkie steuerten frontal aufeinander zu, keiner schien dem anderen Platz machen zu wollen. Der Junkie war schon längere Zeit in dem Bereich herumgekreist, er war auf »Turkey« und seit Stunden auf der Suche nach dem nächsten Schuss. Er kannte die beiden fremden Männer zwar nicht, aber vielleicht sollte er sie nach Schore, nach Heroin, anlabern?, schoss es ihm durch den Kopf. Warum auch nicht? Was hatte er schon groß zu verlieren? Und warum würden sich sonst zwei Kerle mitten in der Nacht hier herumtreiben?

Der 36-jährige Manfred versuchte trotz der feindseligen Blicke der beiden Männer sein Glück und sprach sie auf Rauschgift an. Keine besonders glückliche Entscheidung, genauer gesagt, eine sehr schmerzhafte Entscheidung. Die Abläufe der folgenden 90 Sekunden gaben später alle Beteiligten widersprüchlich zu Protokoll. Unbestritten ist, dass der Junkie nach 1,5 Minuten schmerzverzerrt im Rinnstein lag und die beiden Elitekämpfer ihm unter anderem eine blutende Kopfverletzung zufügten.

Die Schlägerei war schnell beendet, natürlich, schließlich standen zwei Elitepolizisten einem von seiner Drogensucht schwer geschwächten Pechvogel gegenüber. Doch dann überschlugen sich die Ereignisse. Christian traute seinen Augen nicht. Nein, das durfte nicht wahr sein, ein Streifenwagen bog in hohem Tempo von der Straße ab, fuhr über einen Bordstein und steuerte zielstrebig auf sie zu.

Scheiße. Ein Streifenwagen. Wer hatte die Cops gerufen? Hier war doch niemand. Kein Zeuge weit und breit, oder hatte er jemanden übersehen?

In Sekundenschnelle spielte Christian alle denkbaren Optionen durch. Weglaufen? Nein, zu spät! Die Kollegen hatten sie bereits gesehen und würden sie wahrscheinlich jederzeit wiedererkennen. Außerdem war die Innenstadt menschenleer, sodass sie bei einer ausgerufenen Fahndung sofort erwischt werden würden. Und dieses Verhalten konnte man nur in eine Richtung interpretieren, es kam einem Schuldeingeständnis gleich.

Also entschieden sich die beiden Elitepolizisten blitzschnell für die zweite Option und gingen in die Offensive. Sie ließen von ihrem Opfer ab, hoben zur Situationsentspannung ihre Arme, gingen den aus dem Streifenwagen stürmenden Kollegen entgegen und gaben sich als Polizisten zu erkennen. Der am ausgestreckten Arm gehaltene Dienstausweis bestätigte ihre Aussage und beruhigte die alarmierten Streifenpolizisten.

Eine Frage rauschte fortwährend durch Christians Kopf. Wer hatte sie gerufen? Einen dummen Zufall schloss er aus, da sich die Schlägerei nicht im Sichtfeld der Straße abgespielt hatte. Auch ein Rundumblick verschaffte ihm keine neuen Erkenntnisse. Niemand zu sehen. Wer hatte die 110 gewählt?

Die Kollegen waren zwar etwas ungehalten, aber zum Glück war es eine andere Streifenwagenbesatzung als vorhin. Allerdings schienen auch diese Polizisten nicht besonders erfreut zu sein, mitten in der Nacht einen zusätzlichen Einsatz fahren zu müssen, den SEK-Männer während einer privaten Nachttour ausgelöst hatten. Die beiden Männer des Spezialeinsatzkommandos gaben an, grundlos von dem Dealer angegriffen worden zu sein, worauf sie sich freilich gewehrt hätten und er infolgedessen seine Verletzungen davongetragen habe. Da der Streifenwagen in diesem Moment um die Ecke gebogen sei, habe es auf den ersten Blick wohl ein bisschen heftig gewirkt, wie der Unterlegene von zwei durchtrainierten Männern bearbeitet worden sei. Die Streifenpolizisten sahen sich in die Augen und zückten die Handschellen. Bevor der Junkie sich über seine Rettung freuen und Erleichterung verspüren konnte, saß er mit auf dem Rücken gefesselten Armen zu Füßen der uniformierten Freunde und Helfer. Diese fragten seine Personalien umgehend über Funk ab. Volltreffer. Die Leitstelle meldete mehrfache Vorstrafen und ferner seine aktenkundige Heroinsucht. Zum Abtransport ihres Gefangenen forderten sie den »Schweinebulli« der Dienststelle an, einen ausrangierten VW-Bulli, der mit einer Holzpritsche ausgestattet war. In diesem transportieren Polizisten jeden, den sie nicht gerne in ihren mobilen Arbeitsplatz, ihren Streifenwagen, setzen wollten: verwahrloste Obdachlose, zugekotete oder zuurinierte Personen und Rauschgiftsüchtige mit was weiß Gott für ansteckenden Krankheiten.

Nach einiger Zeit erreichte der Schweinebulli seinen Anforderungsort, und der Junkie wurde ins Polizeipräsidium überführt und dort in eine Zelle verfrachtet. Auf der Wache schrieben die Streifenpolizisten aufgrund der übereinstimmenden Zeugenaussagen der beiden Polizeikommissare der Spezialeinheit eine Strafanzeige gegen Manfred und beließen ihn in der Zelle. Wirklich dumm gelaufen!

Nicht nur, dass er nach eigenen Angaben zufällig Opfer einer Gewalttat geworden war, jetzt wurde er auch noch eingesperrt, und eine Strafanzeige folgte zudem. Seine Geschichte glaubte ihm niemand, und obendrein wollte sie auch keiner wirklich hören. Für die Polizisten waren das nur typische Ausreden, die jeder Beschuldigte erzählte: Ich war es nicht, ich bin unschuldig, die anderen haben mich grundlos angegriffen. Aber die anderen waren in diesem Fall zwei über jeden Zweifel erhabene Elitepolizisten. Und diese blieben bei ihren Aussagen.

Aber noch wusste man nicht, was der Notrufwähler über den Vorfall berichten würde. Wie würde seine Wiedergabe der Geschehnisse lauten?

Im Grunde waren es sogar zwei Zeugen, doch es dauerte einige Zeit, bis diese Aussagen dem Geschehen zugeordnet wurden, denn sie wichen zu sehr von der SEK-Version ab, als dass sie denselben Vorfall beschreiben konnten. Aber was sollte schon groß passieren, wenn zwei gestandene Männer vom SEK bei ihren Ausführungen blieben?

Die Aussagen beider Elitepolizisten waren in sich schlüssig und bestätigten die Geschichte des jeweils anderen. Sie gaben an, aggressiv von Manfred nach Rauschgift angegangen worden zu sein. Daraufhin wollten sie, obwohl sie privat unterwegs waren, den Junkie einer polizeilichen Überprüfung zuführen, der er sich jedoch widersetzte. Den renitenten Drogensüchtigen habe Christian dann so abgearbeitet, wie er seit beinah 20 Jahren ausgebildet und tausendfach trainiert worden war, gab er zu Protokoll. Da es sich bei seinem Gegenüber offensichtlich um einen schwerst Drogenabhängigen handelte, bedachte er Eigensicherungsmaßnahmen bei seinem Vorgehen. Da er auf Einsatzhandschuhe und Bekleidung, die Hände und Arme schützte, nicht zurückgreifen konnte, um eine drohenden Ansteckung mit einer möglichen Krankheit des Junkies zu vermeiden, habe er seine durch Schuhe geschützten Füße eingesetzt. Seinen antrainierten dienstlichen Fähigkeiten und Kampfkünsten war es egal, ob er sie in Uniform gekleidet anwendete oder zivil in einer Samstagnacht. Diese Fertigkeiten schlummerten in ihm und waren immer bereit zum Einsatz. Was der Auslöser für die Anwendung seiner erlernten Fähigkeiten war, spielte dabei keine Rolle. Sie würden den ehemaligen GSG-9-Kämpfer nie im Stich lassen.

Dann nahm der Fall eine dramatische, überraschende Wendung. Die beiden Augenzeugen, die die Polizei alarmiert hatten, machten ihre Aussage.

Melanies und Gerolds siebte Nachtschicht in Folge dauerte bereits vier Stunden. Langsam verließ sie die Hoffnung, dass sie heute noch ein Erfolgserlebnis haben würden. Doch wer strolchte da umher? Ein Mann, der offenbar aus der hiesigen Rauschgiftszene stammte, lungerte auf der Suche nach einer weiteren Portion Drogen in dem für die Polizisten sichtbaren Bereich herum. Wie aus dem Nichts tauchten plötzlich zwei kräftige Männer auf. Es schien ein kurzes Wortgefecht zu geben, und dann hagelte es auch schon Schläge und Tritte. Der Junkie brach unter dem Trommelfeuer zusammen und schlug hart auf der Straße auf. Einer der beiden Kraftprotze ließ trotzdem nicht von ihm ab und attackierte den Gestürzten mit Fußtritten. Melanie durchbrach als Erste die Schockstarre und alarmierte über die Leitstelle einen Streifenwagen. Binnen kürzester Zeit war ein Wagen vor Ort, worauf die beiden Angreifer von ihrem Opfer abließen. Das Observationsteam beobachtete erleichtert, dass die beiden Schläger keinerlei Aggressionen gegen die einschreitenden Beamten starteten. Bereitwillig händigten sie Ausweise aus, und es schien sich ein normales Gespräch zu entwickeln. Glück gehabt, denn von ihrer Dachgeschosswohnung aus hätte es lange gedauert, bis der Streifenwagenbesatzung zu Hilfe hätten eilen können. Des Weiteren wollte Melanie – wie sie später vor Gericht im Kreuzverhör der Verteidigung aussagte – die Tarnung der konspirativen Wohnung nicht gefährden und war deshalb nicht zu den einschreitenden Kollegen gelaufen.

»Na, dann haben wir heute ja doch noch unsere gute Tat vollbracht!«, bemerkte Melanie stolz. »Der Typ hat richtig Glück gehabt, zehn Meter weiter rechts oder links, und wir hätten nichts gesehen.«

Glück oder Pech lagen in dieser Nacht dicht beisammen und sprichwörtlich im Auge des Betrachters.

Das Observationsteam brach den Überwachungsauftrag ab und fuhr zu seiner Dienststelle. Dort fertigte Melanie ihre Aussage mit Gerold als Zeugen an und brachte das Schriftstück auf seinen behördlich vorgeschriebenen Weg. Melanie verfasste den Bericht, ohne zu wissen, dass die beiden zuschlagenden Männer Angehörige des städtischen Spezialeinsatzkommandos waren. Kollegen des gleichen Polizeipräsidiums, die den gleichen Diensteid wie sie geschworen hatten und das gleiche Landeswappen auf ihren Uniformärmeln trugen. Es ist müßig, darüber zu spekulieren, ob es ihre Zeugenaussage beeinflusst oder verändert hätte, wenn sie es gewusst hätte, es war, wie es war.

Ihre Darstellung der Schlägerei war eindeutig, ließ keinerlei Spielraum für eine Interpretation zu und stütze in den grundlegenden Behauptungen die Aussage des immer noch inhaftierten Junkies. Sie berichtete von einem willkürlichen Angriff der beiden Männer, von gezielten Schlägen und Tritten und von Fußtrittattacken auf den bereits am Boden liegenden Manfred.

Am nächsten Tag blätterte der schichtführende Dienstgruppenleiter die Tagesablage durch, um auf dem Laufenden zu sein und abzuschätzen, ob aus der vergangenen Nacht noch etwas von ihm abschließend bearbeitet werden musste. Zuerst las er die Strafanzeige der Streifenpolizisten, das Protokoll der Festnahmeanzeige und die Zeugenaussage der Elitepolizisten. Danach hakte er den Vorgang innerlich ab, speicherte lediglich für sich, dass er sich nach der weiteren Handhabung bezüglich des Drogensüchtigen kundig machen wollte, der immer noch in einer Zelle einsaß. Etliche Zeit später nahm er nach einem Lesemarathon erfreut zur Kenntnis, dass er nur noch ein Formular zu lesen hatte. Eine Stellungnahme zweier Beamten der Hundertschaft im Observationsauftrag. Dieser Bericht war nicht als zusammengehörend mit der oben erwähnten Strafanzeige gekennzeichnet, aus gutem Grund, wie er erschrocken feststellte, denn sie widersprachen sich komplett. Er überprüfte Zeit, Ort, Datum und die Personalien der beteiligten Personen. Kein Zweifel. Dies war ein und derselbe Vorgang.

Der gewissenhafte Dienstgruppenleiter lehnte sich in seinem Bürostuhl zurück und überlegte sein weiteres Vorgehen. Dann atmete er tief durch, griff zum Telefonhörer und wählte die Durchwahl seines Vorgesetzten. »Wir haben ein Problem ...«

Die Krisentreffen der nächsten Stunden lassen sich nicht mehr vollständig rekonstruieren. Kaum etwas davon gelangte an die Öffentlichkeit, und die Gespräche fanden weit oberhalb der Gehaltsstufen aller involvierten Polizeibeamten statt. Die Ergebnisse der Unterredungen waren jedoch eindeutig und wurden den Betroffenen unverzüglich mitgeteilt.

Manfred, der verprügelte Drogensüchtige, wurde umgehend aus der vorübergehenden Haft entlassen. Der ihn nun betreuende Polizist behandelte ihn freundlich, ja beinahe fürsorglich. In diesem für Manfred ungewohnt angenehmen Polizeiklima wurde er gebeten, eine erneute umfassende Zeugenaussage zu Protokoll zu geben, bevor er in die Freiheit zurückkehrte.

Aus einem inhaftierten Täter wurde über Nacht offiziell ein zufälliges Gewaltopfer, zusammengeschlagen von zwei Polizeibeamten.

Christian und Markus wurden der gemeinschaftlichen gefährlichen Körperverletzung angeklagt. Gleichzeitig leitete die Polizeiführung ein Disziplinarverfahren gegen beide Beamten ein. Die Behörde entzog ihnen zusätzlich den Status eines SEK-Angehörigen, versetzte sie zuerst innerhalb der Behörde, bevor sie gänzlich suspendiert wurden.

Welch unerwartete und dramatische Wendung in diesem Fall!

Aber wie wäre wohl die strafrechtliche Ahndung dieser Nacht abgelaufen, wenn Melanie und Gerold nicht zufällig Zeugen des Vorfalls geworden wären?

Dem Polizeipräsidium gelang es, den Vorfall vor der Öffentlichkeit und der Presse zu verheimlichen, erst einmal. Intern, unter den Polizisten der Behörde, gelang dies nicht, zu viele Beamte waren in dieser Nacht beteiligt gewesen: die erste Streife an der Discomeile, die zweite Streife am späteren Tatort, das Skimming-Observationsteam – die entscheidenden Zeugen – und die beiden Angeklagten des SEK-Kommandos.

Auf eine vollständige Ermittlung aller Angehörigen des Spezialeinsatzkommandos bei der Rotlichtparty und weiterer vermuteter SEK-Rachekommandos in der Stadt verzichtete die Polizeiführung. Erstens hätte dies wohl das städtische SEK-Kommando an den Rand der Einsatzfähigkeit gebracht, und zweitens gab es keinen Ermittlungsansatz. Christian und Markus gaben lediglich ihre bereits getätigten Aussagen wieder, zu einer darüber hinausgehenden Zusammenarbeit waren sie nicht bereit. Ihre stadtbekannten Staranwälte übernahmen mittlerweile die Kommunikation mit der Behördenleitung.

In der gesamten Polizeibehörde gab es nur noch ein Gesprächsthema: Wie würde sich der Fall weiterentwickeln? Gab es eine erneute Wendung, jetzt, nachdem sich das Observationsteam bewusst geworden war, gegen wen es aussagen musste? Gegen Kollegen! Würde der Korpsgeist die Aussage verändern? Abschwächen? Oder gar zu Gedächtnisschwund führen? Die Spannung stieg, und es gab zahlreiche hitzige Diskussionen. Die Mehrzahl der Kollegen fand, dass der Vorfall dem Polizeiansehen schadete , und erwartete allein deswegen eine klare Verurteilung. Doch auch das Verhalten der Behördenführung war nicht unumstritten: Zwei verdiente Polizisten, die seit zehn, 15 Jahren herausragende Leistungen in Spezialeinheiten vorweisen konnten, zu suspendieren, bevor eine rechtskräftigte Verurteilung vorlag, empfanden viele als feige und überzogen. Andere Polizisten hatten noch weniger Probleme mit den Geschehnissen jener Nacht: Ein mehrfach vorbestrafter Junkie hatte etwas auf die Mütze bekommen, na und!? Was quatschte er auch nachts wildfremde Männer nach Rauschgift an, er war doch selbst schuld daran, was mit ihm passiert war. Vielleicht tat ihm ja eine Abreibung sogar mal ganz gut, und er überdachte seinen eingeschlagenen Lebensweg. Diese Meinung durfte allerdings nur abseits von Vorgesetzten und Karrierebeamten geäußert werden. Denn die Behördenleitung erwies sich in diesem Fall als toleranz- und humorlos und beorderte etliche Polizisten zu Vier-Augen-Gesprächen, um diese Stimmen zum Schweigen zu bringen und den Beamten die offizielle Behördenmeinung aufzuzwingen.

Dem Polizeipräsidium gelang es, mit diesen Maßnahmen den Vorfall auf kleiner Flamme zu kochen und einer medialen Berichterstattung zu entkommen. Dies gelang 18 Monate, erst dann kam es zum endgültigen Showdown, den man nicht länger verheimlichen konnte, der Gerichtsverhandlung.

Gegen zwei Elitepolizisten auf der Anklagebank fuhr die Staatsanwaltschaft fünf Zeugen auf: einen vorbestraften Drogensüchtigen und vier Polizisten.

Vier Kollegen. Die Streifenwagenbesatzung am Tatort und das Observationsteam der Einsatzhundertschaft.

Erst durch den Prozess erhielten die örtlichen Medien Kenntnis von dem Vorfall und berichteten ausführlich darüber. Aber der Behördenführung gelang es weiterhin, dem Verfahren die Brisanz zu nehmen. Es klappte, die Zugehörigkeit beider Angeklagten zum Spezialeinsatzkommando zu verheimlichen, wodurch eine bundesweite Presseberichterstattung verhindert werden konnte. Weder die Staatsanwaltschaft noch das Gericht gingen auf diesen Punkt näher ein. Ob dies aus Unkenntnis der Sachlage oder aus Rücksichtnahme auf die Polizeibehörde geschah, ist unklar.

Die Brisanz dieser Gerichtsverhandlung war jedem innerhalb der Polizeiführung bewusst, und alle warteten gespannt auf die Vernehmung des Observationsteams. Doch zuerst äußerten sich die beiden SEK-Männer, die bei ihrer protokollierten Aussage blieben und diese bestätigten. Das Opfer erschien trotz Ladung zunächst nicht zum Gerichtstermin. Der sich mittlerweile in einem Methadonprogramm befindliche Ex-Junkie wurde deshalb auf Anweisung des Vorsitzenden von Polizisten dem Gericht zugeführt. Sein Zustand war desolat, erst seit Kurzem war die stationäre Behandlung einer Leberzirrhose in der Klinik beendet worden. Er benötigte schwere Medikamente und litt unter Konzentrationsschwierigkeiten. Das Gericht ordnete einen Rechtsanwalt als Zeugenbeistand an. Die Staranwälte schonten ihn nicht und versuchten, seine Glaubwürdigkeit zu erschüttern. Doch Manfred hielt sich überraschend gut vor Gericht. Im Kern blieb er bei seiner Aussage, ohne sich in größere Widersprüche zu verwickeln.

Die Verhandlung erforderte mehrere Gerichtstage, und anfangs nahmen einige Kollegen der SEK-Männer daran teil, um ihren Kameraden in dieser schweren Stunde beizustehen. Zur Begrüßung umarmten sich die Männer wie üblich. Dies missfiel offenbar dem prozessbegleitenden Journalisten der ARD-Fernsehanstalt des Bundeslandes, der diese freundschaftlichen und aufmunternden Gesten als »Verbrüderungsszenen vor Gericht« stigmatisierte. Daraufhin gab es weitere Vier-Augen-Gespräche in der Behörde, in denen unmissverständlich Druck aufgebaut und klargemacht wurde, dass die Polizisten keine weiteren Gerichtssitzungen mehr persönlich besuchen sollten – wohlgemerkt in ihrer Freizeit.

Nicht nur die Männer des SEK-Kommandos waren außer sich, tief enttäuscht und verärgert über ihren Dienstherrn. Seit Jahren arbeiteten und trainierten sie zusammen, ohne Zögern riskierten sie jederzeit ihr Leben auf Befehl der Behörde, doch jetzt, da ihre Kameraden Beistand und Unterstützung dringend brauchten, sollten sie diese von einem Tag auf den anderen fallen lassen. Und das nur, weil die Polizeiführung um ihr öffentliches Image besorgt war. »Verlogene Schreibtischtäter« war noch einer der netteren Kommentare, die ihnen über die Lippen gingen. Das alles wegen einer Schlägerei, einer Schlägerei Samstagnacht mit einem mehrfach vorbestraften Drogensüchtigen. Was erwarteten die weltfremden und glatt gebügelten Vorgesetzten auch von ihren Männern? Sie bildeten sie zu Kämpfern, zu Kriegern aus und wunderten sich, wenn sich dieses antrainierte Verhalten auch auf ihr privates Konfliktverhalten auswirkte. Jeder Polizist wusste jetzt, wie sich die Behörde verhalten würde, falls einmal schwerwiegendere Probleme entstehen würden. Man würde allein im Regen stehen ohne jegliche amtliche Unterstützung, das war nun jedem bewusst und wirkte nicht gerade motivationsfördernd.

High Noon im Gerichtssaal – am heutigen Verhandlungstag stand die Aussage des Observationsteams an. Die Aussagen der zwei Beamten der Einsatzhundertschaft, einer Frau und eines Mannes. Die protokollierten Aussagen ihrer schriftlichen Vernehmung waren eindeutig. Aber wie würden sie sich vor Gericht verhalten, Aug in Aug mit den zwei angeklagten Kollegen? Würden sie etwas Schärfe aus ihren Formulierungen nehmen und den Verteidigern so Interpretationsmöglichkeiten schaffen?

Gerold wurde als Erster vernommen, er blieb im Groben bei seiner Geschichte und schilderte die Beobachtungen, jedoch distanziert, ohne besondere Schärfe. Melanie hingegen nahm kein Blatt vor den Mund und schwächte ihre Erläuterungen nicht einen Deut ab. Sie stützte die Aussage des Ex-Junkies und belastete die beiden SEK-Männer schwer. Niemand der Polizisten der Dienststelle hatte erwartet, dass sie vor Gericht lügen würde, doch die eigenen Kollegen derart eindeutig in einem Gerichtsverfahren einem Schuldspruch zuzuführen gefiel nicht allen Kollegen. Ganz besonders nicht dem großen behördlichen Freundeskreis der Angeklagten, der immer noch zu ihnen stand. Viele Freunde machte sich Melanie mit einer solchen Aussage in einer eng vernetzten Dienststelle sicher nicht.

Das Gericht tagte und sprach sein Urteil: schuldig.

Die Strafkammer verurteilte beide SEK-Kommissare zu jeweils 15 Monaten Haft auf Bewährung wegen gemeinschaftlicher Körperverletzung. Sollte dieses Urteil rechtskräftig werden, bedeutete dies die zwingende Entfernung aus dem Polizeidienst. Die Anwälte beider SEK-Männer legten daraufhin Berufung ein.

Die nächste Instanz verurteilte zwar beide Beschuldigten erneut wegen gemeinschaftlicher Körperverletzung, senkte aber den Strafrahmen auf neun Monate auf Bewährung. Mit dieser Verurteilung konnten sie ihren Beamtenstatus weiterhin behalten und würden nicht zwangsweise aus dem öffentlichen Dienst entlassen. Die Anwälte legten ein weiteres Rechtsmittel gegen das Urteil ein, es folgte die Revision vor dem Oberlandesgericht. Dieses wies die Revision jedoch zurück, sodass das Urteil aus der zweiten Instanz Rechtskraft erlangte. Neun Monate auf Bewährung.

Nun oblag es der Behördenleitung, den beiden SEKlern Sanktionen aufzuerlegen. Würden sie es dabei belassen? Käme es zu einer Abwägung zwischen den Verdiensten zweier Elitepolizisten und der Verfehlung einer privaten Schlägerei? Das Disziplinarrecht hält eine Vielzahl an Sanktionsmöglichkeiten bereit: Verweis, Geldbuße, Kürzung der Dienstbezüge, Zurückstufung und als letztes Mittel die Entfernung aus dem Dienst. Das Disziplinarrecht befasst sich auch mit privatem Fehlverhalten, wenn zum Beispiel das Ansehen der eigenen Dienststelle beschädigt wurde, also bei eigentlich jedem Vorfall, wenn man der Argumentationslinie der Polizeiführung folgt.

Doch die Behördenleitung hatte noch nicht genug, nach dem Ende des Strafverfahrens führte sie das Disziplinarverfahren gegen Christian und Markus fort. Das Ziel des Verfahrens war eindeutig formuliert und bedeutete ihre Entfernung aus dem Polizeidienst. Viele Kollegen der Dienststellen schüttelten wegen dieses Verhaltens ihrer Führung missbilligend den Kopf. Beide Männer waren doch nun wirklich genug gestraft, schließlich waren sie strafrechtlich verurteilt, und zur ebenfalls verhängten Geldstrafe kamen zusätzlich noch Tausende Euro Anwaltskosten hinzu, und eine Zwangsversetzung schien auch unumgänglich. Und damit sollte es auch gut sein, so der allgemeine Tenor der Kollegen bei internen Gesprächen. Aber den Opportunisten in den Führungsetagen reichten diese Strafen nicht aus, sie wollten den Polizeidienst von jeglichem Makel reinwaschen und ein Exempel statuieren. Ohne Rücksicht auf Verluste in den eigenen Reihen.

Der Gerichtsmarathon verlagerte sich nun auf die Verwaltungsgerichte. Der Fall von Markus hängt seit Jahren in den Instanzen der Gerichtskammern fest. Beobachter gehen in seinem Fall davon aus, dass er gute Chancen hat, sich wieder in den Polizeidienst zu klagen. Zu gering war seine Tatbeteiligung, und zu glaubhaft belegte er in den letzten Verfahren seine Reue. Derweil sitzt er immer noch suspendiert zu Hause und bezieht sein Gehalt, seit nunmehr fast sechs Jahren.

Die Existenz von Christian hätte die oberste Behörde mittlerweile am liebsten komplett verleugnet. Denn mitten in seinen Verwaltungsgerichtsprozessen holte den ehemaligen GSG-9-Kämpfer seine geheimnisumwitterte Vergangenheit ein. Diese wenig schmeichelhafte Episode seines Wirkens bereitete den Innenministerien von Land und Bund einige Peinlichkeiten.

Dem Innenministerium gelang es, die Kenntnis dieser Aktenlage über zehn Monate lang geheim zu halten. So lange funktionierte die Vertuschung dieser Vorgänge, bevor das Ganze als Top-Meldung in der *Tagesschau* kam und auf den Titelseiten sämtlicher deutscher Zeitungen prangte: »Deutsche Elitepolizisten trainierten illegal Gaddafis Truppen«.

Die Presse und die politische Opposition stürzten sich auf den Skandal und weideten ihn ausgiebig aus. Die Geschehnisse lasen sich geradezu abenteuerlich und schienen eher einem James-Bond-Roman entsprungen zu sein, doch es war bittere Realität und betraf eine Vielzahl von Spezialeinsatzkommandos in Deutschland. Man vermutete, dass bis zu 30 aktive und ehemalige Antiterrorspezialisten der GSG 9, Spezialeinheiten der Länder und einige Bundeswehrangehörige in die Vorfälle verwickelt waren. Die Medien spekulierten über Hunderttausende Euro, die aus den prall gefüllten Ölschatullen von Muammar al-Gaddafi direkt an die deutsche Elitepolizisten geflossen seien, heimlich und illegal. Die nicht genehmigten Ausbildungen und Trainingseinheiten in Libyen sollen Gaddafis Polizei, Spezialeinheiten und Geheimdienstkommandos zugute gekommen sein. Die Vermittlung der Kontakte lief dabei über eine deutsche Sicherheitsfirma, die ein ehemaliger Angehöriger der GSG 9 betrieb. Infolge der staatsanwaltlichen Ermittlungen berichteten Medien von einem Kontakt der Sicherheitsfirma vor Ort mit deutschem Botschaftspersonal in Tripolis und den eingesetzten Sicherheitskräften der deutschen Vertretung in Libyen. Diese wurden in Krisenregionen zu jener Zeit von der GSG 9 gestellt. Heute sind diese personalintensiven Aufgaben an eine neu geschaffene Spezialeinheit ausgegliedert. Die ASSIK (Arbeitsstab Schutz in Krisengebieten) rekrutiert ihr Personal aus den Reihen der Bundespolizei und unterstützend, speziell bei Personenschutz, dem Bundeskriminalamt. Die Männer der ASSIK sind zurzeit ebenfalls in Kabul und Bagdad eingesetzt.

Gleichermaßen wurde über die Rolle des Bundesnachrichtendienstes (BND) in dieser Affäre spekuliert. Berichte über eine beratende Begleitung der Schulungen oder gar eine inoffizielle Initiierung durch den deutschen Auslandsgeheimdienst dementierte der BND umgehend. Bestätigt hat der damalige BND-Chef August Hanning ein Treffen im Juni 2006 in Berlin mit ihm, Außenminister Frank-Walter Steinmeier und Gaddafis politisch aktivstem Sohn Saif al-Islam (übersetzt: Schwert des Islam). Bei dieser Unterredung trug, so Hanning, die libysche Seite den Wunsch nach einer deutschen Ausbildungsunterstützung von Spezialeinheiten vor. Zu einer offiziellen Hilfestellung Deutschlands sei es aber zu keiner Zeit gekommen, auch nicht nach dem Staatsbesuch von Bundeskanzler Schröder im Oktober 2004 in Tripolis.

Alle Genannten dementieren kategorisch eine Verwicklung in diese Affäre. Wie auch immer, Anfang 2005 setzte sich eine kleine deutsche Sicherheitsfirma aus der niedersächsischen Provinz in Wiesmoor gegen internationale Anbieter aus England, Frankreich und Italien durch und erhielt den Zuschlag für den Millionenauftrag. Erst später und nur nach und nach gelangten weitere Einzelheiten an die Öffentlichkeit. Der Stellvertreter des deutschen Botschafters räumte ein, anlässlich eines Fußballspieles einen »flüchtigen Kontakt« mit dem Chef der in Libyen operierenden Sicherheitsfirma gehabt zu haben. Nach diesem Gespräch zwischen Diplomat und Sicherheitchef gab es eine Besprechung zwischen dem Chef der Sicherheitsfirma und dem Residenten des BND in Tripolis, der ebenfalls bei diesem Fußballspiel anwesend war.

Ein später eingesetzter Ausschuss des Parlamentarischen Kontrollgremiums des Deutschen Bundestages entlastete den Bundesnachrichtendienst und sprach ihn von jeglichem Fehlverhalten frei.

Natürlich, die Behördenführungen hatten ja genügend andere Beschuldigte zur Hand, die sie öffentlich anklagen und bestrafen konnten. Alle darin verwickelten aktiven Elitepolizisten wurden Adressat strafrechtlicher und disziplinarrechtlicher Ermittlungen, unter anderem wegen eines vermuteten Verstoßes gegen die Geheimhaltungspflicht. Zusätzlich wurden alle SEK-Beamten umgehend aus ihren Einheiten strafversetzt.

Mitten in diesem Skandal stand Christian, dem das Innenministerium vorwarf, maßgeblich an dem Antiterrortraining in Libyen beteiligt gewesen zu sein.

Dem Polizeipräsidium gelang es wenigstens, in der Berichterstattung über den Libyen-Skandal Christians Verwicklung in die Schlägerei zu verheimlichen, und es verhinderte damit eine noch größere öffentliche Empörung.

Für Christian waren diese neuerlichen und zusätzlichen Beschuldigungen sein berufliches Ende. Dies war ihm schmerzlich bewusst. Schweren Herzens, denn er hing nach wie vor an seinem Job und seinem SEK-Kommando, beauftragte er seinen Rechtsanwalt mit den nächsten Schritten. Dieser handelte mit Christians Dienstherrn einen Deal aus: Einstellung aller juristischen Streitigkeiten gegen das freiwillige Ausscheiden aus dem Dienst. Christian, dessen Ausbildung den deutschen Steuerzahler einen Millionenbetrag gekostet hatte, verließ den Staatsdienst und arbeitet heute für ein Privatunternehmen im Sicherheitsbereich.

Die tatsächliche Beteiligung der Elitepolizisten an den Ausbildungscamps in Libyen und welche Rollen sie in der Libyen-Affäre genau innehatten, das alles blieb ungeklärt. Die schmutzige Wäsche wurde wieder einmal intern gewaschen und abgearbeitet. Die juristische Aufarbeitung verlegte sich von den öffentlichen Gerichtsräumen in die Hinterzimmer des Disziplinarrechts. Es wurde weder nachweislich ermittelt, welche Ausbildungsinhalte trainiert wurden, noch wer explizit diese Schulungen gab. Immer noch unbestätigt ist, wem das Antiterrortraining und die Häuserkampfsimulationen angedient worden sind. Polizisten? Spezialeinheiten? Oder Gaddafis Greifkommandos des Geheimdienstes, die in den Straßen von Misrata, Tripolis und Bengasi Aufständische niedermetzelten und den arabischen Frühling im Land gewaltsam unterdrückten?

Die genauen Hintergründe sind bis heute ungeklärt, genauso wie die vermuteten Geldströme für die geleisteten Söldnerdienste. Dieses und viele weitere Geheimnisse nahm Oberst Muammar al-Gaddafi am 20. Oktober 2011 mit in sein Grab.

Auch von deutscher Seite blieb eine lückenlose Aufklärung aus. Die Bruderschaft der Elitepolizisten hielt zusammen. Niemand sagte umfassend aus. Bis heute wissen nur wenige Männer, was in Libyen wirklich vonstattenging. Doch sie schweigen beharrlich, die geheime Bruderschaft Gaddafis.

8. TÖDLICHE ROUTINE

Die Observation von russischen
Menschenhändlern

*»Irrtümer = die Stationen
auf dem Wege zur Wahrheit.«*

Fjodor Michailowitsch Dostojewski

Um Deutschland an einem seiner multikulturellen Schmelztiegel zu betrachten, sei der Bereich zwischen Taunus-, Mosel-, Weser- und Niddastraße im Frankfurter Bahnhofsviertel empfohlen. Hier buhlen neben 14 Bordellen, Striptease-Lokalen, Sexshops, Peepshows und Tabledance-Bars auch türkische Gemüsehändler, afrikanische Supermärkte, asiatische Imbissbuden, Dönerläden, Pfandleihen, Tax-Free-Shops, ein islamisches Kulturzentrum mit Moschee, Internetcafés und orientalische Teehäuser um Kundschaft.

So verwundert es die Polizisten vor Ort auch nicht, wenn sie bei ihren zahlreichen Razzien immer häufiger auf eine neue Droge treffen, die sie eher in den Erzählungen um die Figur des Kara Ben Nemsi von Karl May vermuten würden als in heimischen Gefilden. Khat, sie stammt ursprünglich aus dem Jemen und Äthiopien, wächst an einem Strauch und wird gekaut. Die Kaudroge erfreut sich wachsender Beliebtheit bei einer Kundengruppe bestimmter ethnischer Herkunft. Kiloweise Beschlagnahmungen dieser Modedroge bei Durchsuchungen der Polizei stellen in diesem Viertel keine Ausnahme mehr da.

Die Arbeitsteilung im multikulturellen Rotlichtmilieu Frankfurts funktioniert gut. In den 1980er-Jahren erkämpften sich türkische Gruppierungen Zutritt ins lukrative Milieu und blieben bis heute. Frankfurter Rauschgiftfahnder bescheinigen ihnen immer noch, den harten Drogenmarkt in der Bankenmetropole zu beherrschen. Danach folgten jugoslawischen Bürgerkriegsflüchtlingen eine Vielzahl von organisierten Banden vom Balkan, die verdächtigt werden, sich einen Teil des Drogenhandels einverleibt zu haben, und sich des Weiteren dem Vorwurf der Schutzgelderpressung und Auftragsmorde ausgesetzt sehen.

Wie es in vielen anderen deutschen Großstädten inzwischen zur Tagesordnung gehört, dominierten die Hells Angels einen Großteil des Rotlichtgewerbes, bevor sie überraschend im Oktober 2011 vom hessischen Innenminister verboten wurden. Begründet wurde die Verbotsverfügung der beiden Frankfurter Hells-Angels-Dependancen mit illegalen Aktivitäten im Bereich der organisierten Kriminalität, explizit bei Prostitution, Drogen- und Menschenhandel. Wahrscheinlich ohne es zu ahnen, versetzte das Innenministerium den Hells Angels damit einen bittereren Schlag, als nur deren Geschäfte und Einnahmen vorerst zu unterbinden. 1968 hatte nämlich ein halbes Dutzend amerikanischer GIs in Frankfurt das erste Chapter des Bones Motorcycle Clubs gegründet. Aus dieser Frankfurter Keimzelle entwickelte sich dann der mächtigste Rockerclub Deutschlands, der erst mit seinem Patchover zum Hells Angels MC, dessen Vorherrschaft in der gesamten Republik ermöglichte. Über vier Jahrzehnte der Biker-Subkultur in Deutschland und deren kriminelle Auswüchse hatten ihren Ursprung in dieser verbotenen Zelle der Bankenmetropole.

Nach dem Fall des Eisernen Vorhangs Anfang der 90er-Jahre folgten weitere Gruppierungen dem Ruf nach Geld und Wohlstand in den goldenen Westen, die vielschichtigen Arme der russischen Mafia. Denn eine »Ware« benötigt jedes Rotlichtviertel einer Metropole stets, und zwar frisch, neu und jung: Frauen. Auf Menschenhandel und das Schleusen von Frauen spezialisierten sich unzählige osteuropäische Banden.

Eine Befragung des Bundeskriminalamtes (BKA) unter Frauen, die in Ermittlungsverfahren als Opfer von Prostitution entdeckt wurden, ergab ein erschreckendes Bild. Nur ein geringer Anteil der Frauen wurde aus eigenem Antrieb illegal nach Deutschland geschleust, um der Prostitution nachzugehen. Sie waren allerdings meist mit völlig übertriebenen Verdienstmöglichkeiten geködert worden. Die zweite Ernüchterung setzte dann bei der Inaugenscheinnahme des neuen Arbeitsplatzes ein. Vom versprochenen Glamour und Dolce Vita war in den engen und aufgeheizten Fluren der Laufhäuser nichts zu finden. Doch nun war es zu spät. Die Schleuser und Menschenhändler forderten die immensen Kosten ihrer »Arbeit« ein, und da sie oft ihres Passes beraubt waren, fügten sich die meisten Frauen in ihr Schicksal. Nach der Studie des BKA aus dem Jahr 2005 wurde ein Großteil der Frauen jedoch schlichtweg getäuscht und hatte am Ende der Reise nach Deutschland auf eine Arbeit als Kellnerin oder Haushälterin gehofft. Um die Tarnung zu perfektionieren, schalteten russische Gruppierungen seriös wirkende Agenturen dazwischen, die ebenfalls Tänzerinnen und Models in ganz Osteuropa anwarben. Sollten bei den so geköderten Frauen Einschüchterungen, Drohungen und die skrupellose Ausnutzung ihrer hilflosen Zwangslage nicht ausreichen, schreckten die Menschenhändler auch nicht vor Gewalt zurück, um jeglichen Widerstand zu brechen und die Frauen gefügig zu machen.

Die alarmierende Untersuchung des BKA belegte es unwiderruflich: Zwangsprostitution war und ist in Deutschland weit verbreitet.

In diesem Umfeld verdienten der 37-jährige Piotr R. und der 28-jährige Janus W. ihr Geld, sie hatten sich auf ukrainische Frauen spezialisiert, was ihnen bereits den staatsanwaltlichen Vorwurf des Menschenhandels eingebracht hatte. Die Ermittlungsbehörden ordneten ihnen 20 bis 30 Straftaten zu und warfen ihnen vor, Teil der organisierten Kriminalität in einem russischen Menschenhändlerring zu sein. Viele der dort tätigen Männer durchliefen in jungen Jahren die harten Schulungen der Roten Armee und ihrer Spezialeinheiten. Sie verfügten daher über zusätzliche Fähigkeiten, die sie für weitere Aufträge in Deutschlands Schattenwelten prädestinierten. So wie heute

Nacht. Die beiden hatten eine Anfrage für einen Job erhalten, der weder Skrupel noch Mitleid erlaubte. Piotr und Janus nahmen den Auftrag an. Eine verhängnisvolle Entscheidung für alle Beteiligten.

Denn dieser Donnerstagabend verlief nicht nach den Planungen der beiden russischstämmigen Männer. Ein unsichtbarer Schatten hatte sich an die Stoßstange der beiden Menschenhändler geheftet. Unsichtbar, da die Verfolger einen großen Abstand zwischen ihren Zielpersonen (ZP) und dem Verfolgungsfahrzeug hielten, und sie hielten diesen Abstand aus gutem Grund. Es bestand keinerlei Veranlassung, dichter aufzuschließen und die Gefahr einer Entdeckung zu riskieren. Das Observationsteam war bestens auf seinen Einsatz vorbereitet. Piotr war schon vor geraumer Zeit in den Fokus der Ermittlungen geraten. Sein Fahrzeug war daher mit einem Peilsender verwanzt. Die Verfolger konnten die Russen überall aufspüren, trotz ihres Abstandes. Oder hielt das Observationsteam zu viel Abstand, um notfalls eingreifen zu können?

Die Behörden benötigen meist eine gewisse Zeit, um im Rotlichtmilieu aktive Gruppen zu erkennen und dann eine taktische Vorgehensweise zu beschließen. Zu verdeckt agieren und organisieren sich die ethnisch abgeschotteten Gruppen im kriminellen Gewerbe. Doch diesen Schleuserring konnte die Polizei auf Dauer gar nicht übersehen. Zu rücksichtslos gingen die Mitglieder ihren Geschäften nach, und sie hinterließen zu viele gedemütigte Opfer. Das Ermittlungsverfahren verantwortete ein Bundespolizeiamt. Das Überwachungsteam des heutigen Abends und der gesamten Nacht bestand aus zwei Männern des Mobilen Einsatzkommandos (MEK) der Bundespolizei.

Nach bestandener Polizeiausbildung und einer gewissen Zeit des Erfahrungssammelns im normalen Polizeidienst kann sich ein interessierter Bewerber für eine Verwendung im Mobilen Einsatzkommando bewerben. Um zu dieser Spezialeinheit innerhalb der Polizei zu gelangen, muss er zuerst das anspruchsvolle Auswahl- und Eignungsverfahren bestehen und durchläuft anschließend eine MEK-Grundausbildung. Die Schwerpunkte liegen dabei auf dem Erlernen von Observationstaktiken und dem Umgang mit den speziellen Eigensicherungs- und Zugriffstechniken, der Observationstechnik, dem Waffenhandling und einem auf die Bedürfnisse abgestimmten Fahrertraining. Daneben gehört ein forderndes Sporttraining dazu, um die hohen körperlichen Anforderungen zu erfüllen. Danach ist durch eine Vielzahl von angebotenen Schulungen eine weitere Spezialisierung zum Beispiel im Bereich der Videoobservation oder Lauschtechnik möglich.

Die Hauptaufgaben der MEKs der Länder und des Bundes liegen in der verdeckten Observation von Beschuldigten. Dieser Arbeit folgt meist der sehr unbeliebte Papierkram: das Erstellen von Observationsprotokollen, die Zuordnung von gefertigten Lichtbildern und Videoaufnahmen, das Sammeln von Daten der Kontaktpersonen, Personalien und Kfz-Kennzeichen und die Peilung und Nachverfolgung von Handys. Die Mobilen Einsatzkommandos überwältigen auch Straftäter und führen vermehrt Festnahmen durch, um die stark beanspruchten Spezialeinsatzkommandos zu entlasten. Falls es sich bekanntermaßen um äußerst brutale und bewaffnete Täter handelt, schreitet jedoch meist das Spezialeinsatzkommando ein, die unbestrittene Elite einer jeden Polizeibehörde.

Doch von einer Festnahmeaktion waren die Ermittler gegen den russischen Schleuserring noch weit entfernt. Jetzt hieß es erst einmal, akribische Ermittlungsarbeit zu leisten, um das Umfeld der beiden Zielpersonen aufzuklären. In welchen Kreisen verkehrten sie? Besuchten sie regelmäßig gleiche Lokale oder Etablissements, und wenn ja, warum? Außerdem mussten Daten ihrer Kontaktpersonen, Personalien, Kfz-Kennzeichen und Handynummern gesammelt werden. Diese Arbeit war meist monoton und langweilig, stellte jedoch den unverzichtbaren Grundstock eines großen Ermittlungsverfahrens dar: Daten sammeln, Zusammenhänge aufklären und erkennen. Vielleicht gelang auch während der Aufklärungsarbeit der *lucky punch*, die zufällige Aufdeckung einer Straftat. Die beiden Beamten ahnten nicht, wie kurz ihre Ermittlungsarbeit vor einem K. o. stand.

Mitte Januar, es war kalt und jetzt, gegen 20.00 Uhr an einem Donnerstag, bereits seit Stunden dunkel. Sie folgten ihren Zielpersonen mittlerweile schon mehrere Stunden über Autobahnen und Landstraßen. Gelegentlich fuhren sie auf Sichtnähe an das Auto der beiden Russen heran, um sich zu vergewissern, dass die Ortung ihres Peilsenders immer noch funktionierte und die Wanze nicht womöglich bereits entdeckt war und an einem Lkw Richtung Budapest klebte. Beide waren erfahrene Polizisten und gingen davon aus, dass heute nicht viel passieren würde, so wie normalerweise. Sie rechneten mit dem üblichen Prozedere, dem Besuch bei einem oder zwei Bekannten, einem späten Essen in einem Mittelklasserestaurant und später in der Nacht dem Aufenthalt im Rotlichtviertel einer Großstadt, um Kontakte zu knüpfen und in den Bordellen umherzustolzieren, die der Gruppierung zugeordnet werden. Mit etwas Glück würden die beiden Bundesbeamten Fotos von bisher unbekannten Mitgliedern der Organisation schießen, bislang unentdeckte Mobiltelefone anpeilen und zuordnen und weitere Kfz-Kennzeichen in Erfahrung bringen können. Damit würden sie sich in dieser Nacht schon zufriedengeben.

Die beiden Beamten verband ein gutes kollegiales Verhältnis, sie hatten schon bei zahlreichen großen Ermittlungsverfahren und langwierigen Observationen zusammengearbeitet. Es gab Wochen und Monate, da verbrachten sie mehr Zeit miteinander als mit ihren Frauen. Manchmal schwiegen sie sich stundenlang an, waren zu müde oder gelangweilt, um ein Gespräch zu führen, oder gönnten ihrem Kollegen einen kleinen Dämmerschlaf. Meistens führten sie aber leidenschaftliche Dialoge, die oft in einem Disput endeten. Dies lag an dem unumstrittenen Thema Nr. 1 bei allen männlichen Polizisten: Fußball. Der jüngere Bundespolizist war glühender Anhänger der heimischen Eintracht aus Frankfurt, sein Kollege ging auf Nummer sicher und favorisierte den FC Bayern München. Womit er sich regelmäßig den Vorwurf einhandelte, ein Opportunist und Erfolgsfan zu sein. Manche Überwachungsnächte endeten in regelrechten Scharmützeln, die einem Duell zwischen Christoph Daum versus Uli Hoeneß zur Ehre gereicht hätten.

Jedes Streitgespräch führten sie jedoch stets mit einem Lächeln auf den Lippen, da es beiden Seiten ein großes Vergnügen bereitete, den jeweils anderen mit eigenem Fußballfachwissen zu übertrumpfen und sich als alleiniger, wahrer Experte zu beweisen. Sie pflegten die Marotten eines altes Ehepaars und zogen ihren Spaß und Genugtuung aus den Neckereien des anderen.

Heute Nacht waren die beiden auf eine unterhaltsame, aber unspektakuläre Schicht eingestellt. Sie vermuteten, dass die monotone Routine einer langwierigen Überwachung vor ihnen lag. Eine fatale Fehleinschätzung.

Aus diesem Grund hatten sie sich für eine geringe Bewaffnung entschieden. Die beiden schusssicheren Westen lagen zwar wie immer im Kofferraum ihres Wagens, die Beamten rechneten aber nicht damit, dass sie sie im Verlauf des heutigen Einsatzes brauchen würden. Ihre Handfeuerwaffen, die neuen Selbstladepistolen HK P30 des deutschen Waffenherstellers Heckler & Koch, trugen sie durchgeladen im Schulterhalfter. Sie hatten sich dazu entschlossen, ihre Waffe immer durchgeladen zu tragen, da sie davon ausgingen, dass sie nur in höchster Not ihre Schusswaffen abfeuern mussten, und dann wollten sie keine wertvollen Sekunden mit dem Ladevorgang verlieren. Andere Kollegen befürchteten, in eine Situation zu geraten, in der ihnen ein Gewalttäter im Kampf ihre Waffe entreißen und im Zuge des Gefechts gegen sie selbst richten und abfeuern könnte. Den Entschluss über den Ladezustand seiner Waffe trifft jeder Polizist individuell, denn er muss letztendlich ganz persönlich mit möglichen Konsequenzen leben – oder sterben.

Ihre HK P30 trugen sie in einem Schulterholster mit einem Zusatzmagazin und Handschellen, sonst bevorzugten sie das Pistolenholster an der Hüfte, doch bei einem ganzen Tag im Auto ging die Bequemlichkeit eindeutig vor.

Die beiden Polizisten waren aber nicht die einzigen Männer, die in dieser Nacht ihre Arbeitsutensilien eng am Körper führten …

Die beiden Russen erreichten schweigend die Nähe ihres Zielortes, der jüngere, Janus, sollte später aussagen, erst jetzt den tatsächlichen Grund ihrer langen Fahrt erfahren zu haben. Eine Lüge?

In der angefahrenen Großstadt hatte sich gegen 20.30 Uhr eine abendliche Ruhe ausgebreitet, Büroangestellte waren längst zu Hause, und das Dienstleistungsgewerbe und der Einzelhandel hatten ihre Türen geschlossen. Hinter den Scheiben eines Gebäudekomplexes brannten in zwei Büros allerdings noch Lichter, genau wie geplant.

Piotr verschaffte sich mit einem Rundumblick einen Eindruck seines Einsatzgebietes. Er wollte von keinem dummen Zufall überrascht werden, denn dafür stand hier zu viel auf dem Spiel, nicht weniger als sein Leben. Er bemerkte eine Örtlichkeit, die ihm gar nicht gefiel. In unmittelbarer Nähe des Hauses, welches er betreten musste, befand sich eine geöffnete Tankstelle, die zwar offenbar wenig frequentiert war, aber dennoch zwei Überwachungskameras pro Zapfsäule aufwies. Dies hatte ihm niemand mitgeteilt. Er würde dies bei seinem Vorgehen berücksichtigen und als Lebensversicherung von dem Worst-Case-Szenario ausgehen, dass eine Kamera durch Wartungsarbeiten verdreht sein könnte und den unmittelbaren Bereich um die Tankstelle filmte.

Er entschloss sich daher, den gesamten Bereich um die Tankstelle zu meiden. Am liebsten hätte er den Auftrag abgebrochen, aber dafür war es jetzt zu spät. Piotr stand bei Alexander im Wort, und Alexander war niemand, dem man mit Ausflüchten kommen konnte, sonst würde ihm selbst so ein Auftrag drohen, jedoch nicht als Ausführender, sondern als Adressat. Und es war ja nicht mal nur Alexander, sondern dieser wurde erst nach Initiative von Michail tätig, auch niemand, den man gerne zum Feind hatte. Und sie hatten den Deal per Handschlag besiegelt, etwas Endgültiges, Bedeutendes in den Kreisen, in denen sie sich bewegten.

Auch den beiden Bundespolizisten blieb das Verhalten ihrer Zielpersonen nicht verborgen. Doch sie konnten sich keinen Reim darauf machen und schauten sich ratlos an. Was verschlug die beiden Russen in ein gut bürgerliches Gewerbe- und Wohngebiet?

Dieser Ort passte so gar nicht zu ihren sonstigen Anlaufpunkten, sehr ungewöhnlich. Sie verlangsamten ihre Geschwindigkeit und steuerten in angemessenem Abstand in eine Parkbucht, um nicht ihre Enttarnung zu riskieren. Sie hielten, ihrem Auftrag gemäß, Abstand. Zu viel Abstand?

In einiger Entfernung sahen sie eine Tankstelle und dahinter ein Firmengebäude. Die Tankstelle war hell erleuchtet, doch außer einem Kassierer schien die Niederlassung eines britischen Ölmultis verlassen zu sein. In dem zweigeschossigen Bürogebäude waren der Eingangsbereich und sämtliche Fenster in Dunkelheit gehüllt, nur zwei Büros im oberen Stockwerk waren beleuchtet. Durch das Fernglas mit Restlichtverstärker erkannten die Beamten das Firmenschild, es war der Sitz einer bundesweit tätigen Immobilienverwaltungs-GmbH.

Da sich im Moment nichts weiter tat, nutzte der Beifahrer die Zeit, schnappte sich das Funkgerät und wechselte auf den Polizeikanal der hiesigen Polizeibehörde, um sich in dem fremden Revier anzumelden. Dies war weniger der Höflichkeit geschuldet, sondern diente der Information der vor Ort arbeitenden Kollegen. Denn die Klassiker von Polizeipannen und Enttarnung verdeckter Polizisten in B-Movies sind keine Hirngespinste von durchgeknallten Autoren, sondern entstammen der Realität. Notrufe von besorgten Bürgern und Nachbarn lösten schon so manchen ungewollten Zwischenfall und die Enttarnung geheimer Einsätze aus.

»Schicken Sie bitte einen Streifenwagen vorbei, Herr Wachtmeister, in dem dunklen Auto sitzen bereits eine ganze Weile zwei düstere Gestalten, zwei Männer. Meine Frau hat Angst, bitte schicken Sie einen Wagen.«

Gern erzählt wird auch der zweite Klassiker: Der stundenlang im Auto sitzende Polizist nutzt einen lang ersehnten Stopp zum Urinieren und schlägt sich dafür in die Büsche, selbstverständlich mit seinem Holster und der Pistole an seinem Körper. Der Notruf einer besorgten Bürgerin könnte dann in etwa lauten: »In dem Gebüsch vor meinem Küchenfenster steht ein Mann mit einer Schusswaffe und seinem Penis in der Hand«, und könnte einen Großeinsatz inklusive SEK-Alarmierung auslösen. Des Weiteren wäre damit der verdeckte Einsatz aufgeflogen und im schlimmsten Fall womöglich wochenlange akribische Ermittlungsarbeit vergebens gewesen.

Um solcherlei Unannehmlichkeiten zu vermeiden, melden sich fremde Polizeikräfte stets bei der Einsatzleitstelle der heimatlichen Behörde an: »11/01 für 16/32, befinden uns mit zwei Beamten in Ihrem Bereich zur mobilen Observation.«

Darauf wird die Leitstelle die genaue Adresse erfragen und sich erkundigen, ob ein größerer Einsatz bevorsteht. Je nach Standort kann der Dienstgruppenleiter des örtlichen Reviers informiert werden und entsprechend reagieren, falls besorgte Bürgeranrufe eingehen. Auch bei einer plötzlichen Eskalation der Observation durch Gewalttaten oder eine Schießerei kann die Leitstelle dann die eintreffenden Polizisten anleiten. »Achtung beim Einschreiten. Eine Seite gehört zu uns, das sind Kollegen.«

Die Notwendigkeit, über fremde Polizeikräfte in der Stadt Bescheid zu wissen, sollte von den tragischen Ereignissen dieser Nacht bestätigt werden. Doch mit so einem schicksalhaften Verlauf rechnete niemand.

Die beiden Russen hatten den Wagen mittlerweile verlassen und bewegten sich auf dem Firmengelände. Piotr vermochten die Polizisten noch optisch zu folgen, aber Janus verschwand aus ihrem Blickfeld. Piotr schritt zielstrebig zum Eingang der Immobilienverwaltung. Dort öffnete sich plötzlich, ohne irgendwelche Anzeichen, die Tür, woraufhin Piotr eintrat und von der Dunkelheit verschluckt wurde. Die Beamten rutschten unruhig auf ihren Sitzen hin und her und schauten sich fragend an. »Hast du eine Person bemerkt, die die Tür geöffnet hat, oder hast du gesehen, ob er geklingelt hat?«

Keiner von beiden hatte etwas bemerkt. Sie beratschlagten kurz ihr taktisches Vorgehen, aber ein Aussteigen und Anschleichen an das Bürogebäude war sinnlos, da das einzige Licht im zweiten Stock brannte, sodass sie ohnehin nichts sehen würden. Außerdem waren sie sich nicht sicher, ob Janus von

ihnen unbemerkt auch in das Gebäude gelangt war oder im Umfeld herum-
lungerte.

Ihr Auftrag lautete verdeckte Aufklärung, sie durften kein Risiko einer Enttarnung eingehen und so womöglich das gesamte aufwendige Ermittlungsverfahren gefährden. Daher entschieden sie sich dafür, in ihrem Ford Mondeo
zu bleiben, und arbeiteten weiter streng nach Dienstvorschrift. Sie füllten das
Observationsprotokoll aus, schauten auf die Uhr, notierten die genaue Uhr-
zeit, Örtlichkeit und das Verhalten der Zielpersonen und harrten der Dinge,
die passieren würden. Routine. Doch heute Nacht wurde daraus tödliche
Routine.

Nach überraschend kurzer Zeit verließ Piotr das Firmengebäude wieder und
ging zielstrebig zu seinem Wagen. Nun waren die beiden Bundespolizisten
absolut ratlos und schauten sich nur wortlos an. Eine stundenlange Fahrt in
der Dunkelheit für einen Kurzbesuch im gediegenen Sitz einer großen
Immobiliengesellschaft? Der Russe war höchstens ein oder zwei Minuten im
Gebäude verschwunden gewesen, viel zu kurz für ein Gespräch oder die
Übergabe von Geld, Drogen oder sonstigen Dingen. Eine Übergabe war auszuschließen, da sie durch das hochauflösende Fernglas beobachtet hatten,
dass Piotrs Hände leer gewesen waren, keine Tasche, kein Koffer, nichts. Der
Russe ließ sich auf dem Beifahrersitz neben Janus nieder, und schon fuhr das
verwanzte Auto vom Firmengelände und fädelte sich in den allabendlichen
Großstadtverkehr ein. Die Menschenhändler beachteten das Tempolimit,
blinkten beim Abbiegen und wirkten auf den ersten Blick wie vorbildliche
Straßenverkehrsteilnehmer. Einer der beiden Polizisten zuckte mit den
Schultern und startete den Motor. »Was soll's, fahren wir, vielleicht erfahren
wir ja später mehr, wenn wir die Firma und deren Chef durch den Computer
jagen.«

Die Beamten folgten den Russen und stellten fest, dass es die beiden offenbar
nach Hause zog. Sie fädelten sich nämlich auf dem nächsten Autobahnzu-
bringer der A 2 auf ihre Heimatroute ein. Den beiden Observierern war das
mehr als recht, sie begannen sich langsam wieder zu entspannen, und ver-

drängten die Gedanken an den kuriosen Ausflug und den unerklärlichen Zwischenstopp. Vielmehr stellten sie sich auf einen unverhofft frühen Feierabend ein und berechneten den wahrscheinlichen Zeitpunkt. Die Russen würden auf direktem Weg etwa eine Stunde bis zu ihrer Wohnung in einer Großstadt des Ruhrgebietes benötigen. Danach würden sie selbst eine halbe Stunde Nachschau betreiben, um sich zu vergewissern, dass die Kriminellen heute Nacht keine weiteren Fahrten mehr planten, und dann hieß es ab nach Hause. Sie überlegten bereits, was sie als Erstes tun sollten, falls sie es bis 23.00 Uhr nach Hause schaffen sollten, den leckeren Bolognese-Auflauf im Backofen verzehren oder die Ehefrau zu einem unverhofften Schäferstündchen überreden? Die Stimmung der beiden Bundespolizisten wurde immer besser, und es breitete sich gerade ein bübisches Grinsen der Vorfreude in ihren Gesichtern aus, als ein furchtbarer Funkspruch alle Überlegungen hinfällig machte. Die Polizeileitstelle der soeben verlassenen Stadt meldete sich bei ihnen. Der Tonfall des Behördenleiters ließ die erfahrenen Polizisten nichts Gutes ahnen. Hart, direkt und keinen Widerspruch duldend, ratterte er eine Reihe von Fragen herunter wie in einem Verhör. Eigentlich war dieser Ton unter Kollegen nicht üblich, daher beschlich die beiden Bundespolizisten ein zunehmend schlechtes Gefühl. Ohne zu zögern, beantworteten sie kurz und genau alle Fragen: Wie lautet die genaue Anschrift des Observationsobjektes? Welches Firmengebäude wurde betreten? Wann genau wurde das Gebäude betreten und verlassen? Gab es Auffälligkeiten? Eine Geräuschentwicklung? Wie viele Personen unterlagen der Observation? Sind diese Männer einer Gruppe zuzuordnen? Wo halten sich diese Männer jetzt auf? Wie lautet ihre genaue Position? Besteht die Observation noch?

»Ja, sie besteht noch, sie fahren keine 30 Meter vor uns in Richtung Ruhrgebiet. Aber würden Sie uns jetzt bitte mal mitteilen, was diese ganzen Fragen sollen?«, beschwerte sich der mittlerweile verärgerte Beifahrer und suchte zur Unterstützung Blickkontakt zum Fahrer, der das Observationsfahrzeug mit 130 Stundenkilometern in der mittleren Spur hielt.

Für einige Zeit verstummte das Funkgerät, der Dienstgruppenleiter (DGL) der Leitstelle schien die richtigen Worte zu suchen. Dann kündigte ein

Krächzen im Lautsprecher seine nächsten Sätze an. »Im Wagen vor Ihnen sitzen zwei Mörder. Die von Ihnen observierten Männer haben unter Ihrer Beobachtung das Gebäude betreten und den Geschäftsführer der Immobilienverwaltungs-GmbH erschossen. Der Tatort gleicht einer Hinrichtungsstätte, sie haben ihm zweimal in den Kopf und durch den Rücken ins Herz geschossen. Der Mann verstarb noch in seinem Büro. Die ersten Eindrücke lassen auf einen skrupellos ausgeführten Auftragsmord schließen, und es ergeben sich noch weitere alarmierende Umstände. Im Bürogebäude wurde keine Waffe gefunden. Das bedeutet, dass die Killer über mindestens eine Schusswaffe verfügen, die sie rücksichtslos einsetzen werden.«

Lähmendes Entsetzen breitete sich im Wagen aus, die Welt schien stillzustehen, das Funkgerät verstummte und blieb stumm. Es folgte kein Lachen, keine Aufklärung über einen misslungenen Witz. Das alles war Realität. Die Stille lastete schwer auf den fassungslosen Beamten. Ihr Herz raste und pumpte Unmengen von Adrenalin durch ihre Blutbahnen, aber das half nicht, das Vernommene zu verarbeiten, im Gegenteil. Begriffe rasten durch ihre Köpfe, während sie mit einem Tunnelblick durch die Landschaft rasten, die mit 130 Stundenkilometern an ihnen vorbeirauschte. Es gelang ihren Gehirnen nicht, die Worte in einen geordneten Zusammenhang zu bringen: Mörder – Russen – Firmensitz – Observation – Auftragsmord – Hinrichtung – ihre Observation – ihr Einsatz – ihr Fehler!?

War es ihr Fehler gewesen? Ein Mensch war praktisch vor den Augen von Polizisten erschossen worden. Vor ihren Augen! Keine 40 Meter von ihnen entfernt. Ach, du Scheiße, das konnte doch nicht wahr sein. Es musste sich um einen Traum handeln, um einen schrecklichen Albtraum. Aber sie wachten nicht auf, dies war die Wirklichkeit. Ein Mensch war zu Tode gekommen, und sie hätten es verhindern können, oder?

Der Fahrer steuerte den Wagen wie in Trance, und glücklicherweise herrschte jetzt nach 21.00 Uhr selbst auf der Warschauer Allee wenig Verkehr. Der Beifahrer löste seinen starren Blick vom Armaturenbrett und richtete seine Augen 30 Meter nach vorne auf das personifizierte Böse, auf die Mörder.

Die Leitstelle gönnte ihnen etwas Zeit, um das Grauenhafte zu begreifen, dann wurde deutlich behutsamer noch einmal nachgefragt: »Haben Sie verstanden, was ich gerade gesagt habe? In dem Wagen vor Ihnen sitzen zwei Mörder mit mindestens einer Schusswaffe. Bleiben Sie ruhig, fahren Sie nicht zu dicht auf, und verlieren Sie die Russen um Gottes willen nicht. Verstanden? Sind Ihnen die Personalien bekannt und deren Adresse?«

»Ja, die Personalien sind bekannt, Adresse, Umfeld, alles. Wir verlieren sie auch auf keinen Fall. Der Wagen ist mit einem Peilsender verwanzt. Wie geht es jetzt weiter?«

»Wir haben Ihnen schon Verstärkung geschickt, die Sie ab der nächsten Autobahnauffahrt unterstützt. Parallel läuft die Alarmierung eines Spezialeinsatzkommandos, das den Zugriff durchführen wird. Ich wiederhole, Sie unternehmen nichts, auf keinen Fall versuchen Sie einen Zugriff. Das SEK übernimmt das. Verstanden?«

»Ja, verstanden. Wir bleiben im Hintergrund und observieren weiter. Kein Zugriff. Zugriff führt das SEK aus.«

»Gut, fallen Sie nicht auf, wir melden uns, sobald wir näheres Vorgehen geplant haben. Ende.«

Apathisch befestigte der Beifahrer das Funksprechgerät in der Halterung und bemühte sich, einen klaren Gedanken zu fassen. Es fiel ihm sehr schwer. Der nächste Griff galt intuitiv seiner Waffe. Er zog sie aus seinem Schulterholster, kontrollierte ihren Ladezustand und legte sie auf seinen Oberschenkel, was ihm einen irritierten Blick seines Kollegen einbrachte. Nach einer Minute wurde ihm bewusst, wie unsinnig seine Handlung gewesen war. Eine geladene Pistole gehörte während einer Autobahnfahrt nicht in die Hand eines Polizisten, sondern sicher verstaut ins Holster. Er steckte die Waffe zurück, schlug seine Hände vor das Gesicht und schüttelte energisch den Kopf. »Nein, nein, nein. Das darf doch nicht wahr sein.«

Er schaute seinen Kollegen an, und erst jetzt wurde ihm bewusst, dass der noch schlimmer dran war als er selbst, denn er musste sich auf die Autobahnfahrt und die Verfolgung der Russen konzentrieren, der Mörder.

»Geht's bei dir noch? Soll ich dich ablösen beim Fahren?«

»Nein, schon gut, alles okay. Ist das wirklich uns passiert?«

Nach dem ersten Schock gingen sie alle Details der Observation im Kopf durch. Hatte es irgendein Anzeichen für diese Tat gegeben? Hinweise in abgehörten Telefonaten? Stand der Mord im Zusammenhang mit den Aktivitäten des Menschenhändlerringes, oder war es eine private Abrechnung? Hatten sie übersehen, dass Piotr, als er das Firmengelände betrat, eine Pistole in seiner Hand gehabt hatte? Nein, sie waren sich beide sicher, keine Pistole gesehen zu haben, eigentlich. Aber was war jetzt noch sicher? Hatten sie einen Schuss gehört? Nein. Einen Schrei? Nein. Niemand hatte um Hilfe gerufen. Hatte Piotr anders gewirkt, angespannter als sonst, als er die Immobilienverwaltung verlassen hatte? Nein, der gleiche abweisende und kalte Blick wie immer. Und auch da hatte er keine Pistole in der Hand. Glaubten sie zumindest. Sie atmeten erst einmal durch. Einen dummen Bock, einen Riesenfehler schienen sie sich nicht geleistet zu haben. Es war alles nur verdammt blöd gelaufen. Observationen mithilfe der neuesten technischen Errungenschaften waren ja schön und gut, aber in Gehirne skrupelloser Gangster vermochte auch eine 20 000 Euro teure Maschine nicht zu blicken und sie erst recht nicht.

Bei all der Tragik der letzten Stunden und allem Mitgefühl für das Opfer erleichterte sie diese Einschätzung ein wenig. Denn ein grober Fehler hätte auch das Ende ihrer Polizeikarrieren bedeuten können, und sie hatten doch Frau und Kinder zu versorgen und mussten ihre Kreditraten abbezahlen. Nachdem sie sich gegenseitig versichert hatten, dass es keine Anzeichen dafür gab, dass sie irgendwelche Fehler begangen hatten, beruhigten sie sich ein wenig, und die eigenen Zukunftsängste wichen. Doch trotz aller Überlegungen blieb eines bestehen: Sie spürten starke Schuldgefühle, diesen Mord nicht verhindert zu haben.

Mit dem Grübeln war schlagartig Schluss, als sich die Verstärkung per Funk ankündigte. Zwei schwere BMW-Limousinen rasten heran, ein X 5 und ein Kombi, in denen jeweils drei grimmig-entschlossen dreinblickende Männer saßen. Das Spezialeinsatzkommando war da.

Über Funk gaben die beiden Bundespolizisten eine genaue Personenbeschreibung inklusive Bekleidung und einer Tätereinschätzung anhand der bereits seit Wochen ermittelten Fakten ab. Das SEK übernahm ab sofort die Leitung für das weitere taktische Vorgehen und wies die Bundespolizisten an, sich 100 Meter zurückfallen zu lassen. Sie sollten die Verfolgung der beiden Mörder nur noch per Peilsender absichern. Ständig wechselnde Pkws weiterer Unterstützungskräfte an der Spitze übernahmen nun die visuelle Observation. Die Entscheidung für einen Zugriff war ebenfalls gefallen, falls nicht eine weitere unvorhersehbare und gravierende Wendung eintreten würde. Die 50 Kilometer entfernte Wohnung der Russen war für die gefährliche Festnahmeaktion ausgewählt worden. Dies entsprach dem üblichen Zugriffsverhalten einer Spezialeinheit. Unmittelbar nach einer Tat, in diesem Fall einem Mord, waren die Täter noch zu aufgekratzt und aufgeladen und würden in ihrem Adrenalin- und Testosteronrausch wild um sich ballern. Die Killer sollten sich in Sicherheit wiegen und glauben, mit dem Mord davongekommen zu sein. Außerdem vermied das SEK den Zugriff bei einer mobilen Lage möglichst und gab den Tätern somit weitere Zeit, sich zu beruhigen. Ein zusätzliches Zugriffsteam hielt sich bereits am Wohnort der Russen auf, um das Gebiet zu sondieren und aufzuklären. Die Falle war gestellt, nun musste sie nur noch zuschnappen.

Doch 20 Kilometer später bogen die Russen plötzlich von der Autobahn ab, zwei Ausfahrten früher als eingeplant, und setzten ihre Fahrt auf einer dunklen, abgelegenen Landstraße fort. Die Stimmen an den Dutzenden Funkgeräten überschlugen sich. Die Situation musste neu bewertet und gegebenenfalls eine andere Entscheidung getroffen werden. Auch war die Verfolgung nun deutlich erschwert worden, und eine schnellere Zirkulation der Einsatzteams an der Spitze war notwendig. Und eine große Unbekannte gab es: Warum bogen die zwei Mörder jetzt ab?

Die Geschehnisse nahmen ihren Lauf, das erste Überwachungsfahrzeug meldete sich per Funk:»Es gab Bewegung im Auto, der Beifahrer hat auf seiner Seite das Fenster geöffnet und einen Gegenstand aus dem Fenster geworfen. Wir haben nur einen Schatten gesehen und die Wurfbewegung des Russen. Der nächste Leitpfosten zeigt als Kilometerzahl 56,3 an, davon ungefähr zehn Meter zurück zwischen dem Gras und dem beginnenden Tannenwald.«

Die beiden letzten der mittlerweile acht Verfolgungsfahrzeuge hielten an und suchten mit ihren großen MAG-Lite-Taschenlampen den Bereich ab, allerdings erfolglos. Doch der polizeiliche Instinkt sagten ihnen, dass es hier etwas zu holen gab. Sie forderten über die Einsatzleitstelle einen Sprengstoffspürhund an und setzten die Suche fort. Eine richtige Entscheidung.

Hatten die Russen die Autobahn verlassen, um Beweise verschwinden zu lassen?

Die Menschenhändler erreichten schließlich die Straße, in der sie wohnten, den behutsamen ausgelegten Ring von Männern des Spezialeinsatzkommandos bemerkten sie allerdings nicht. Sie parkten ihr Auto, schauten sich um und betraten ihre Wohnung. Die zwölf Augenpaare, die jede ihrer Bewegungen mit einem Nachtsichtgerät registrierten, entgingen ihnen. Das SEK-Kommando und nachrückende Kräfte nahmen nun ihre Absperr- und Zugriffspositionen ein. Die Falle war zugeschnappt.

Ein Blick in die harten Augen der mit Sturmmasken vermummten Elitepolizisten genügte. Sie würden die feigen Mörder nicht entkommen lassen.

Nach und nach füllten sich die Reihen der Polizeikräfte in der provisorischen Befehlsstelle drei Straßenzüge weiter, und auch die beiden zutiefst betrübten Bundespolizisten trafen ein. Die Polizeiführung vor Ort ließ sich den Ablauf der Observation noch einmal persönlich schildern, um ein bestmögliches Lagebild zu erarbeiten. Es war ein zutiefst tragischer Einsatz, und beiden Beamten sah man ihre Niedergeschlagenheit an. Vorwürfe brauchte man den beiden nicht zu machen, das übernahmen sie schon selbst. Einige Kollegen klopften ihnen vielmehr aufmunternd auf die Schultern. Sie mussten jedoch bis zum Ende vor Ort bleiben, weil ihnen die abschließende Identifizierung der Täter oblag. Denn wie viele Russen sich derzeit in der Wohnung aufhielten, war noch nicht hundertprozentig geklärt.

In 30 Kilometer Entfernung blitzten derweil die Augen eines belgischen Schäferhundes vor Freude und stolzer Erwartung auf. Er setzte sich auf seine Hinterpfoten und signalisierte so seinem Herrchen, dass er das Spiel gewonnen hatte. Der Hund hatte den versteckten Gegenstand erschnüffelt und wartete nun ungeduldig auf seine Belohnung, einen Knochen.

Die Polizisten näherten sich vorsichtig dem Fundort, beleuchteten ihn mit der Taschenlampe und zogen ihre Latexhandschuhe an. Dort im Lichtkegel reflektierte ein schwarzer metallischer Gegenstand den Leuchtstrahl. Vorsichtig hob ein Polizist das Fundstück hoch. Es war eine Pistole Kaliber 7,65 Millimeter mit Schalldämpfer, die Waffe eines Profikillers.

Kurz vor Mitternacht erreichte die Nachricht vom Auffinden der Schusswaffe via Leitstelle das SEK-Kommando und die anderen eingesetzten Kräfte. Natürlich fehlte noch das ballistische Gutachten, aber alle waren überzeugt, dass es sich um die Mordwaffe handelte. Das Spezialeinsatzkommando rechnete jedoch damit, dass die Russen über weitere Waffen verfügten, und übte sich in Geduld. Auch als gegen 1.00 Uhr nachts endlich die Lichter in der Wohnung gelöscht wurden, verharrte das Zugriffskommando zunächst in seinen Positionen. Nur zu gerne hätten die Männer die Wohnung jetzt schon gestürmt und die Mörder überwältigt, aber sie erhielten noch kein »Go«. Die Einsatzführung handelte besonnen und zurückhaltend, sie wollte ein weiteres vermeidbares Opfer auf jeden Fall verhindern, egal, auf welcher Seite. Heute war schon genug Blut geflossen. Die vermummten Spezialisten verblieben regungs- und lautlos in ihren Positionen. Die Einsatzleitung wartete den Schlaf der Kriminellen ab.

Wie ein Mensch wenige Stunden nach einem kaltblütigen Mord nach Hause fahren, eine Stunde fernsehen und danach schlafen konnte wie an jedem anderen Tag auch, bleibt für normale Menschen unbegreiflich. Wahrscheinlich verfügen Auftragskiller über keinerlei Gewissen oder können dieses bei Bedarf einfach abstellen.

Um 2.30 Uhr erhielt das Spezialeinsatzkommando schließlich den Zugriffsbefehl. Daraufhin brach die Hölle über die beiden gedungenen Mörder herein. Geschockt von Blendgranaten, aufgetretenen Türen, eingeschlagenen Scheiben und dem Anblick martialisch ausgerüsteter vermummter Männer mit durchgeladenen Maschinenpistolen in den Händen, ließen sie sich widerstandslos festnehmen. Das lange Warten hatte sich ausgezahlt. Die Überrumpelung war gelungen.

Beide Russen wanderten in Untersuchungshaft, aber sie schwiegen. Die Hintergründe dieser Mordtat blieben weiter im Dunkeln. Noch.

Bei dem Opfer handelte es sich um den 43-jährigen Geschäftsführer einer bundesweit agierenden Immobilienverwaltungs-GmbH. Er wurde tot unter seinem Schreibtisch liegend aufgefunden, in einer Blutlache. Zwei Kugeln hatten seinen Kopf getroffen, der dritte Schuss war durch den Rücken in das Herz eingedrungen. Eine Hinrichtung.

Die Mordkommission startete ihre Arbeit, und dies gründlich. Nach kurzer Zeit schon geriet die Person ins Visier der Ermittler, die als Erste am Tatort erschienen war und den im Sterben liegenden Geschäftsführer gefunden hatte, eine 36-jährige Mitarbeiterin der Niederlassung, die Geliebte des Ermordeten, eine Russin. Umfangreiche Telefonüberwachungsmaßnahmen führten die erfahrenen Ermittler zu zwei weiteren Russen aus dem Frankfurter Rotlichtmilieu, Michail und Alexander. Nun übernahmen Observationsspezialisten das Zepter, sie folgten der Geliebten und überwachten eine Geldübergabe an Michail und Alexander. Daraufhin erließ der Ermittlungsrichter gegen die drei weiteren Tatverdächtigen Haftbefehle und schickte sie ebenfalls in Untersuchungshaft. Doch das Mordmotiv lag weiter im Unklaren. Aber auch dies legten die Mordermittler bald offen. Habgier. Die Geliebte hatte seit Längerem Firmengelder unterschlagen, mittlerweile einen fünfstelligen Betrag. Dem Geschäftsführer fiel dies auf. Er hatte zwar seine Frau und Familie für seine Geliebte verlassen, doch eine Straftat zum Nachteil des Unternehmens zu decken kam für ihn nicht infrage. Damit sprach er sein eigenes Todesurteil. Die Mordkommission warf der Frau unter anderem vor, den Mördern die Tür zum Firmensitz geöffnet zu haben und selbst bei den Todesschüssen anwesend gewesen zu sein.

Vor Gericht bestätigten sich die zusammengetragenen Fakten: Die Geliebte hatte aus Furcht vor der Aufdeckung der Unterschlagung von Firmengeldern Michail und Alexander kontaktiert und den Mord bei ihnen bestellt. Auch den Wert eines Menschenlebens in diesen Kreisen brachte das Gericht in Erfahrung: 50 000 Euro. Die beiden Männer aus dem organisierten Verbrechen der Rhein-Main-Metropole beauftragten Piotr und Janus mit der Durchführung der Tat.

Die Schuldsprüche des Gerichtes schöpften den oberen Bereich des Strafrahmens aus.

Die Geliebte erhielt eine lebenslange Haftstrafe wegen Mordes, und gegen Piotr und Janus verhängte die Kammer ebenfalls eine lebenslange Haftstrafe. Trotz entsprechenden Plädoyers der Staatsanwaltschaft stellte die Kammer bei allen drei Verurteilten keine besondere Schwere der Schuld fest. Wegen Beihilfe zum Mord erhielt Michail elf Jahre Gefängnis und Alexander zehn Jahre Haft.

Auch die beiden Bundespolizisten – das Observationsteam dieser verhängnisvollen Nacht – vernahmen die Schuldsprüche mit großer Genugtuung.

Die anschließende polizeiliche Aufarbeitung ihres Einsatzes brachte keinerlei Fehlverhalten ihrerseits zum Vorschein. Dennoch benötigten sie eine Weile, um ihre Schuldgefühle zu verarbeiten, und verrichten den Rest ihres Polizeidienstes unter einem in Deutschland beispiellosen Makel. Ein Auftragsmord, ausgeführt unter Polizeischutz.

GLOSSAR

Auswahlverfahren der Polizei

Hier die Voraussetzungen für die Teilnahme an dem Verfahren (können je nach Bundesland variieren):

Abitur oder die volle Fachhochschulreife, Fahrerlaubnis der Klasse B (früher Klasse 3), Nachweise des deutschen Sportabzeichens in Bronze sowie des deutschen Rettungsschwimmabzeichens in Bronze und einer Erste-Hilfe-Ausbildung (acht Doppelstunden). Tätowierungen dürfen im Kurzarmhemd nicht zu beanstanden sein, dürfen also gegen keine bestehenden Gesetze verstoßen, das Ehr- oder Schamgefühl anderer verletzen oder durch ihre Art und Größe besondere Aufmerksamkeit erregen. Der Bewerber muss über eine Mindestgröße von 168 cm verfügen, die Bewerberin von 163 cm. Der Body-Mass-Index (BMI – wird errechnet durch kg/m^2) sollte sich optimalerweise in den Bereichen 20 bis 25 bewegen. Schuppenflechte und eine Skoliose der Wirbelsäule von mehr als zwölf Grad führen ebenso zu einer Ablehnung wie ein schadhaftes Gebiss, eine behandlungsbedürftige Schilddrüsenstörung sowie eine Nahrungsmittel- und Wespengiftallergie. Eine Asthma-Erkrankung ist ebenfalls höchst problematisch und führt meistens zu einer Ablehnung. Auch Kriegsdienstverweigerer, die Gewaltanwendungen kategorisch ablehnen, werden nicht eingestellt. Des Weiteren darf der Bewerber über keine Vorstrafen verfügen und soll in geordneten wirtschaftlichen Verhältnissen leben.

Sollten diese Hürden überwunden sein, wartet am ersten Tag der Auswahlprüfung ein computergestütztes Testverfahren, welches logisch-analytisches Denkvermögen, Problemlösungsfähigkeiten, Abstraktionsvermögen, Gedächtnisleistungen und Rechtschreibkenntnisse überprüft.

Am zweiten Tag stehen ärztliche Untersuchungen an, die der Feststellung der Polizeidiensttauglichkeit dienen, darunter fallen ein Hör- und Sehtest, Ergometrie, EKG und gegebenenfalls weitere medizinische Untersuchungen wie Röntgen.

Der dritte Tag spielt sich komplett im Assessment-Center ab, hier werden anhand von Rollenspielen, einem Vortrag und einem strukturierten Interview soziale und kommunikative Kompetenzen überprüft.

Bandidos MC

Die 1966 im texanischen Houston gegründeten Bandidos gelten als zweitmächtigster global agierender Motorcycle Club. Wegen der allein in Deutschland bestehenden 70 Chapter nehmen die deutschen Bandidos eine Schlüsselstellung in der internationalen Organisation ein. Die Bandidos und die Hells Angels sind weltweit in erbitterte Kämpfe gegeneinander um eine Vormachtstellung verstrickt, besonders heftig tobte dieser Krieg in jüngster Vergangenheit auch in Deutschland.

Beweissicherungs- und Festnahmeeinheiten (BFE)

Diese Einheiten sind spezialisierte Polizeitrupps, die in einer Gefährdungslage zwischen normalen Einsatzhundertschaften und Spezialeinsatzkommandos von der Bundes- und den meisten Länderpolizeien eingesetzt werden. Der traurige Anlass zur Aufstellung der ersten Einheiten bei der Bundespolizei war die Ermordung zweier Polizeibeamter 1987 bei gewalttätigen Protesten gegen die Startbahn West des Frankfurter Flughafens. Am 2. November schoss der 33-jährige Werbegrafiker Andreas E. um 21.05 Uhr aus dem Dunkeln eines angrenzenden Waldgebietes insgesamt 14 Mal auf vorrückende Beamte der Bereitschaftspolizeien. Die Tatwaffe, eine Sig-Sauer-Dienstpistole, war einem Kriminalbeamten ein Jahr zuvor bei einer Kundgebung durch Autonome gewaltsam abgenommen worden. Der später für die Todesschüsse verurteilte Andreas E. war den Sicherheitsbehörden als Rädelsführer einer neunköpfigen Gruppe militanter Autonomer aus der revolutionären Szene bekannt. Andreas E. verletzte mit seinen 14 Schüssen neun Polizeibeamte. Der 23-jährige Polizeimeister Thorsten Sch. erlitt einen Bauchschuss und verstarb um 22.15 Uhr in der Universitätsklinik. Er war erst seit drei Jahren Polizist. Dem 43-jährigen Hauptkommissar und Hundertschaftsführer Klaus E. schoss der Täter aus über 500 Meter Entfernung in den Solarplexus. Im alarmierten Rettungshubschrauber stellte der Notarzt auf dem Flug in die Klinik alle Wiederbelebungsversuche ein. Er konnte nichts mehr für den Mann tun. Klaus E. hinterließ eine Ehefrau und drei Kinder. Andreas E. wurde in einem höchst umstrittenen Urteil nicht wegen zweifachen Mordes, sondern nur wegen Totschlags zur Höchststrafe von 15 Jahren verurteilt. Bereits nach der Verbüßung von zwei Dritteln der Gefängnisstrafe wurde er im Oktober 1997 vorzeitig aus der Haft entlassen.

Die Polizisten der BFE unterliegen einem harten Training und sind so in der Regel leistungsfähiger als normale Einsatzhundertschaften. Des Weiteren sind sie durch ihre bessere und spezialisierte Ausstattung prädestiniert für einen Einsatz gegen gewalttätige Störer und bei Krawallen im Rahmen von Demonstrationen und Fußballspielen. Sie unterstützen auch das Bundes- und die Landeskriminalämter bei Observationen und Festnahmen von besonders gewalttätigen und bewaffneten Tätern. In Bayern wird diese Einheit Unterstützungskommando (USK) genannt.

Eine Beweissicherungs- und Festnahmehundertschaft wird aus zwei BFE gebildet. Die Gliederung einer Beweissicherungs- und Festnahmeeinheit variiert leicht nach Bundesland, häufig wird aber folgende Organisationsstruktur verwendet:

- Führungstrupp mit vier Polizisten,
- Bearbeitungstrupp mit zwei Polizisten,
- Techniktrupp mit vier Polizisten,
- Beweissicherungstrupp mit sechs Polizisten und
- sechs Festnahmetrupps, die aus jeweils fünf Polizisten bestehen.

Dies ergibt eine Sollstärke von 46 Beamten einer BFE.

BFE-Kräfte und besonders auch ihr bayrisches Pendant des USK sind für ihr oftmals kompromissloses Einschreiten bekannt. Dies führte in der Vergangenheit schon zu zahlreicher Kritik und Strafanzeigen, die in der Regel jedoch eingestellt wurden. Entweder waren die Beamten aufgrund erhöhter Gefährdungslagen vermummt, oder ihre Identität konnte nicht abschließend bestimmt werden.

Bones MC

Der 1968 in Frankfurt am Main gegründete und nur in Deutschland vertretene Motorradclub galt seinerzeit als mächtigster MC in Deutschland. Viele seiner Mitglieder waren an führender Stelle in den Rotlichtmilieus deutscher Großstädte aktiv. Durch das Patchover des Bones MC zum Hells Angels MC 1999 erhielten die Höllenengel erst ihre beherrschende Machtposition in Deutschland.

Charter

Die Hells Angels sind die einzige Gruppierung, die ihre Clubfilialen als Charter bezeichnet, bei allen anderen MCs werden sie Chapter genannt. Ein Charter besteht mindestens aus einem Zusammenschluss von sechs Hells Angels. In Großstädten, beispielsweise Berlin, existieren mehrere Charter in einer Stadt.

Clubhaus

Jedes Charter der Hells Angels (bis auf die Nomads) ist gemäß der eigenen Statuten verpflichtet, über ein eigenes Clubhaus zur Durchführung von regelmäßigen Meetings und Partys zu verfügen. Die Räumlichkeiten signalisieren gleichzeitig den territorialen Anspruch in Bezug auf eine Stadt und/oder ein Gebiet und bilden oftmals einen Schwerpunkt bei polizeilichen Razzien.

Deathhead

Der Totenkopf mit dem Flügelhelm ist das markenrechtlich geschützte Club-logo und Symbol der Hells Angels. Egal, ob als Aufnäher auf der Kutte oder als Tätowierung auf der Haut, der Deathhead darf nur von Mitgliedern der rot-weißen Bruderschaft getragen werden.

GSG 9

Die Grenzschutzgruppe 9 ist die Antiterroreinheit der deutschen Bundespo-lizei. Sie wurde am 26. September 1972, nur 21 Tage nach der blutigen Geisel-nahme israelischer Sportler bei den Olympischen Spielen in München, auf-gestellt. Der polizeiliche Zugriff durch normale Polizeikräfte (es existierten weder bei einer Bundes- noch bei einer Landesbehörde ausgebildete Spezi-aleinheiten) gegen ein palästinensisches Terrorkommando endete in einem Blutbad. Alle neun Geiseln wurden getötet sowie fünf der acht Terroristen und ein Polizeibeamter. Bereits sechs Monate nach der Aufstellung meldete der damalige Oberstleutnant im Bundesgrenzschutz Ulrich Wegener die Ein-satzbereitschaft zweier Kommandoeinheiten. Ihre Feuerprobe bestand die GSG 9 1977 bei der Erstürmung einer Touristen-Lufthansa-Maschine in Mogadischu. Die GSG 9 ist auf Antiterrorkampf und Geiselbefreiung spezia-lisiert. Um Einsatzerfahrungen zu sammeln, werden die »Neuner« immer häufiger in dem Bereich schwerster Kriminalität eingesetzt. Die Antiterror-einheit untersteht dem Bundesinnenministerium (BMI) und kann auch, mit Einverständnis des Einsatzlandes, im Ausland tätig werden. Ein Bundestags-mandat ist dafür im Gegensatz zur Bundeswehr nicht erforderlich.

Hangaround

So wird ein potenzieller Anwärter eines MCs bezeichnet. Er »hängt« im Club-umfeld »herum«, besucht Open-House-Partys und weitere Veranstaltungen des Clubs. Bei gegenseitiger Sympathie kann er nach einem Jahr zum Pros-pect ernannt werden, die letzte Stufe, bevor er zum Mitglied werden kann.

Hells Angels

Der 1948 in Kalifornien gegründete Club agiert inzwischen weltweit in 35 Ländern und gilt als mächtigster MC der Welt. Seit seinem Bestehen wird der Club in beinahe jedem Land, in dem er vertreten ist, von den Polizeibehörden mit schwersten Straftaten in Verbindung gebracht. Die europäischen Ableger in mittlerweile 24 Ländern erhalten immer mehr Gewicht in dieser internationalen Vereinigung. Neben Skandinavien gilt vor allem Deutschland als wichtige Machtbastion in dem globalen Hells-Angels-Netzwerk. Deutschland verfügt mit 52 Chartern über eine der höchsten Clubdichten der Welt. Wegen krimineller Auswüchse wurden bereits sechs Charter durch die zuständigen Innenminister verboten: Hamburg (dort jedoch nur ein eingeschränktes Verbot), Düsseldorf, Borderland (Pforzheim), Flensburg, Westend (Frankfurt) und Frankfurt. Die Verbotsverfügungen sind zum Teil noch nicht abschließend rechtskräftig und werden vor den Verwaltungsgerichten verhandelt. Das gewalttätige Umfeld der Hells Angels und besonders der kriegerische Konflikt gegen den Bandidos MC hat weltweit in der über 60-jährigen Historie des Clubs schon über 300 Tote gefordert, darunter Unbeteiligte, Frauen, Kinder und zahlreiche Polizeibeamte. Das letzte zu beklagende Opfer in Deutschland war ein 42-jähriger SEK-Polizist aus Rheinland-Pfalz, der bei einer Durchsuchungsaktion von einem 43-jährigen Hells Angel durch seine Wohnungstür hindurch erschossen wurde. Der Bundesgerichtshof sprach den Schützen in letzter Instanz wegen der irrtümlichen Annahme einer Notwehrlage frei.

OMCG

Die Bezeichnung Outlaw Motorcycle Gangs verwenden Polizei- und Justizbehörden für Motorradclubs, die sich ihrer Meinung nach bewusst außerhalb der Gesetze gestellt haben. Das Bundeskriminalamt rechnet in Deutschland vier große Zusammenschlüsse den OMCGs zu: Hells Angels, Bandidos, Outlaws und Gremium. Die Internationale kriminalpolizeiliche Organisation (Interpol) bringt diese Vereinigungen mit dem halben Strafgesetzbuch in Verbindung – darunter Verbrechen wie Zuhälterei, Menschenhandel,

Schutzgelderpressung, Körperverletzung und Tötungsdelikte, Drogen- und Waffenhandel – und rechnet diese Clubs der organisierten Kriminalität zu.

Patchover

Dies bezeichnet den Zusammenschluss zweier bereits existierender Clubs, wobei ein Club den Namen und das Colour des anderen übernimmt. Den großen OMCGs werfen Polizeibehörden weltweit vor, diese Patchover auch mittels massiver Einschüchterungen und Gewaltanwendungen zu betreiben, um so ihre aggressive Expansionspolitik beibehalten zu können und gleichzeitig mögliche oder tatsächliche Konkurrenten auszuschalten.

Pferderipper

Der oder die Täter, die von den Boulevardmedien als »Pferderipper« bezeichnet werden, begannen ab 1993 in Deutschland mit ihren Taten auffällig zu werden. Danach folgte eine Häufung im norddeutschen Raum, besonders im Städteviereck Bremen-Hamburg-Schwerin-Hannover. Der oder die Täter schlitzten Pferden vielfach die Bäuche mit Messern und Lanzen auf oder verstümmelten die Pferde an ihren Geschlechtsteilen. Die beim Landeskriminalamt gegründete Ermittlungsgruppe Pferd geht anhand eines erstellten Täterprofiles trotz der mittlerweile 250 bundesweit unterschiedlichen Tatorte von einem psychisch und/oder sexuell gestörten Einzeltäter und zahlreichen Trittbrettfahrern aus. Der oder die Täter sind bis heute nicht ermittelt. Offiziell wird keine andere Spur verfolgt.

Red Devils MC

Die Red Devils gehören dem weltweiten Netzwerk der Hells Angels an und sind der größte Supporter MC der Welt. Die Roten Teufel agieren bei Konflikten immer öfter als Männer fürs Grobe und dienen den Hells Angels auch als unerschöpflicher Rekrutierungspool. Allein in Deutschland existieren 52 Chapter der Red Devils.

Spezialeinsatzkommando (SEK)

Der ursprüngliche – auch amtliche – Sprachgebrauch lautete Sondereinsatz-kommando. Wegen der Kriegsverbrechen der gleichnamigen SS-Spezialein-heiten im 2. Weltkrieg wird dieser Begriff jedoch nicht mehr offiziell verwen-det. Die SEKs der Länderpolizeien wurden ebenso wie die GSG 9 als polizeiliche Antwort auf den Terroranschlag der Olympischen Spiele 1972 gegründet. Entführungsfälle, Vollstreckungen von Haftbefehlen und Razzien gegen besonders gewalttätige Kriminelle aus dem Rocker- und Rotlichtmi-lieu gehören ebenso zu ihren täglichen Einsätzen wie Festnahmen im Bereich der organisierten Kriminalität bis hin zum finalen Rettungsschuss bei Amok-läufen oder Geiselnahmen. Die Spezialeinsatzkommandos heutiger Prägung sehen sich als eine universal einsatzbare operative Einheit, die je nach Lage von allen Polizeidienststellen angefordert werden kann.

Statusmelder im Streifenwagen

Die offizielle Bezeichnung lautet Funkmeldesystem für Behörden und Orga-nisationen mit Sicherheitsaufgaben (BOS). Das etwa autoradiogroße Über-tragungssystem verfügt über eine Zifferntastatur von 0 bis 9. Jede einzelne Ziffer übermittelt per Tastendruck den kodierten Status von Einsatzfahrzeu-gen an die Polizeileitstelle. Dies ermöglicht eine schnelle Unterrichtung der polizeilichen Führung, ohne jedoch die Funkkanäle zu blockieren und zu belasten. Diese taktischen Kurzinformationen werden immer und völlig automatisiert von den Polizisten im Streifenwagen angewendet.

Die einzelnen Ziffern haben folgende Bedeutung:

1: einsatzbereit über Funk zu erreichen

2: Pause oder Schreibarbeit oder, wie es offiziell heißt, einsatzbereit auf der Wache

3: Anfahrt zu einem übernommenen Einsatzort

4: Ankunft am Einsatzort

5: zeigt der Leitstelle einen Sprechwunsch an, wenn beispielsweise gerade der Funkkanal durch andere Polizisten blockiert ist

6: nicht einsatzbereit

7: zeigt der Leitstelle den Wunsch einer Datenabfrage an, z. B. einer Personen- oder einer Kennzeichenabfrage.

8: Einsatz übernommen, Anfahrt zum Einsatzort (wird bei Großlagen verwendet, z. B. Banküberfällen)

9: Einsatzort erreicht, wird eigentlich nie benutzt und ist auch für Großlagen vorgesehen.

0: Notruf, die Polizisten benötigen dringend Unterstützung. Mit diesem Tastendruck erhält das Funkgerät des Streifenwagens auch gleichzeitig eine Vorrangschaltung und kann sofort mit der Leitstelle sprechen – wenn das in einer eskalierten Situation überhaupt noch möglich ist.

Tonfa

Der Mehrzweckeinsatzstock schwer (MES schwer) wurde zuerst bei den deutschen Spezialeinsatzkommandos eingeführt, bevor er auch den Einsatzhundertschaften und den Streifenpolizisten zur Verfügung gestellt wurde. Der Tonfa ist eine sehr wirkungsvolle Waffe und wird als Mittel des unmittelbaren Zwangs bei gewalttätigen Demonstrationen, Fußballkrawallen, Festnahmen und Widerstandshandlungen eingesetzt. Der Schlagstock mit einem kurzen Ende, Handgriff und einem langen Ende entstammt chinesischen Kampfsportarten und kann zudem als Hebelwerkzeug zum Türöffnen oder zum Einschlagen von Scheiben verwendet werden.

Vory v Zakone

Zu Deutsch die »Diebe im Gesetz«, entstanden während der Stalin-Diktatur in den 1920er-Jahren in den russischen Strafarbeitslagern, den sogenannten Gulags. In dem totalitären Regime verbüßten dort Regimegegner und Kriminelle gleichermaßen lange Haftstrafen und starben oft in ihrem Gulag wegen der dortigen unmenschlichen Bedingungen oder wurden dort ermordet. In dieser Zeit formierten sich die Vory v Zakone aus Männern beider Gruppierungen und bildeten rasch eine einflussreiche Autorität in den Gefangenenlagern. Die Mitglieder dieser Vereinigung sind bekannt für ihre markanten Tätowierungen, aus denen ihr krimineller Werdegang, Haftzeiten und ihr Status innerhalb der Organisation zu erkennen sind. Diese Vereinigung der organisierten Kriminalität verfügt noch heute über ein hohes Ansehen in der Bevölkerung, welches auf ihrem Widerstand während der stalinistischen Herrschaft gründet. Die Vory v Zakone nutzten die entstandenen Freiräume in der zusammenbrechenden Sowjetunion und strebten mit allen Mitteln nach politischem und wirtschaftlichem Einfluss. Ihre Haupteinnahmequellen waren der Schmuggel von Edelmetallen und Kunstgegenständen, die Erpressung von Unternehmen, der Raub von Erzeugnissen aus Staatsbetrieben und der Rauschgifthandel. Nach dem Fall des Eisernen Vorhanges breiteten sich die Diebe im Gesetz weltweit aus und haben seitdem eine dominante Stellung innerhalb der internationalen organisierten Kriminalität inne. Die »Diebe« sind keine nur russische Organisation, sondern vereinen Nationalitäten vieler früherer Sowjetrepubliken, darunter Georgier, Armenier und Aserbaidschaner. Heutzutage werden diese Gruppierungen häufig unter dem Begriff »Russenmafia« zusammengefasst. Den 8000 verschiedenen kriminellen Vereinigungen werden 100 000 Mitglieder zugerechnet. 200 dieser kriminellen Gruppierungen haben eine solche Größe und einen solchen Organisationsgrad entwickelt, dass sie weltweit operieren. Über 50 dieser kriminellen Organisationen sollen in Deutschland agieren, ihre kriminellen Betätigungsfelder umfassen Auftragsmorde, Erpressung, Drogenschmuggel, Menschenhandel, Glücksspiel, in letzter Zeit auch Kreditkartenbetrug und die gesamte Bandbreite der Computerkriminalität sowie Autoschieberei und das Eintreiben von Schutzgeld.

DER AUTOR

Stefan Schubert, geb. 1970, war Polizist bei der Bundespolizei und der Landespolizei Nordrhein-Westfalen. In seinem ersten Buch *Gewalt ist eine Lösung* (riva, 2010) schrieb er über sein achtjähriges Doppelleben als Fußballhooligan und Polizist. Es löste ein großes Medienecho aus und wurde zu einem Bestseller.

Der *Spiegel*-Bestseller

»Er war der Wolf im
Schafspelz der Polizei«
Berliner Morgenpost

»Ein interessantes Buch!«
Günther Jauch

»... unvorstellbar spannend und mitreißend
geschrieben ... Eine geniale Kombination aus
Sachbuch und packendem Thriller«
buchtips.net

Stefan Schubert

Gewalt ist
eine Lösung
Morgens Polizist,
abends Hooligan –
Mein geheimes
Doppelleben

Stefan Schubert führte acht Jahre lang ein unglaub-
liches Doppelleben: als Polizist und Fußball-Hooligan.
Von Montag bis Freitag sorgte er auf Deutschlands
Straßen für Recht und Ordnung, an den Wochenenden überzog er sie mit Gewalt. Jahrelang konnte er
seine brutale Freizeitaktivität geheim halten, bis ihm
eine Massenschlägerei zum Verhängnis wurde. Hart
und ehrlich berichtet Stefan Schubert vom süchtig
machenden Rausch der Gewalt und deckt das Versagen der Polizei auf, die ihn unbehelligt ließ, obwohl sie
von seinem blutigen Hobby wusste.

als Buch und Hörbuch

300 Seiten
Preis: 19,90 €
ISBN 978-3-86883-064-4

Preis: 19,99 €
ISBN 978-3-86883-176-4

Die Einheit, die Osama bin Laden tötete

400 Seiten
Preis: 19,99 €
ISBN 978-3-86883-183-2

Howard E. Wasdin
Templin, Stephen
Navy Seals
Team 6
**Ein Elitekämpfer enthüllt die
Geheimnisse seiner Einheit**

Die Navy Seals sind die Elitetruppe der US-Streitkräfte. Sie durchlaufen die härteste Ausbildung der Welt und werden nur in den schwierigsten und gefährlichsten Situationen eingesetzt. Das Seal Team Six ist die Einheit, die den Terroristenführer Osama bin Laden tötete.

Dieses einzigartige und fesselnde Buch bietet exklusive Einblicke in die geheime Welt der Navy Seals und verrät, wie diese Spezialeinheit funktioniert, wie sie ihre Mitglieder rekrutiert und wie das Seal Team Six Osama bin Laden in Pakistan aufspürte und liquidierte.

Der Mann, der die Welt mit Waffen versorgte

304 Seiten
Preis: 19,99 €
ISBN 978-3-86883-160-3

Douglas Farah
Stephen Braun

Der Händler des Todes

**Das Leben des Waffenhänd-
lers Victor Bout**

Die renommierten Journalisten Douglas Farah und Stephen Braun erzählen in ihrem Buch die unglaubliche Geschichte von Victor Bout, dem russischen Waffenhändler, dessen weltweites Netzwerk die Kriege der modernen Welt maßgeblich beeinflusst und gesteuert hat. Sein gigantisches Imperium, bestehend aus Waffen, Flugzeugen und unglaublichen Mengen von Geld, bildete die Basis für die Völkermorde in Afrika und hat sowohl islamistische Fundamentalisten in Afghanistan als auch das amerikanische Militär im Irak beliefert.